RADIUS BÜCHER

C. G. JUNG

zum hundertsten Geburtstag

1875–1975

HANNA WOLFF

JESUS DER MANN

Die Gestalt Jesu
in tiefenpsychologischer
Sicht

Die italienische Übersetzung dieses Buches erschien bei Editrice Queriniana in Brescia

Ein Entwurf zu dieser Arbeit ist von den Wilhelm Bitter Stiftungen Stuttgart / Zürich im Rahmen eines Preisausschreibens zu dem Problem Tiefenpsychologie und religiöse Erfahrung preisgekrönt worden. Dafür sei auch hier Dank gesagt.

CIP-Kurztitelaufnahme der Deutschen Bibliothek
Wolff, Hanna:
Jesus, der Mann: d. Gestalt Jesu in tiefenpsycholog. Sicht /
Hanna Wolff. – 7., verb. Aufl. –
Stuttgart: Radius-Verlag, 1984.
(Radius-Bücher)
ISBN 3-87173-676-7

1. Auflage 1975
2. Auflage 1976
3. Auflage 1977
4. Auflage 1979
5. Auflage 1980
6. Auflage 1983
7. Auflage 1984

Druck und Bindung: Clausen & Bosse, Leck
ISBN 3-87173-676-7
Printed in Germany

Hanna Wolff, geboren 1910 in Essen. Ausbildung: Studium der Rechts- und Staatswissenschaft in München, Heidelberg und Berlin, Theologiestudium in Tübingen, Studium der Tiefenpsychologie in Zürich. Berufliche Tätigkeit: Vikariatszeit bei der Pommerschen Bekenntniskirche, Dozentur in Indien im Dienst der Gossnerschen Mission; Repatriierung nach Deutschland, Arbeit als Religionslehrerin in Reutlingen. Im Dienst des kirchlichen Außenamtes Schularbeit in La Paz, Bolivien. Ruf der Indischen Regierung zum Aufbau der Erziehungsarbeit im unabhängigen Indien; Hauptstationen: Benares, Nainital, Ranchi. Insgesamt über 20 Jahre in Indien. Seit 1969 praktizierende Psychotherapeutin in Reichenbach bei Karlsruhe.

Veröffentlichungen: *Der lebendige Gott.* Nathan Söderbloms Beitrag zur Offenbarungsfrage, Emsdetten 1938. *Indisches Bilderbuch zum Leben Jesu,* Stuttgart 1955. *Jesus der Mann,* 1975. *Jesus als Psychotherapeut,* 1978 (5. Auflage 1983). *Neuer Wein – Alte Schläuche. Das Identitätsproblem des Christentums im Lichte der Tiefenpsychologie,* 1981 (2. Auflage 1983).

Jesus, der Mensch - heute

Wenn sich der Tiefenpsychologe dem Neuen Testament zuwendet, macht er eine Wahrnehmung. Er entdeckt Jesus als eine hinreißend faszinierende, mehr noch, als eine umwerfend moderne Erscheinung. Er nimmt eine Erscheinung von solcher Relevanz wahr, wie historisches und theologisches Fachwissen allein, ich betone «allein», sie ihm zuvor nie enthüllen konnten. Von dieser überraschenden Wahrnehmung soll auf den folgenden Seiten berichtet werden.

Ich fühle mich nicht aufgerufen, die Gegenwart mit einem neuen Glauben oder einem zeitgemäß sein sollenden neuen Bekenntnis zu beglücken. Ich spreche vielmehr von einer Wahrnehmung, die ein jeder wissenschaftlich nachprüfen kann, der über die nötigen tiefenpsychologischen und theologischen Voraussetzungen verfügt. Ebenso aber wünsche ich nichts mit einer Tiefenpsychologie zu tun zu haben, die sich unkritisch und voreilig zu weltanschaulichen und sogenannten religiösen Zwecken mißbrauchen läßt. Dies mit unverblümter Deutlichkeit auszusprechen, besteht allerdings reichlicher Anlaß. Die Tiefenpsychologie ist eine empirische Wissenschaft, ungeklärte Nebenzwecke verderben da jederzeit alles.

Die Tiefenpsychologie macht nun, sage ich, Beobachtungen, die in ihrer Konsequenz einen wesentlichen Beitrag zu einem angemesseneren Jesusbild bilden können. Angemessener heißt, den elementaren Existenzproblemen der heutigen Menschheit besser entsprechend, zugleich aber auch den neutestamentlichen Quellen eine tiefere Interpretation abgewinnend. Mir jedenfalls ist es so ergangen: Mit tiefenpsychologisch geschultem Blick gelesen, redet das Neue Testament wenn nicht ganz anders, so doch wesentlich anders. Und der Jesus, der so wahrgenommen wird, ist endgültig keine durch Welten von uns getrennte Figur, sondern einer, der uns heute zeigt, «wie Menschen konsequent am Leben Anteil nehmen können»[1]. Damit ist das Wort einer Künstlerin aufgegriffen, die so auf die Frage: Was halten Sie von Jesus? geantwortet hat und auch noch hinzufügt, man solle dem heutigen Menschen jeden Tag einige Jesusworte neben den Frühstücksteller legen, schließlich müsse es ihm ja doch einmal dämmern, daß hier nicht theoretisiert, sondern zur konsequenten Teilnahme am konkreten Leben aufgefordert werde.

Nach diesem «pro-existenten» Jesus, das heißt dem, der für unseren tagtäglichen Existenzvollzug aktuell ist, soll hier also tiefenpsychologisch oder analytisch orientiert gefragt werden. Die Mißverständnisse oder auch Vorurteile, denen ein solches Unternehmen auch heute noch ausgesetzt ist, kümmern uns im Augenblick nicht, ihnen wird jeweils an geeigneter Stelle begegnet werden. Hier sei zunächst klargestellt, daß sich eine tiefenpsychologische oder analytische Untersuchung methodisch nur auf «Jesus, den Menschen» beziehen kann, also nicht etwa auf den Christus, den Gottessohn oder sonst ein Metaphysikum. Dies würde methodische Grenzüberschreitung und Verwirrung der Ebenen bedeuten. Ein derart unklares Beginnen würde das Mißtrauen gegen die Tiefenpsychologie mit Recht nur vertiefen. Es kann am Ende dieser Untersuchung also nicht gefragt werden: Wo bleibt die Gottessohnschaft, ist das alles über Eschatologie, wo sind die Wunder usw?

Allen solchen Einwänden gegenüber, die mit ziemlicher Sicherheit zu erwarten sind, wird im voraus deutlich daran erinnert: Hier wird keine Christologie oder Dogmatik geboten. Darum suche man nicht eine dogmatische Auskunft oder gar dogmatische Vollständigkeit, die die Verfasserin zu bieten überhaupt nicht im Sinne hat. Ich habe erfahrungsgemäß allen Grund, diesen methodischen Gesichtspunkt so deutlich wie möglich zu machen. Sollte also jemand das eine oder andere ihm besonders wichtige christologische Problem nicht angeschnitten finden, dann hat es eben nicht im Interesse dieser Arbeit gelegen. Oder die Verfasserin hat gemeint, von der Tiefenpsychologie her nur soviel verantwortlich aussagen zu können, wie eben ausgesagt ist. Wichtig ist zunächst einmal nicht, was angeschnitten und was nicht berücksichtigt ist, sondern überhaupt zu sehen und anzuerkennen, daß man nach dem Mysterium Jesus von Nazareth auf noch ganz andere als die hergebrachte Art und Weise wissenschaftlich fundiert fragen kann.

Umgekehrt aber stelle man sich nur einen Augenblick vor, diese Arbeit würde es tatsächlich unternehmen, zB Jesu Gottessohnschaft psychologisch erhellen zu wollen, welch kompakter Kritik würde sie sich wohl aussetzen? Nicht nur der der unwissenschaftlichen Kategorienvermengung. Vor allem würde es heißen, wieder einmal sei der Glaube «psychologisiert». Vielmehr, wie sich alle tiefenpsychologische analytische Untersuchung auf die lebende oder historische, die greifbare und konkrete Psyche von Individuen bezieht, so kann auch die vorliegende nur «Jesus, den Menschen» zum Gegenstand haben, soweit dieser aus den neutestamentlichen Berichten sichtbar gemacht werden kann. Damit ist also keine Humanisierung der Christusfigur intendiert. Es soll nicht der Devise «Vom großen Christus zum kleinen Jesus» Gefolgschaft geleistet werden. Es sollen keinerlei überpsychologische oder transzendente Bezüge geleugnet werden. Als für solche überpsychologischen Bezüge «offen» wird diese spezielle Menschlichkeit sich ganz von selbst zeichnen. Diese Aussagen sollen nur methodische Klarheit schaffen, das ist zunächst alles.

Diese analytische Untersuchung ist also ein moderner Beitrag zu dem alten Ecce Homo! von Johannes 19, 5. «Seht, welch ein Mensch!» Wissen wir, trotz zweitausend Jahren Dogmatik vom «wahren Mensch und wahren Gott», was für ein Mensch das ist? Ich glaube nicht.

«Jesus, der Mensch» –, hat dieses Stichwort heutzutage irgendeinen Gegenwartsbezug, hat es einen «Sitz im Leben»? Das wäre doch für unser Thema von größtem Belang. Es kann geantwortet werden, daß diese drei Worte in der Gegenwart zu einem «lebendigen Symbol» geworden sind. Es gibt absinkende, abgesunkene und tote Symbole, die an schöpferischem Seinskontakt, an lebensfördernder Wirkung immer ärmer werden, bis sie schließlich tot sind, das heißt nicht mehr bemerkt werden. Gestorbene Symbole, die einst in der abendländischen Kultur oder im abendländischen Christentum in bedeutender Weise lebensfördernd waren, aber es heute keineswegs mehr sind, wären leicht zu nennen. Uns genügt zu sagen, das Symbol «Jesus, der Mensch» gehört nicht zu ihnen. Es ist vielmehr ein lebendiges Symbol. Das ist für unsere säkulare Zeit eine gewiß Staunen erregende Tatsache.

«Ich habe festgestellt», so zitiert Hans Geppert einen Sozialarbeiter, «daß die Leute die Nase voll haben von der Institution Kirche. Aber mit jedem jungen Menschen und Arbeiter kann man heute über die Person Jesu reden, – was Jesus eigentlich wollte.»[2] Diese Feststellung ist weithin bezeichnend für die Situation. Bliebe das Thema Jesus eine Angelegenheit der Fachgelehrten, könnte man nicht von einem «lebendigen Symbol» reden. Das setzt eine weitgehende, unter Umständen universelle Wirkung voraus. Diese aber ist plötzlich entstanden, mitten heraus aus Wohlfahrtsmüdigkeit, aus Technokratie und Automation, aus Sinnleere und Ideologieverhaftung. Ob der Mann Jesus zu dem allen nicht doch etwas zu sagen hat?, so fragt man mit neuer Bereitschaft. Als typisch für diese Situation darf das Wort eines Schupos auf dem Neumarkt in Köln erwähnt werden. Gefragt, was das für eine Menschenansammlung, was hier los sei, sagt er: «'ne gute Sache, es geht um Jesus.»

Es ist also tatsächlich so: «Man bringt dem Menschen Jesus einen unerhörten Vorschuß an Vertrauen entgegen. Denn man hegt die Überzeugung, daß dieser Mensch Jesus nicht enttäuschen wird, daß man von ihm verstanden und ernst genommen wird und daß man von ihm vielleicht auch lernen kann, wie man mit seinem gegenwärtigen Dasein, mit seinen Nöten und Problemen fertig werden kann», wie Alfred Läpple wohl richtig analysiert[3]. Aber man ruft nach Jesus selbst, man will keine Doktrin über ihn hören, man will den «unmanipulierten Jesus». Darum werden alle «Jesus-Kulissen» und «Jesus-Barrieren» alter und neuer Zeit als belanglos beiseite gefegt. Und so ist eine «Jesus-Bewegung» entstanden, ja man spricht von einer «Jesus-Revolution».

Parallel dazu verläuft ein intensiverer Rückgriff auf den Menschen Jesus in der Theologie, sowohl auf evangelischer wie katholischer Seite. Für die evangelische Seite mag das Wort von Heinz Zahrnt als Beleg stehen: «Wir wollen keinen Gottesmann, der schon im vorhinein alles weiß und kann, sondern einen wirklichen, konkreten Menschen, der auch gerade dann, wenn es um Gott geht, ohne Netz und doppelten Boden arbeitet.»[4] Und der Katholik Josef Blank erklärt entsprechend: «Der Ansatz beim Menschen Jesus ist nicht nur aus methodischen Gründen gerechtfertigt, sondern auch aus logischen; denn es gibt keine neutestamentliche Aussage über Jesus, die sich nicht auf dieses Subjekt bezöge, die also rein spekulativ ohne Rücksicht auf den geschichtlichen Jesus gemacht worden wäre.»[5] Aber das sind nur die Situation vorläufig anvisierende Schlaglichter.

Wo ist die wirkende Dynamik des lebendigen Symbols «Jesus, der Mensch» konkreter aufzuspüren? Das ist zuerst einmal bei allen möglichen Vertretern der jüngeren Generation der Fall, sehr allgemein formuliert. Sie sind noch längst nicht mit langen Haarmähnen und antiautoritärem Gebaren identisch. Aber es handelt sich vorwiegend um jüngere Menschen der verschiedensten sozialen Schichten. Sie haben alle irgendwie gespürt, daß mit Jesus «konsequent zu leben» ist, wie jene am Anfang zitierte Künstlerin sagte, das heißt mit Entschiedenheit bezogen auf eine sinngebende Mitte. Solche Menschen, Industrie- und Facharbeiter, Studenten verschiedener Fakultäten, junge Ärzte, künstlerisch Schaffende, Berufsschüler werden vor die Frage gestellt, was sie an Jesus interessiere.

Die Antworten werden folgendermaßen zusammengefaßt: «Mit geringen Ausnahmen stimmten alle Befragten darin überein, daß die kirchliche Interpretation Jesu als Sohn Gottes, Sündenopfer und Erlöser für sie keine Gültigkeit hat. Alles Interesse richtet sich auf den Menschen Jesus von Nazareth. Ihm brachte man Sympathie entgegen und fand zu ihm durch die Jahrhunderte hindurch unmittelbaren Zugang.» «Gerade jene Vertreter der jungen Generation, die sich weigern, nach dem Reglement der modernen Industriegesellschaft zu leben», «erkennen in Jesus einen Menschen, der ‹anders› war, der sich nicht anpaßte und dessen Solidarität sie zu spüren meinen.» So ist denn Jesus in diesen Antworten nicht nur allgemein der «außerordentliche Mensch» oder «anders als die anderen Leute», er ist konkreter «sozial eingestellt», er ist «Revolutionär», «er wollte wirklich etwas ändern», und zwar «hier», «nicht erst später, wenn man tot ist.» Bei ihm gelten, und das imponiert, nicht Menschen-, Völker- oder Klassenunterschiede, bei ihm wird einfach «vom Menschen her» gedacht. Er «will» wirklich etwas von uns, das die Tiefe unseres Menschseins angeht. Damit hängt für dieses Verständnis zusammen, daß er «die anderen verstehen» kann. Daher kommt es auch, daß man immer wieder spontan «bei Jesus Verständnis sucht». «Der Weihrauch und die Feierlichkeit von Jahrhunderten irritieren nicht», stellen die Herausgeber dieses Umfrageergebnisses fest, «mit atemberaubender Kühnheit und Freiheit findet man ein eigenes Jesusbild.» «Was immer sich gegen einzelne Interpretationen einwenden läßt, die Gestalt Jesu wird in diesen Antworten lebendig, gegenwartsnah und faszinierend.»[6]

Nicht zu übersehen ist in diesem Zusammenhang die Jesus-People-Bewegung, die von New York bis Katmandu reicht, auch wenn der große «jesus-people-report» von 1972 ihr selbst die Diagnose stellen muß: «Puls: fieberhaft; Tiefgang: noch ungewiß; Ergebnis: unbekannt.» Was immer sich auf diesen Jesus-Märschen, Kreuzzügen, Jesus-Festivals, in diesen Jesus-Zellen, Gesprächskreisen, Feiern und Massenversammlungen Verworrenes und sogar Neurotisches ereignen mag[7]: Es ist nicht zu übersehen, daß hier eine «elektrisierende Erweckung» großen Ausmaßes sich ereignet hat, «ein Ausbruchsversuch aus dieser unheilen Welt» unternommen wird, eine ernsthafte «Suche nach der verlorenen Dimension», nach dem «verschütteten humanen Bereich». In Deutschland fällt besonders die intensive Beteiligung gerade der Jugend an den «Kirchentagen» auf. Beteiligung heißt hier sogar eigener Beitrag zur Gestaltung. Diese Jugend glaubt, daß Jesus auch Entscheidendes zu Existenzfragen der Gegenwart, z. B. zum Friedensproblem, zu sagen hat.

Der oben genannte Report unterstreicht trotz aller kritischen Vorbehalte immer wieder die Ernsthaftigkeit der Grundhaltungen, die Frische und Lebendigkeit, die Offenheit und Hingabe, die Liebe und Begeisterung. «Ich habe zwanzig Jahre lang gepredigt», erklärt ein Pfarrer, «daß Menschen über Jesus so begeistert sein sollen wie über Fußball, nun erlebe ich es.» Gerhard Adler meint, daß von diesem «Aufbruch der enttäuschten Jugend» das Che-Guevara-Zitat gelten dürfe: «Echte Revolution ist motiviert von Gefühlen großer Liebe»[8], oder man nennt die Bewegung schlechthin: «Liebe in Aktion»[9]. Denn die enthusiastische Erfahrung «Jesus liebt dich» ist fraglos das Grunderlebnis, das Hunderttausende dieser Jugendlichen teilen, das viele dieser zuvor süchtig Haltlosen unstreitig gewandelt hat. Auch hier steht die Menschlichkeit Jesu im Vordergrunde. Der «Mann Jesus» liebt den Einzelnen, der sonst kontaktlos in der Menge untergeht. Er ist solidarisch mit seiner Leben gebenden Zuwendung. «Die Menschlichkeit Jesu wird daher mit dem heute gebräuchlichen Begriff ‹Superstar› ausgedrückt, weil junge Leute dann wissen, was gemeint ist.»

Psychologisch geurteilt, kann man wohl einwenden, daß Jesus diesen Begeisterten weithin nur ein neuer Name für Gruppenidentität ist. Jesus liebt dich, das heißt dann: Die Gruppe liebt dich. Die Gruppe wird die Ersatzmutter, die nur an die Stelle der alten Ersatzmutter, sprich Droge, getreten ist[10], die Infantilität aber bleibt. Die Nähe vieler dieser Gruppen, aber längst nicht aller, zur Pfingstbewegung, ihre alles, auch die toteste Orthodoxie schluckende Gleichgültigkeit in Echtheits- und Wahrheitsfragen – «Alles gilt!» – ermuntern überdies nicht zu Überschätzungen. Aber trotzdem, Richard Hogue, einer der geschätztesten jungen Prediger in der Bewegung, ruft: «Die Bewegung ist überall, Mann! Sie ist eine geistliche Revolution, sie ereignet sich heute. Sie ist nichts für dich, wenn du mit deinen Micky-Maus-Spielen weitermachen willst. Sie ist genau das Richtige, wenn du wirklich ernsthaft daran interessiert bist, herauszufinden, was das Leben bedeutet.»[11] Irgendwie, in einer noch keineswegs abzuschätzenden Weise, ist diese faktisch vom Pazifik zum Atlantik wogende Jesus-Begeisterung Jugendlicher enthusiastisch erlebte Dynamik des Symbols «Jesus, der Mensch» – heute.

Wo entfaltet gegenwärtig das Symbol «Jesus, der Mensch» weiterhin seine Wirkung? Paradoxerweise gerade im Lager der dezidierten Gottlosigkeit, im Herrschaftsbereich des Marxismus. Wir beschränken uns darauf, auf zwei hervorstechende Namen kurz hinzuweisen. Da ist erstens Vítězslav Gardavský zu nennen, der bewußte Atheist und Marxist. «Verrostete Schlösser» will er sprengen, das heißt über die Gruppen hin gemeinsame Kräfte mobilisieren, um so einen nicht doktrinär erstarrten und darum despotischen, sondern einen wahrhaft demokratischen Sozialismus im Sinne von Marx zu gestalten, bzw zu retten. Solche weit ausholenden Bemühungen haben ihn auch auf Jesus geführt, über den er unter dem Stichwort «Mensch und Wunder» handelt. Sehr schnell wird ihm deutlich, daß in Jesus etwas grundsätzlich Belangvolles, nämlich «eines der Modelle des menschlichen Lebens» vor uns steht, eine grundtypische Antwort auf die Frage: Was ist, was soll der Mensch, was kann er sein? Jesus antwortet nach Gardavský, indem er Wunder tut, das heißt, er überspielt den scheinbar festgelegten Lauf der Dinge, das Gewohnte, das Alltägliche und Banale. Jesus legt ein Maximum von Leidenschaft und Liebe in eine Situation der Not, des Hungers, der Verlassenheit und des Todes. Er überspielt und durchbricht so, was zuvor unabänderlich schien. Und so bringt er das Neue, er verwirklicht es, er ist es.

Als ein solcher Wundertäter ist er «homininer Anruf» an uns. Dieser Anruf beinhaltet wesentlich, daß der Mensch frei ist, nur indem er ebenso mit einem Maximum von Liebe und Leidenschaft über sich hinausgreift. «Bringt er es fertig, radikal zu lieben, dann bricht er mit seiner Tat den Schoß der Zukunft auf und wird zu einem, der mehr ist, als in seinen Möglichkeiten lag. Darin liegt sein ganzes Geheimnis, darin ist der Mensch selbst ein Wunder.» «Hier haben wir die Idee des Hominismus.»[12] Zuvor war von «einer» der modellartigen Antworten auf das menschliche Grundproblem die Rede, nun stehen wir vor «der» Grundidee des Hominismus schlechthin. So wandelt sich humanisierende Deutung in zuletzt doch christologisch relevante Rede. Relevant ist besonders das Maximum an existentieller Inanspruchnahme, das Gardavský offenbar durch Jesus getroffen hat, das er in so bewegtem Appell weiterzugeben weiß.

Sodann ist Milan Machovec ein für unseren Zusammenhang besonders eindrucksvoller Denker. Ihm und vielen anderen machte der Mißbrauch der Gewalt in den marxistisch ausgerichteten Ländern Sorge. So begannen, selbst dem Druck von Gewalt und Ungerechtigkeit ausgesetzt, «Tausende von Marxisten zu fragen, ob es nicht legitimere, tiefere Interpretationen der Gewalt und ihrer Grenzen geben könnte als die bisher oft benützten.» Diese Fragestellung führte, auf der Suche nach Vorbildern, ganz von selbst auf das Sozialdenken des Christentums, auf die Sache Jesu und seine Person, beide zu neuer aktueller Auseinandersetzung auffordernd. Und so stehen dann die «Interpretation von Versöhnung und Gewaltlosigkeit, wie sie vor allem in der Bergpredigt geschildert werden» bei Machovec ganz im Mittelpunkt.

Der Marxist, der das Humanum nicht einer unerbittlichen Doktrin opfern will, habe im übrigen, so hören wir, wieder Verständnis dafür, daß die Sache es als notwendig fordern kann, lieber mit Jesus Unrecht zu leiden als Unrecht weiter zu tun. Darum «ist es wirklich nicht die Frage, ob sich jemand zu Jesus bekennt oder nicht, sondern ob er jenes Prinzip des ‹barmherzigen Samariters› erfüllt.» So sehr man auch im Laufe der Geschichte über die Bedeutung der Person Jesu gestritten habe, über diese zentralen Grundideen Jesu, die Forderungen nach Menschlichkeit und sozialer Gerechtigkeit, habe denn auch im Grunde nie Meinungsverschiedenheit geherrscht. Als grundmenschlich sind sie selbstevident, auch der recht verstandene Marx kann sie nur als die eines «Verbündeten» begrüßen. Und dieses Bild des Menschen Jesus von Nazareth hat alle Dogmatik «nie vollkommen verdrängen» können, höchstens zeitweilig «in den Untergrund drängen». In der heutigen Situation aber redet gerade dieser Mensch Jesus mit seiner Menschlichkeit mit neuer, Richtung gebender Macht. Denn auf uns gesehen geht es nicht mehr um Konfessionen, Ideologien oder Weltanschauungen, sondern um nicht mehr oder weniger als «den Menschen selbst, um seine Zukunft und seine Gegenwart, um sein Siegen und Versagen, seine Liebe und seinen Schmerz, um seine Verzweiflung und unauslöschliche Hoffnung»[13].

Die sozialpolitische Einseitigkeit der Konzeption ist schnell durchschaut. Aber das Bedeutende ist ja die Dringlichkeit, mit der Jesu Menschsein zum Wesensgrund wahren Menschseins gemacht wird. Milan Machoveč ist der Meinung, daß solche von ihm und vielen anderen gesuchte Neuorientierung sich im modernen Marxismus durchsetzen müsse und werde. Derselben Meinung ist Roger Garaudy in seiner Geschichte des «Marxismus im 20. Jahrhundert». Ein jeder müsse doch einsehen, daß es sich nicht «auf die schon fertige Vernunft zu beschränken» gilt, sondern darauf ankomme, «präsent zu sein, wo etwas Neues geschaffen wird»[14]. Gerade das aber wollen Doktrin und Parteimaß nicht. Darum haben sie diesen gesamten «Prager Frühling» mit brutaler Gewalt orthodoxen Stiles von der politischen wie ideellen Bühne zunächst hinweggefegt. – Oder ist das Symbol «Jesus, der Mensch» doch wiederum nur «in den Untergrund gedrängt», wie Milan Machoveč sich ausdrückte?

Aber auch in der Theologie selbst ist das genannte Jesus-Symbol dynamisch präsent. Da ist zunächst die viel diskutierte, überraschenderweise häufig mißverstandene «Theologie nach dem Tode Gottes». Es lebt in dieser kämpferischen Theologengruppe etwas von dem recht zu verstehenden Agnostizismus des Buddha. Wie Gautama Buddha eine große metaphysische Entrümpelung vornahm, so zerbrechen hier überlebte Gottesbilder und überholte Bindungen. Und dieser Agnostizismus der «Gott ist tot»-Theologen ist eine bewußte Reduktion auf das Wesentliche. Dieses Wesentliche aber ist Jesus. «Loyalität gegenüber Christus» sei des Theologen «erste Pflicht», und daneben gäbe es keine zweite. «Nur» ihm sei die Treue zu halten, so fordert J. J. Altizer in seinem «Versuch eines christlichen Atheismus»[15]. Keinen kirchlich verschatteten oder existentialistischen Jesus will Harvey Cox, sondern ganz unmittelbar den Jesus, der «eine Hoffnung für die Welt» bedeutet[16].

William Hamilton verlangt, daß die Christologie das ganz spezielle und zentrale Thema dieser Theologengruppe sein müsse. «Das Hinhören auf Jesus ist für mich das Entscheidende. Ich behaupte, daß die Zeit des ‹Todes Gottes› zugleich die Zeit des Gehorsams gegenüber Jesus ist. Daraus folgt die Behauptung, daß der Jesus des Neuen Testaments tatsächlich gekannt werden kann, daß eine Gestalt hinreißender Klarheit vor uns steht.»[17] Sicherlich meldet sich in dieser Protestbewegung eine nicht geringe Zahl von psychologischen Antrieben und theologischen Motiven noch recht verworren zu Worte. Hier sollte lediglich kurz hervorgehoben werden, daß diese spektakulärste theologische Bewegung aller Zeiten, wie man sie wohl mit Recht nennen darf, sich mit besonders kraftvoller Konzentration dem Symbol «Jesus, der Mensch» verpflichtet weiß, um ihn als «eine Gestalt von hinreißender Klarheit» vor sich zu sehen, wie William Hamilton so bemerkenswert formuliert.

Eine beispiellose Aktualität hat das Jesus-Symbol schließlich noch auf einem Gebiet gewonnen, das kaum den anderen Wissenschaftsgebieten, am allerwenigsten dem Allgemeinbewußtsein, zugänglich ist, nämlich in der neutestamentlichen Forschung. Heinz Zahrnt sagt in seinem bedeutenden Werk «Die protestantische Theologie im 20. Jahrhundert», daß, «abgesehen von den Naturwissenschaften, sich in keiner anderen wissenschaftlichen Disziplin vom Ersten Weltkriege an bis heute so viele neue Entwicklungen angebahnt, ja Umstürze sich ereignet haben wie in der Theologie.» [18] Das bewegende Zentrum all dieser Wandlungen und Entdeckungen ist aber die neutestamentliche Arbeit, genauer die Jesus-Forschung. So gesehen ist das zitierte Wort gewiß keine Übertreibung, sondern eher eine Untertreibung. Wurden doch in wenigen Jahrzehnten zwei Jahrtausende der auf der Jesus-Tradition lagernden Überfremdung abgestreift, wie es zuvor nie geschehen war.

Die Folge aber ist, daß ein Jesus von solcher Konkretheit und Gegenwärtigkeit sichtbar wird, trotz aller bleibenden historischen Problematik, wie ihn zwei vergangene Jahrtausende nicht zu Gesicht bekommen haben. Wir sprechen in diesem Zusammenhang nicht nur von einer Schule, einer Forschungseinrichtung oder einem Bündel von Hypothesen, sondern von einer Wende in der Jesus- und Christentumsforschung, für die ein weitreichender Konsensus gegeben ist. Die benachbarten Wissenschaftszweige wissen bereits wenig von solchen grundlegenden Wandlungen, die Öffentlichkeit erst recht nichts. Schon vor Jahren bemerkte Ernst Käsemann, daß selbst von den Theologiestudenten ein Drittel den modernen neutestamentlichen Darlegungen nicht folgen kann und darum nicht auf die Universität gehört. Zwischen Gemeindeglauben und Forschung besteht eine nahezu komplette Schizophrenie, jener kapselt sich zT sogar bewußt ab und will nicht «gestört» werden. Die persönliche und intellektuelle Beanspruchung ist viel zu groß geworden, daran ist man durchaus nicht gewöhnt. Darum läßt man das heiße Eisen lieber völlig unberührt, wiederholt die alten Formeln und nennt das rechte Lehre oder sogar aggressiv die entscheidende Bekenntnishaltung.

Die zentrale Bedeutung der Jesus-Forschung wird durch die erstaunlich große Zahl der wissenschaftlichen Jesus-Bücher dokumentiert, die in jüngster Vergangenheit im In- und Ausland erschienen sind. Nehmen wir die veröffentlichten Monographien über spezielle Probleme wie den Prozeß Jesu hinzu, dann wird anschaulich, daß wir vor einem signifikanten Forschungsereignis mit vielen Implikationen stehen. Sogar der moderne Judaismus ist intensiv beteiligt. Man hat zB festgestellt, daß «seit Bestehen des

Staates Israel allein in Jerusalem mehr jüdische Bücher über Jesus geschrieben worden sind als in den 18 vorangegangenen Jahrhunderten»[19].

Die allgemeine Situationsveränderung aber, die durch all diese Untersuchungen heraufgeführt worden ist, darf mit dem Satz von Kurt Niederwimmer wiedergegeben werden: «Der vertraute Jesus ist nicht der historische, der historische Jesus ist fremd.»[20] Dieser Wiener Neutestamentler hat das große Verdienst, als erster tiefenpsychologische Kategorien zur Interpretation der Jesusfigur angewendet zu haben, wenn zunächst auch nur in knapper Umrißzeichnung. Er will sagen: Der als ganz selbstverständlich vorausgesetzte Jesus, den man doch natürlich irgendwie zu kennen meint, ist tatsächlich gerade nicht der wahre oder echte, er hat nahezu keinen Anhalt an den Quellen. Der wirkliche oder historische Jesus ist in Wahrheit der durchaus unbekannte.

Dieser umstürzlerische Sachverhalt hat natürlich auch seine nicht zu übersehenden Konsequenzen für die Auseinandersetzungen, die in zunehmendem Maße Tiefenpsychologie und Christentum miteinander führen. Fast alle Veröffentlichungen dieser Kategorie unterschätzen das Maß an Voraussetzungen, die heute notwendig sind, um sich über neutestamentliche Sachverhalte auslassen zu können[21]. Man arbeitet zumeist mit einem traditionellen, aber eben unhaltbaren Begriff von Christentum. Man verwendet einen verwaschenen Begriff von Glauben, der schon religionsgeschichtlich gesehen mit dem Neuen Testament wenig zu tun hat. Man redet unklar von «der» Religion und bedenkt nicht, daß dieser blutleere Abstraktionsbegriff eine gedankliche Konstruktion der Aufklärung ist, der aber keiner Realität entspricht. Wirklich sind nur konkrete oder geschichtliche Religionen, die je eigene und spezifische Aussagen machen[22].

Die vorliegende Untersuchung indes möchte der modernen Jesusforschung entschieden Rechnung tragen. Sie muß das im übrigen, denn nur auf «Jesus, den Menschen» kann sich, wie betont, eine analytische Bemühung beziehen. Darum kommt es auf nichts so sehr wie darauf an, «wie er wirklich war», oder was man möglicherweise davon wissen kann. *Wir werden im folgenden Schriftworte gewiß nicht unkritisch zitieren, wir werden aber auch auf keinen Fall willkürlich in der Auswahl des Zitierten verfahren, uns vielmehr jeweils auf das am besten Gesicherte oder höchst Wahrscheinliche beziehen.* Diese historisch kritische Bemühung kann unmöglich jedesmal ausführlich vorgetragen werden, dann wären wir mit historisch kritischen Erwägungen sehr bald überflutet. Aus gleichem Grunde werden Kommentare, Wörterbücher und ähnliches Hilfsmaterial nicht zitiert. Das Psychologische soll entschieden im Vordergrund stehen, *der theologische Fachmann sieht ohnehin, daß die neutestamentlichen Quellen beachtet wurden.* Das Psychologische aber bedeutet: Wird tiefenpsychologisch gesehen nicht ein neuer Jesus sichtbar?

Wir haben in einer Reihe von Wirklichkeits- oder Sachgebieten die Wirkensdynamik aufgewiesen, die das Symbol «Jesus, der Mensch» in der Gegenwart überraschenderweise hat. Damit ist der «Sitz im Leben» aufgezeigt, den nicht nur dieses Symbol, sondern auch die vorliegende Analyse hat. Wir sprechen vom «Symbol» Jesus, der Mensch, und wollen damit vor allem deutlich machen, daß es sich um weit mehr als einen Gedanken, ein Schlagwort, ein zeitweiliges Forschungsprogramm, eine weltanschauliche, humanisierende Tendenz oder um einen Slogan handelt. Denn ein Symbol ist weit mehr, mehr aber auch als ein Zeichen oder Semeion. Das Zeichen ist ein abgekürzter Ausdruck für eine bekannte Sache. Das Stück Rasen, das nach altem Brauch beim Abschluß eines Grundstückverkaufs überreicht wurde, steht für diesen Acker, die bekannte Sache. Oder die Kokarde an der Mütze steht für die Zugehörigkeit zu einer bestimmten Organisation. Faktisch sind wir im modernen Leben von Zeichen umgeben oder geradezu bestürmt, die jeweils auf Bekanntes hinweisen oder es in prägnanter Kürze immer wieder ins Gedächtnis rufen.

Im Gegensatz zu diesem semiotischen Ausdruck, dem hat C. G. Jung eingehende Erörterungen gewidmet, weist das Symbol geheimnisvoll gerade auf Unbekanntes, allerdings nie auf absolut Unbekanntes. Denn absolut Unbekanntes stände eben unerreichbar jenseits unserer Anschauungs- und Ideenwelt, jenseits unserer erfahrenden und erlebenden Psyche. So weist das Symbol auf Unbekanntes, indem es zugleich «in jedem eine verwandte Saite anrührt», ein zutiefst Geahntes, Seinsollendes, Gefordertes und zuletzt ganz eigentlich Gewolltes. Oder es mag sich um ein Gegenwärtiges, aber noch nicht Begriffenes handeln. Für all dies ist das Symbol der «glücklichste» oder aber der «höchstmögliche» Ausdruck. Indem es das ist, hat es ungeahnt entbindendes Schöpfertum, hat es «lebenerzeugende und -fördernde Wirkung». Je tiefer und universaler der Bezug ist, je einfacher und darum überall verständlich der Ausdruck ist, umso mächtiger wirkt das Symbol, umso umfassender ist «seine gewaltige und zugleich erlösende Wirkung»[23].

Als der «höchstmögliche Ausdruck» nicht nur der Frage nach unserer wahren Menschlichkeit, sondern auch der Erfüllung solch alten und neuen Rufens nach dem «verborgenen Menschen», nach unserer «eigentlichen Möglichkeit», nach dem Wie und Was unseres «Sichentwerfens» ist «Jesus, der Mensch» ebenso «der» hominine Anruf wie «das» hominine Ereignis[24].

Was ist das für eine Menschlichkeit, auf die dieses Symbol auch für die heutige Erfahrung so machtvoll hinweist?

Der unbekannte Mann Jesus

Nachdem von der Menschlichkeit Jesu die Rede war, wird eine analytische Betrachtung feststellen müssen: Dieser Mensch war ein Mann. Denn die Analyse wird in verschiedenen Bahnen verlaufen und andere methodische Gesichtspunkte geltend zu machen haben, je nach dem, ob es um ein männliches oder weibliches Individuum geht. Es handelt sich also um eine methodisch grundlegende und notwendige Feststellung.

Im allgemeinen wird aber diese Feststellung heute noch befremdend oder sogar peinlich wirken. Denn damit kommt ein Gesichtspunkt herein, den die Dogmatik aller Zeiten mit heiligem Stillschweigen übergeht. «Es ist doch eine unbestreitbare Tatsache», so heißt es in einer zeitgenössischen katholischen Arbeit, «viele Christen wagen überhaupt nicht daran zu denken, daß Jesus von Nazareth eine Person männlichen Geschlechts gewesen ist.» Dogmatisch sei es von jeher «geziemender, in Jesus ein geschlechtsloses Wesen zu sehen»[1]. In der evangelischen Theologie spielt der Mann Jesus genausowenig eine Rolle.

Und dieser Umstand hängt offensichtlich mit der jahrtausendealten Ächtung des Natürlichen zusammen, mit dem allzulange gängigen Dualismus zwischen Geist und Leib, Vernunft und Materie, Prakriti und Purusha, Idee und Schein, oder wie man sonst noch den fraglichen Grundgegensatz philosophisch, religionsgeschichtlich oder metaphysisch benennen will. Diese seinshafte Gegensätzlichkeit ist aber zugleich jederzeit eine werthafte. Das Natürliche, Leib, Materie, Prakriti, Schein, Leib, Sexus, Sinnlichkeit, sie sind jeweils das Trübe und Dunkle, Instrumente des Abfalls und der Sünde, darum das Erlösungsbedürftige schlechthin, Askese und Mönchtum prägen das insbesondere ein. Dieser gesamten Sphäre der Gottferne die Gestalt Jesu so fern wie nur möglich zu halten, ist darum durch die Jahrhunderte frömmstes Anliegen. Zu lange, so spottet noch Friedrich Schleiermacher in den Lucinde-Briefen, blieb es bei der Sinnlichkeit «als einem notwendigen Übel, das man aus Ergebung in den Willen Gottes und der Natur ertragen muß», um dann schon heilfroh zu sein, so spottet er weiter, wenn man seine grundsätzlichen Erwägungen in rebus naturalibus «etwa bis zur Höhe der Kochkunst hinauf verfeinert und humanisiert» hat[2]. Seit den beiden Weltkriegen hat sich die Welt aber von dieser Perhorreszierung des Natürlichen als satanisch, böse oder notwendiges Übel total abgewandt. Darum sollte weder Hemmung noch Grund bestehen[3], nicht von Jesus als einem Manne zu reden, dem freilich immer noch unbekannten Mann.

Es ist keineswegs nur die Psychologie, die hinsichtlich des Problems Mensch auf Spezifizierung dringen muß. Auf diese Problemlage in den Wissenschaften überhaupt sei hier nur kurz hingewiesen. Tatsächlich ist der Trend zur konkreten Spezifizierung der Grundzug aller in Frage kommenden Wissenschaftsgebiete. Die Prunkfassaden der Allgemeinbegriffe werden, bzw sind überall abgebaut, handle es sich nun um «die» Religion, «die» Natur, «die» Gesellschaft, «die» Menschheit oder eben «den» Menschen. An die Stelle dieser vornehmlich in der Aufklärung geborenen Allgemeinheiten oder Abstraktionen treten überall die eigentümlichen geschichtlichen oder empirischen Konkretheiten.

Diese Forschungstendenz hat, was die Anthropologie anlangt, besonders F. J. J. Buytendijk in seinem bedeutenden Werk über die Frau klar herausgestellt. Menschsein an sich, so heißt es hier, gibt es nicht. Menschsein gibt es vielmehr immer nur in zwei Möglichkeiten, entweder im «Modus der Männlichkeit» oder im «Modus der Weiblichkeit». Der eine wie der andere Modus menschlicher Existenz weist aber je spezifisches Grundverhalten auf, strebt seinem eigenen Weltentwurf zu, weist seine ganz eigentümliche Sinnstruktur auf, existiert in unverwechselbarer Vollzugsweise. Der männliche Modus der Existenzbewältigung ist nach Buytendijk ein Zusichselberkommen, das aus sich und über sich hinausgreift, indem es tathaft Verantwortung übernimmt oder sich ihr stellt. Der weibliche Existenzmodus ist demgegenüber ein Gegenwärtigsein im Sein selbst, in der Wirheit, im Mitsein, im wechselseitigen Geben und Empfangen.

Hervorzuheben ist, daß männliches und weibliches Sichselbstentwerfen sich aber nicht einfach geschieden und getrennt auf die Geschlechter verteilen. Vielmehr, wie sich in jedem Individuum männliche und weibliche Gene finden, so gehört zur Vollentwicklung der Person, daß bei markant erkennbarem und prägendem Grundmodus doch auch der gegenteilige Modus relativ verwirklicht werde. «Darum fordert das volle menschliche Dasein beide Entwürfe, beide Sichten, sowohl die männliche wie die weibliche Seinsform in jedem Menschen.» Buytendijk weiß in beeindruckender Weise zu zeigen, wie erst ein so intimes Mit-dem-anderen und An-dem-anderen zur Höhe des eigenen Selbstentwurfes zu führen vermag, damit aber zur eigentlich kulturellen Höhe von Ehe wie Wir-Gemeinschaft, Gesellschaft, Volk und Völkergemeinschaft[4]. Daß diese Konzeptionen auf die Integrationsgedanken von C. G. Jung hinweisen, ist im übrigen deutlich. Moderne Anthropologie fordert also die Feststellung: Jesus war Mensch, das heißt er lebte seine Menschlichkeit im Seinsmodus der Männlichkeit.

Nach dem Seinsmodus der Männlichkeit werden wir im Blick auf Jesu Menschsein unvermutet noch von einer ganz anderen Seite angesprochen. Aus der Ökumene ergeht an uns diese dringliche Anfrage nach dem Mannsein Jesu als Reaktion auf das von westlichen Christen in den Osten getragene Kerygma des Neuen Testamentes. Dies geschah maßgeblich von Verkündigern, für die Christentum und Militarismus noch selbstverständlich, auf jeden Fall recht problemlos zusammengingen. Entsprechend war das Christusbild nuanciert, das man vermittelte. Der Osten nahm aber bald Anstoß daran, daß Jesus ein derart militanter Mann gewesen sein sollte. Das Neue Testament schien das doch nicht so gewiß zu machen. Die kritische Frage des Ostens nach Jesus ist also die Frage nach dem wahren Mann Jesus. Seine Anfrage lautet, modern gesagt: War Jesus wirklich ein so unintegrierter Mann?

Der große indische Reformer Keshab Candra Sen, geboren 1838, berühmt durch seine zumeist in Kalkutta gehaltenen Reden über Christus, die jeweils ein Ereignis waren, erklärt zB: Ständig spreche der Westen in seiner Verkündigung von Jesus als dem vollkommenen Menschen. Tatsache sei hingegen, daß sich der Westen bisher eigentlich ganz unfähig erwiesen habe, einen «vollkommenen religiösen Charakter» sich vorzustellen. Westliche Predigt und Lehre habe nur, oder doch vorwiegend, einen stur maskulinen, einen extrem vereinseitigten Supermann Jesus vorgeführt, der oft wie ein englischer Major mit dem Fuße aufstampfe, um seine Autorität zu bekräftigen. Aus solchen Jesus-Auffassungen habe sich dann die gesamte Konzeption des westlichen «muskularen Christentums» gebildet. Oder umgekehrt sei das eigene muskulare Mannestum in Jesus hineingedeutet worden.

Aber mit einem solchen militanten Grundcharakter habe man das Evangelium im Osten nur diskreditiert. Grundwesentlich sei vielmehr dies, so erklärte Keshab mit ganz erstaunlicher Intuition: «Die Vollkommenheit eines jeden religiösen Charakters liegt in dem Verhältnis, in dem die beiden Elemente verbunden sind», nämlich Männliches und Weibliches. Aber die wirklich verblüffende Intuition Keshabs reicht noch viel weiter. Hinreichend kenne man den Christus, so fährt er fort, der wie ein «Soldat Gottes» dessen Willen exekutiere und von uns Entscheidung und Entschiedenheit, Mut und Heroismus fordert. Aber das alles bleibe verarmte Christologie, denn «was anderes war Christus als die Union männlicher und weiblicher Vollkommenheit»? Und er fügt den bedeutenden Satz hinzu, der allerdings ein neues christologisches Programm bedeutet: «Der Christus aber, der, von einer Frau geboren, selbst eine Frau im Manne ist, wartet noch darauf, erkannt zu werden.»[5] Nur mit aufrichtigem Staunen kann man diese Sätze Keshabs zitieren, mit denen er der Psychologie seiner indischen Um-

männl. vereinseitigtes Bild Jesu

welt meilenweit voraneilte und speziell für das Jesus-Verständnis Anregungen gab, die selbst im Westen heute noch kaum begriffen sind[6].

Hingewiesen werden darf noch auf Protap Candra Mozoomdar, geboren 1840, den bedeutendsten Schüler Keshab Candra Sens, von dem übrigens «The Oriental Christ» stammt, das erste umfängliche Jesusbuch, das aus dem neuen Hinduismus hervorgegangen ist[7]. Mozoomdar hat die Einsichten seines Lehrers vielfach weitergebildet. Wiederholt äußert er sich besonders dahin: «Wo Christus nur mit den maskulinen Vollkommenheiten identifiziert wird, da nimmt die Religion einen schroffen, abstrakten und kämpferischen Aspekt an.»[8] Eben dies aber werfen nicht nur Keshab und Mozoomdar, eben dies wirft der Osten überhaupt den westlichen christlichen Sendboten vor, daß sie ihnen einen militanten oder eristischen, einen muskularen oder maskulin vereinseitigten Christus gebracht hätten, weil er so der eigenen beengten Auffassung von Männlichkeit entsprochen habe. Trotz aller nahezu unübersehbar reichen Auseinandersetzungen zwischen Ost und West hat sich die Zumutung, sich diesem Vorwurf ernsthaft und prinzipiell zu stellen, für den Westen bislang als zu schwer erwiesen. Das hängt natürlich mit dem verworrenen Zustand zusammen, der hinsichtlich mann-weiblicher Integrationsprobleme im Westen immer noch herrscht, faktisch fangen wir ja überhaupt erst an, sie zu bedenken oder ihnen praktisch Rechnung zu tragen. Jedenfalls dämmert hier bereits, daß die Art unserer Jesusauffassung sehr intim und sehr direkt damit zu tun hat, ob und inwieweit wir selbst in einem solchen Integrationsvollzug stehen.

Das Problem des Mannes Jesus stellt sich also in dieser spezifischeren Form nicht nur von der Anthropologie her, sondern sogar in höchst nachdrücklicher Weise aus dem weltweiten Bereich der Ökumene. Dieses Problem aber, dies sei in Kürze angemerkt, gerät sofort in eine Sackgasse, wenn es mit der Frage nach der Sexualität Jesu identisch wird. Wo man diesem Irrtum verfällt, und das geschieht nicht selten, ergeht man sich dann in Phantasien, wie Jesus sich wohl mit seiner eigenen Sexualität auseinandergesetzt habe. Sicherlich sei er doch ein anziehender Mann gewesen, so kann man hören. Man konstruiert eine besondere Beziehung zu Maria Magdalena, oder man versichert, wahrscheinlich sei er überhaupt verheiratet gewesen. Denn in seiner damaligen israelitischen Gesellschaft sei es ganz undenkbar gewesen, daß ein junger Mann seines Alters nicht verheiratet gewesen sein sollte. Das setzten die Berichte einfach als selbstverständlich voraus, darum brauche es überhaupt nicht besonders erwähnt zu werden[9]. Machen ihn die einen also zu einem konventionellen Ehemann, sieht das andere Extrem den Sex-Verächter und Asketen in ihm, dies besonders mit Berufung auf jene Matthäusstelle, die Jesus nach Äußerungen über Ehe und Ehescheidung von einem noch besonderen Problem sprechen läßt, das «nicht jeder verstehen kann, sondern nur die, denen Gott das Verständnis gibt». Es gäbe nämlich von Geburt an Zeugungsunfähige, dann solche, die durch späteren menschlichen Eingriff zu Eunuchen gemacht sind, es gäbe dann aber auch noch solche, die «sich selbst um des Himmelsreichs willen zeugungsunfähig gemacht haben»[10]. Natürlich interpretiert man: Zu letzterem als dem steilsten und erhabensten Weg sei aufgefordert, wobei es prinzipiell gesehen gleichgültig ist, ob man das «Verschnittensein um des Himmelreichs willen» wörtlich oder symbolisch versteht. Jedoch, diese Kardinalstelle jeglichen Asketismus ist unecht. Wenn bei einer Stelle gewiß ist, daß Jesus sie nicht gesprochen hat, dann bei dieser. Jesus hat sie nicht gesprochen und kann sie gar nicht gesprochen haben. Das Wort steht erstens völlig isoliert ohne Parallele bei den Synoptikern da. Sodann, eine solche Empfehlung, die selbst der vorhandene Text genau gesehen nicht ausspricht, wäre in Jesu israelitischer Umwelt und damit bei den Jüngern nur auf Kopfschütteln gestoßen. Denn «der Verschnittene gehört nach Deuteronomium 23, 2 nicht zur Gemeinde Israel»[11]. Das lebens- und naturnahe Israel huldigte derart sterilen Frömmigkeitsidealen nicht. Und schließlich, was ganz besonders zählt, die fragliche Stelle steht in absoluter Inkongruenz zu Jesu Grundanschauungen, die dem Asketizismus und dem damit unweigerlich stets verbundenen Legalismus gerade nicht das Wort reden. Die Stelle ist späterer Eintrag, den synkretistischen Tendenzen der orientalischen Umwelt Rechnung tragend: Eine spätere Zeit hat sie dann bekanntlich besonders von einem mißverstandenen Paulus her interpretiert. Auch dies ist irrig. Im Gegenteil, darf man heute sagen, zieht man bei Paulus die durch die Naherwartung bedingten Einschränkungen ab, dann spricht tatsächlich ein erstaunlich «moderner» Paulus zu uns. Das hat unter anderem besonders Gyula Barczay in seiner Ethik «Revolution der Moral» eindrucksvoll gezeigt[12].

Die Frage nach dem Mann Jesus ist grundsätzlich eben keineswegs mit der nach der männlichen Sexualität identisch. Dieser Abweg der Verständnisbildung ist vielmehr ein beredtes Zeugnis für die Verengung und Vereinseitigung, von der unsere Psychologie herkommt[13]. Es gelte den Christus zu entdecken, so hatte Keshab Candra Sen weitblickend die christologische Aufgabe bezeichnet, der, von einer Frau geboren, selbst eine Frau im Manne ist.

Der tiefenpsychologische Gesichtspunkt

Wie entdecken wir psychologisch diesen Jesus? Den Jesus, von dem im Sinne Buytendijks und der modernen Anthropologie zu sagen wäre, daß er den komplementären Existenzmodus der Weiblichkeit einschloß? Anders gesagt, wie bekommen wir den «integrierten Mann» Jesus ins Blickfeld?

Das Menschsein Jesu führt also mit methodischer Notwendigkeit auf die Frage nach seinem Mannsein und dieses weiter auf die nach seinem integrierten Mannsein.

Diese Fragestellung ist nicht herangetragen. Die Jahrhunderte hindurch hat die Kirchenlehre Jesus als den «wahren» wie «vollkommenen» Menschen verkündigt, als den Prototyp der erneuerten und erlösten Menschheit. Karl Barth hat diesen Gedanken, daß die Gesamtlage der Menschheit sich gewandelt habe, seit «der» Mensch Jesus in ihr gelebt hat, in den tragenden Mittelpunkt seiner Kirchlichen Dogmatik gestellt. Und praktisch noch relevanter, all diese Jahrhunderte hindurch haben ungezählte Generationen zu diesem einen aufgeblickt, innerlich irgendwie gewiß, daß er der «Anfänger und Vollender» ihrer selbst und aller ihrer tiefsten Hoffnungen sein müsse.

Alle diese Aussagen und Erwartungen sind aber hohl und nichtig, wenn nicht gezeigt werden kann, daß dieser so einzigartig akzentuierte Mensch ein integrierter Mann war. Denn nur als integrierter Mann kann er ein wahrer Mann gewesen sein, das heißt einer, der die Wahrheit seines Mannseins und damit des Menschseins faktisch lebte. Aber jene Aussagen und Erwartungen sind nicht hohl und nichtig, denn Jesus war ein integrierter Mann. Das kann aus den Quellen gezeigt werden und soll hier geschehen.

Wie ist das möglich? Es geschieht, indem wir die Frage nach der Anima Jesu stellen. War Jesus ein Mann, der seine Anima integriert hatte? Das ist die tiefenpsychologische Fragestellung. Und das ist die methodische Grundfrage, die uns in dieser Untersuchung leitet.

Anima im Falle des Mannes und Animus im Falle der Frau sind nach C. G. Jung termini technici oder Symbolfiguren, die den unbewußten jeweils gegengeschlechtlichen Seelenanteil repräsentieren. Zur vollen Persönlichkeitswerdung hat der Mann seine Anima, die Frau ihren Animus, das heißt die jeweils mitgesetzte psychische Strukturkomponente zu realisieren und existentiell tathaft zu integrieren. Die Anima spricht sich beim Mann erfahrungsgemäß in

Def

weiblichen Symbolfiguren der Träume aus, der Animus bei der Frau in männlichen Symbolfiguren. Integriert werden sie, indem ihr Sinngehalt dem Bewußtsein eingegliedert, dieses damit potentiell erweitert und zu sachgerechtem Handeln kompetenter wird. Bei fortschreitendem Integrationsprozeß treten die Symbolisierungen mehr und mehr zurück. Anima und Animus werden mehr und mehr habituelle psychische Funktionen. Dies soll nur eine vorläufige Orientierung sein.

Diese Animus-Anima-Konzeption Jungs verbunden mit seinen von ihr unabtrennbaren Integrations- und Individuationseinsichten halte ich in der Tat für einen fundamentalen Beitrag zur psychischen Reifung und weiteren Bewußtwerdung der Menschheit.

Aus ihr ergibt sich ein neues höheres Verständnis von Mannsein und Frausein, eine neue schöpferische Sicht der Gegensatzbeziehung beider. Aus ihr folgt ein neues psychisch geistiges Verständnis der Ganzheit des Menschen selbst, aber auch ein ganzheitlicheres und vertieftes Weltverständnis. Nächst der Entdeckung des Unbewußten selbst ist Jungs Animus-Anima-Konzeption die genialste Einsicht der Neuzeit in das Wesen des Menschseins. Sie ist ein fundamentales Ereignis in der neueren Geistesgeschichte der Menschheit. Sie bedingt vor allem auch einen umfassenderen und vertieften Vorgang des Verstehens, der hier zum Verständnis der Gestalt Jesu eingesetzt werden soll[1].

Aber wird damit nicht vielleicht doch ein ganz unzulässiger Gesichtspunkt herangetragen? Besonders der Theologe wird sich wahrscheinlich fragen, ob diese gesamte Fragestellung nach der Anima Jesu wirklich einem anderen Zweck dient als dem, das Evangelium «nur psychologisch» zu erklären oder erneut zu «psychologisieren». Führt doch die Theologie in der Moderne seit den Tagen Feuerbachs diesen Kampf gegen Psychologisierung und Humanisierung, um zumeist in der Psychologie, die angeblich Verständniszugänge öffnen will, eine besonders raffinierte Form dessen zu sehen, was die Theologen Vermenschlichung des Evangeliums nennen.

Die Antwort lautet: Bei unserer Fragestellung geht es nicht um Psychologisieren, sondern gerade umgekehrt um Entpsychologisieren, methodisch streng und strikt. Wieso? Beziehen wir uns auf einige Ausführungen Jungs: Gerade wegen des «Mangels an psychologischem Denken war die Erkenntnis – die Jahrhunderte hindurch – psychologisiert, das heißt angefüllt mit projizierender Psychologie», also mit einem Denken, das naiv und unbewußt die eigenen subjektiven Zuständlichkeiten in die Dinge hineinverlagert. «Dafür bieten die Anfänge philosophischer Welterklärung treffende Beispiele», so erinnert Jung. Wo das Phänomen «Individuum» noch nicht Ereignis geworden ist, wo man noch kollektiv, persönlich anonym oder primitiv lebt, ist man «unfähig, anders als projizierend zu denken». Man ist noch selbst in den Dingen, und wenn man sie zu erklären versucht, legt man sich selbst nur wiederum in die Dinge hinein. Darum, mit der «psychologischen Differenzierung der Menschen geht die Entpsychologisierung der objektiven Wissenschaft» direkt einher[2]. In diesem Sinne ist auch das historische Jesusbild zu entpsychologisieren, das heißt von all der schlechten Psychologie zu reinigen, die es die Jahrhunderte hindurch aufgesogen hat.

Eine Parallele zu dieser methodologischen Entwicklung bildet in der neueren Wissenschaftsgeschichte die Auseinandersetzung über die «Voraussetzungslosigkeit» der Wissenschaften. Die sogenannte objektive Rationalität galt allein als exakt, jeder Wertgesichtspunkt als subjektive Trübung. Diesen Methodenkampf hat Eduard Spranger mit einem unvergessenen Sitzungsbericht der Akademie der Wissenschaften richtunggebend beendet[3]. «Der Sinn der Voraussetzungslosigkeit», so wird hier gezeigt, kann nur der sein, in einer jeden Sachsphäre diejenige Voraussetzung methodisch in Anwendung zu bringen, die die Eigenart eben dieser Sachsphäre erfordert, «die ihrem Sinn gemäß bleibt». Eine einzige überall uniform angewendete Methodik ist überhaupt keine Methodik. Nicht Voraussetzungslosigkeit, sondern die «rechten» Voraussetzungen zu haben, laute die Forderung. Entsprechend ist heute zu sagen: Der Ausschluß jeglicher Psychologie ist nicht das methodische Ideal. Ausschluß jeder Psychologie bedeutet vielmehr immer und ausnahmelos den Einschluß unbewußter schlechter oder sachentstellender Psychologie. Die methodische Grundforderung kann darum nur sein, die «rechte» oder sachgemäße Psychologie zu haben. Das ist diejenige, die ein integriertes Verstehen ermöglicht.

Von solchen unbewußten und darum schlechten oder unsachgemäßen Psychologismen ist also auch das überkommene Jesusbild zu befreien. In welchem Maße es aber tatsächlich solchen Überfremdungen ausgesetzt war und sicherlich auch immer noch ist, das müssen wir zumindest andeuten, indem wir das Jesusbild im Banne des patriarchalischen Mißverständnisses darstellen und seine Verkürzungen und Verbiegungen unter der Vorherrschaft des Mutterarchetyps aufzeigen. Denn überall, wo es zu keinem «integrierten Verstehen» kommt, werden verfälschende Subjektivismen und Psychologismen eingeschleust. Zu integriertem Denken aber kommt es nur, wenn beim Denker der gegengeschlechtliche Seelenanteil existentiell integriert ist. Nur mehr oder weniger integrierte Männer und Frauen können den integrierten Mann Jesus, den wahren Menschen, objektiv sehen und verstehen. Je geringer die eigene Integration, um so subjektiver und psychologistisch das Jesusbild, das man entwirft. In der Tat, «das Maß meines Verstehens hängt von der Klarheit meines eigenen Bewußtseins ab», sagt der Jesus-Forscher Niederwimmer. Nur das integrierte Bewußtsein ist eben klar. Und nur ein klares persönliches Bewußtsein ermöglicht ein klares Jesusbild. «Das Jesusbild, das sich ergibt, ist immer verräterisch»[4], nämlich im Blick auf seinen Autor.

Das scheinen anspruchsvolle, ja überhebliche Behauptungen zu sein. Alle Wissenschaftsgebiete haben ausnahmelos zu realisieren, daß die Entdeckung des Unbewußten in der Geschichte der Bewußtwerdung der Menschheit[5] eine schlechthin elementare Wende bedeutet. Sie gibt uns nicht nur einen völlig neuen Begriff von dem, was «ganzer» Mensch oder «homo totus» bedeutet. Sie unterwirft auch den bewußten Menschen, als ständig vom Unbewußten her aktiv bestimmt, ganz neuer anthropologischer Deutung. Denken, das weiterhin das Unbewußte ignorieren zu können glaubt, ist antiquiert. Grundlegende Entdeckungen haben eben oft umstürzende und harte Folgen. Das betrifft alle die Wissenschaftszweige zentral, die es mit Mensch, Psyche, Wert, Sinn oder Gott zu tun haben. Es ist darum ein ermutigendes Zeichen, daß Gert Hummel zum ersten Male eine Theologische Anthropologie vorlegt, die «die Wirklichkeit der Psyche»[6], also Bewußtes wie Unbewußtes einzuschließen sich vornimmt.

Nach dieser grundlegenden Wende im Bewußtwerdungsprozeß der Menschheit, von der wir gesprochen haben, stehen sich also in Zukunft nur zwei Grundmöglichkeiten des Verstehens gegenüber, integriertes und nicht-integriertes Verstehen und das ihnen entsprechende Denken. Wie dieses sich im einen oder anderen Falle genauer charakterisiert, soll jetzt nicht schon vorweggenommen werden. Dieser Unterschied beschäftigt uns im folgenden unablässig. Beide stehen sich natürlich nicht wie prinzipielle Möglichkeiten gleichen Ranges und gleicher Gültigkeit, sondern wie positive und negative Möglichkeit gegenüber. Denn auf andere Weise gesagt, die Subjektivität dessen, der den Verstehensakt vollziehen will, ist analytisch bewußt und methodisch geklärt in Anschlag zu bringen. Sucht diese Subjektivität völlig von sich abzusehen, sich selbst sozusagen totzuschweigen, fließt sie unweigerlich unbewußt ein, nun aber unkritisch, emotional oder affektiv. Sie wird zum größten Hindernis objektiver Sacherkenntnis.

Was die Geschichte des Jesusverständnisses anlangt, so liegen diese Tatsachen auf der Hand. Erinnert sei zur Veranschaulichung an einige Beispiele, die ebenso leicht greifbar wie andererseits von größter geschichtlicher Auswirkung sind. Jesu Wort vom Backenstreich etwa, das gebietet, geschlagen auf die rechte Backe, auch die linke darzubieten. Sein Grundsatz, dem Übel oder dem Bösen gerade nicht nur zu widerstehen, sondern Böses mit Gutem zu überwinden[7], wird im Westen nur zu oft als unbequem beiseite geschoben, als schwer verständlich übergangen oder sogar als unpraktisch, unvollziehbar, vor allem aber als unmännlich abgelehnt. Er gilt so sehr als unmännlich oder unvereinbar mit der arischen Wertskala, daß man den großangelegten Versuch unternommen hat, ihn aus dem Volksbewußtsein überhaupt auszumerzen. Wenn ein Beobachter diese leidenschaftlichen weltanschaulichen Auseinandersetzungen aus Distanz mitansieht, wie der große Philosoph des neueren Hinduismus Sarvapalli Radhakrishnan, dann kommt er zu dem Schluß: Der Westen glaubt daran, daß der Schnelle das Rennen macht und der Mutige die Schlacht gewinnt, und darauf kommt es ihm an. Der Geist Jesu aber sei ihm, unter die Oberfläche gesehen, völlig fremd geblieben. Er habe ihn im Grunde nie ernsthaft aufgenommen[8].

Der Osten hingegen hat viele Male dieses Wort betont. Zuletzt hat Mahatma Gandhi auf dieses Wort eine ganze Theologie und praktische Weltpolitik gebaut. Er hat den «gewaltlosen Friedefürst» in Jesus, so drückt er sich aus, wiederentdeckt. Er hat dessen Weisung, dem Übel nicht zu widerstehen, zum Grundsatz seiner Politik der Gewaltlosigkeit gemacht, um mit ihr ein Imperium aus den Angeln zu heben. Er hat auf dieses Wort eine neue Ethik gebaut und ausdrücklich betont, daß ihm Jesu Grundsatz «männlicher» vorkomme als aller Militarismus der Welt[9]. Und alle diese Gedanken Gandhis sind in das Gedankengut der modernen weltweiten Friedensbewegung breit eingeströmt.

Entgegengesetzte Beispiele, Berichte wie die von Jesu Strafreden gegen Pharisäer und Schriftgelehrte, hart geschliffene Worte in der Tat, sind im Osten ein unüberwindlicher Anstoß. In diesen Berichten werden die Gegner Jesu von ihm Heuchler, Narren und Blinde, ehrsüchtig und unaufrichtig genannt, oder dekorierte Gräber, äußerlich blendend hergerichtet, innerlich voll Fäulnis[10]. Das kann Jesus nicht gesagt haben, argumentiert der Osten, oder wenn er es wirklich gesagt hat, steht es schlimm. Hier kommen nämlich Züge zum Vorschein, die dem östlichen Frömmigkeits- und Heiligkeitsideal in keiner Weise entsprechen. Zu schweigen auch von einem Bericht wie dem von der Tempelaustreibung[11]. Ein frommer Mann handelt so nicht – nach der östlichen Mentalität. Darum stellt sie den «milden Buddha» jederzeit höher als den «streitsüchtigen Jesus». Im Westen hingegen werden die zuletzt genannten oder ähnliche Stellen mit besonderer Zustimmung herausgestellt, ja zeitweilig mit tendenziöser Einseitigkeit geltend gemacht: Da sieht man es, das ist die Tendenz, er war doch «ein Mann»!

Was also der eine hoch erhebt, das verdammt der andere, und umgekehrt. Warum und woher diese eklatante Ausschließlichkeit entgegengesetzter Stellungnahmen? Sicherlich nicht, weil das eine Jesusverständnis genuin, das andere aber grundfalsch wäre. Beide Problemkomplexe weisen vielmehr auf den einen Jesus, in dem diese beiden Züge nicht nur nebeneinander anzutreffen sind, sondern, wie sich im folgenden zeigen wird, in sinnvoll integrierter Relation stehen. Was jedenfalls dem Westen an Jesus besonders leicht assimilierbar ist, ist nach Meinung des Ostens für einen einigermaßen entwickelten Mann ein unakzeptables Verhalten. Die Züge, die umgekehrt der Osten als grundwesentlich preist, empfindet der Westen abwertend als weibisch. Ein solcher femininer Charakter ist Gandhi und seiner an Jesus maßgeblich gebildeten Gewaltlosigkeit in der Literatur vielfach ausdrücklich bescheinigt worden. Damit ist ganz offensichtlich, daß es die Vorstellung von Männlichkeit ist, die im einen wie anderen Falle maßgeblich bestimmend im Hintergrund steht, um – einmal so, das andere Mal anders – auf Jesus projiziert zu werden.

Dies sind historisch bedeutende Beispiele dafür, wie es tatsächlich die unbewußten psychischen Voraussetzungen sind, die ein subjektiv befangenes und damit einseitiges Jesusbild prägen[12].

Ehe wir nun die angekündigte, der tiefenpsychologischen Sicht entsprechende Frage nach der Anima Jesu stellen, und damit nach einem integrierten Jesusbild, sehen wir zunächst die beiden historisch wirksamsten Mißverständnisse Jesu kritisch an, die sich in besonderer Weise als subjektivistische Projektionsbilder erweisen.

Das patriarchalische Mißverständnis Jesu

Das patriarchalische Mißverständnis Jesu[1] begegnet in der christlichen Tradition am handgreiflichsten bei jenen Denkern der ersten nachchristlichen Jahrhunderte, die die Kirchenväter-Epoche darstellen. Man könnte es gewiß schon im Neuen Testament nachweisen, das aber würde mit zuviel historischer Diskussion unseren psychologischen Gesichtspunkt nur unnötig komplizieren.

Wir nennen dieses patriarchalische Verständnis Jesu rundheraus ein Mißverständnis, vielleicht ein notwendiges. Denn das Bewußtsein jener Kirchenväter war noch nicht so entwickelt, daß es die Nachricht von Jesus angemessen hätte aufnehmen und eingliedern können.

Das Denken der Kirchenväter ist in allen existentiellen Lebens- oder Grundfragen ein Denken in absoluter Projektion. In sich gefangen projiziert man die eigene Selbstgefangenheit in die Probleme hinein und nennt das Denken. Aber diese Projektion ist eine ausgesprochen negative. Das begrenzt das Gesamtdenken der Kirchenväter so entschieden. Denn man lebte in dem, was Erich Neumann das «Bewußtseinspatriarchat» gennannt hat. Aber das ist noch keine Stufe integrierteren Bewußtseins, sondern im Rahmen der Gesamtentwicklung des männlichen Bewußtseins höchstens eine Durchgangsstufe im Sinne einer Anfangsstufe.

Was geht psychologisch auf dieser Stufe vor sich? Das Männliche will zu sich selbst kommen. Das tut es zunächst dramatisch naiv, indem es sich dem Weiblichen «gegenüber» selbst behauptet. Es verfällt der leidvollen nur-männlichen Rolle. Die Distanzierung dem Weiblichen gegenüber wird zu einer direkten Frontstellung «wider» das Weibliche. Mit solcher faktisch sich isolierenden Konfrontation will das Männliche seine Selbständigkeit festigen. In Wahrheit tut es sich selbst den schlechtesten Dienst. Denn indem es sich vom Weiblichen distanziert und isoliert, distanziert und isoliert es sich vom eigenen Unbewußten, das, wie vor allem C. G. Jung gezeigt hat, für den Mann wesentlich feminin geprägt ist. Auf dieser Stufe entspricht mithin dem «Fort vom Weiblichen» ein «Fort vom Unbewußten», wie besonders E. Neumann in seiner großen Ursprungsgeschichte des menschlichen Bewußtseins herausgearbeitet hat. Und so beginnt dann hier, so zeigt er weiter, «die große Umwertung des Weiblichen ins Negative, die dann im Patriarchat der abendländischen Religionen zu einem Extrem gekommen ist»[2].

Die Häupter der Kirchenväter-Epoche ahnen natürlich nicht im entferntesten, was sie mit ihrem betonten und überbetonten «Fort vom Weiblichen» tatsächlich tun, das heißt mit sich selbst tun oder sich selbst antun. Sie ahnen nicht, daß sie sich selbst in einen höchst intensiven Prozeß der Selbstentzweiung hineintreiben. Sie unterdrücken und vergewaltigen ja nicht nur ihr eigenes Unbewußte überhaupt, das Gesamtweibliche in ihnen, sondern ebenso ihre eigene individuelle Anima-Struktur, die das Weibliche ganz speziell und persönlich in ihnen vertritt. Anders ausgedrückt, sie ahnen nicht, daß sie gegen sich selbst kämpfen, wenn sie gegen die Frau kämpfen, daß das, was sie «draußen» schmähen und degradieren und oft geradezu anpöbeln, «drinnen» in ihnen selbst ist. Sie sind weit entfernt zu verstehen, daß all die Lasterkataloge, die sie der Frau widmen, nichts weiter als Selbstbekenntnisse sind. Sie bekunden schreiend ihre eigene Unfähigkeit, mit ihren höchstpersönlichen psychischen Problemen fertig zu werden, ja ihre Natur und Entwicklungstendenz auch nur annähernd zu verstehen. Sonst würde ihnen ja dämmern, daß das Weibliche, das sie derart befehden, gerade zu integrieren ist.

Die dreifache Ächtung des Weiblichen, die sich auf dieser patriarchalischen Bewußtseinsstufe ereignet, muß ein wenig näher beleuchtet werden. Gerechtes Urteil verlangt aber, nicht etwa dem

Christentum speziell alles das anzulasten, was hier an Fehlurteilen ergeht. Es handelt sich natürlich um allgemeine menschliche Entwicklungen, an denen das Christentum eben teil hat. Das Verhängnis ist nur dies, daß es affektgeladene Projektionsurteile sind, die weithin zum Dogma erhoben werden und damit als heilige Verpflichtungen betrachtet werden. Diese frühkirchlichen «Lehren» über Frau, Ehe, Sex bedeuten also ein schlimmes Erbe für Jahrhunderte. Sie halten die psychologische Weiterentwicklung von Mann wie Frau auf einer primitiven Ebene fest.

Geächtet wird die Frau zunächst in religiöser Hinsicht. Denn eine Frau, die Stammutter aller, Eva war es ja, die am Sündenfall «schuld» ist. Der Kirchenvater Tertullian sagt, daß die Schlange wohl wußte, an wen sie sich zu wenden hatte, um zu ihrem bösen Ziel zu kommen. Bei Adam hat sie es erst gar nicht versucht, weil es grundsätzlich aussichtslos war. So eben sind «die» Frauen. Darunter haben nun alle zu leiden. Das Männliche wird hier lediglich als das Umgarnte, Verführte, Bemitleidenswerte geschildert, also in Wirklichkeit als völlig unmännlich, unentwickelt oder infantil. So wird schon hier klar, daß jeder Schlag, den der Mann gegen die Frau führt, zugleich ein Schlag gegen sich selbst ist. Von dieser Erkenntnis sind die Kirchenväter jedoch weit entfernt. Sie ereifern sich vielmehr mit den Versicherungen, daß die Frauen wegen des Sündenelends, das sie über die Menschheit gebracht haben, derentwegen der Heiland schließlich am Kreuz sterben mußte, tagtäglich in Lumpen gehüllt einhergehen sollten, in Sack und Asche Buße tun müßten, um sich ständig daran zu erinnern, wer sie in Wahrheit sind. Aber es verlohnt gar nicht, Hieronymus oder Chrysostomus und all die anderen weiter zu zitieren. Die Frau bleibt des «Teufels Pforte», nicht nur «gefährlich», ein «Fluch» schlechthin für den Mann. Betont sei vielmehr, daß Hunderttausende von Männern unter uns herumlaufen, deren eigene Anima-Entwicklung auf der Stufe der Kirchenväter stehen geblieben ist.

Es geht hier nicht um Ehemaliges nur, um Überwundenes, das ein für alle Male nun hinter uns liegt. Es geht um Grundtypisches, das in jeder individuellen Entwicklung mehr oder weniger immer von neuem zu durchlaufen und zu überwinden ist. Immer wieder erhebt diese in der Tat gemeinmenschliche Primitivität das Haupt, um sich die frappierendsten, modernsten, aufgeklärtesten oder hochkünstlerische Einkleidungen zu geben. Bestes Beispiel aus neuester Zeit ist dafür der Erfolgsroman die «Letzte Versuchung Jesu» von Nikos Kazantzakis[3]. Die letzte große Versuchung, die Christus nach dieser Darstellung am Kreuz zu bestehen hat, ist die Fiebervorstellung: Er hat Maria Magdalena geheiratet, mit ihr Kinder gezeugt, «der Lust der Frau» gefrönt, er ist einer wie alle anderen geworden. Aber er erwacht, er findet sich am Kreuz: Er ist treu geblieben, er ist nicht gefallen, Gott sei Dank! Würde man diesen modernen Dichter selbst analysieren, so würde sich wohl zeigen, daß seine eigene Anima-Entwicklung in der Kirchenväter-Epoche steckengeblieben ist, das heißt dieser entspricht. Denn «die Fackel des Teufels» schlechthin, wie noch Anselm sagt, bleibt auch ihm das Irrlicht des Weiblichen.

Was in jenen ersten entscheidungsreichen christlichen Jahrhunderten als sogenannte christliche Tradition sich herausgebildet, ächtet die Frau aber nicht nur religiös, sondern allgemein menschlich ganz genauso. Clemens von Alexandrien möchte zwar ein Wort für die Frauen einlegen, aber dann kann er doch nicht anders, er muß feststellen, die Männer seien eben doch bessere Menschen und zu allem besser begabt. Die eingewurzelte Androzentrik der Antike ist ein zu lastendes Erbe, als daß man sich ihrer so schnell entledigen könnte. Und so ist es nicht einmal möglich, überhaupt zu hören, was Jesus zur Sache sagt. Aristoteles mit seinem Dogma von der Frau als dem «unvollkommenen Menschen» hat nicht eigentlich Schule gemacht, sondern, so muß man sagen, er hat auf einen autoritativ gedeckten Nenner gebracht, was Männer denken, wenn sie in ihrer psychischen Entwicklung gerade erst anfangen, Männer zu werden. Immanuel Kant zB weiß über alles, was zwischen dem gestirnten Himmel über uns und dem moralischen Gesetz in uns vorkommt, etwas oder viel zu sagen. Aber von den Frauen redet er wie ein ordinärer Propagandist des Antifeminismus, und schließlich weiß er sich nur auf die klassische Linie zu retten, indem er die Frau «minderwertig» findet. Von Schopenhauers neurotischen Verdikten über die Frau schweigt man besser. Es ist auch so gewiß, daß sich die Linie der menschlichen Ächtung der Frau ungebrochen bis in modernste Zeiten zT fortsetzt. Selbst die exakten Wissenschaften, besonders auch Biologie und Medizin, haben in ihrer neuzeitlichen Entwicklung die Nachwirkung des Aristotelischen Dogmas über die Frau oder die antike Androzentrik nur sehr langsam überwinden können.

Schließlich und besonders aber wird die Frau sexuell geächtet. In der christlichen Entwicklung hat Augustin in dieser Beziehung die Führung. Seine Bekehrung war entschieden, was immer sie sonst auch war, eine Entscheidung gegen Ehe, Sexus und den immer wieder als «animalisch» oder «gegen Gottes tieferen Willen» verunglimpften Koitus. Und der Dank an Gott für seine Rettung ist immer entscheidend der Dank, von dem Begehren nach der Frau frei geworden zu sein. Als einflußreicher Kirchenmann muß er sich zur Ehe äußern, und angesichts des Neuen Testamentes kann er die Ehe unmöglich schlechthin verdammen. Er macht sie «erträglich» oder zur «läßlichen Sünde», indem der Koitus nur als «Pflicht» geübt werden und ausschließlich um der «Fortpflanzung» willen geschehen darf. Damit hat Augustin ungezählten kommenden christlichen Generationen das typische «schlechte christliche Gewissen» allem Natürlichen gegenüber, das heißt speziell dem Sexuellen und der «Lust» gegenüber eingepflanzt. Die Frau aber ist in ihrem Wesen die Quelle dieser bösen Lust und die ständige aktive Versuchung zu ihr. Bei der semioffiziellen und offiziellen Geltung, die Augustins Lehren aber in der Kirche gewannen und durch Jahrhunderte innehatten, repräsentiert Augustin ursächlich die kollektive Tragik unübersehbarer Zwangsneurosen so direkt und persönlich wie kaum ein anderer. Auch in diesem Zusammenhang interessiert nicht, die Entwicklungslinien im einzelnen zu verfolgen. Man macht sich besser klar, daß bis heute das Weibliche ständig sexuell abgewertet wird. Augustinischer Unfreiheit und Verkrampfung bleibt zB noch Papst Paul VI. verhaftet, wenn er in seiner viel diskutierten Enzyklika «Humanae Vitae» darauf besteht, «daß jeder eheliche Akt (quilibet matrimonii usus) für die Weitergabe des Lebens offen bleiben muß»[4]. Also die Augustinische Pflicht zur Fortpflanzung bleibt allentscheidendes Prinzip.

Andererseits aber sieht selbst ein Sigmund Freud die Frau nur als «Mängelwesen» und überwindet diese abwertende Schau grundsätzlich nicht. In dieser zugegebenermaßen rein männlichen Psychologie ist die Überlegenheit der männlichen Psyche auf Schritt und Tritt vorausgesetzt. Der «Penisneid» des Mädchens, also ein Minderwertigkeits- und Mangelgefühl, wird der Schlüssel zur weiblichen Psyche. Und wenn Freud «vom Überwiegen des Neides in ihrem Seelenleben» so oft und summarisch spricht, dann hat er eben prinzipiell eine in ihrem Seelenleben vom sexuellen Neid vergiftete weibliche Psyche vor Augen. Was immer Freud an menschheitlich bedeutenden Entdeckungen gemacht hat, an dieser Stelle liegen sie gewiß nicht[5]. Auf dieser Basis kann kein Bild der Frauenseele gezeichnet werden, wie Helene Deutsch es getan hat. Das kann nur zu einem von Passivität und Masochismus entstellten psychotischen Mängelwesen führen und muß peinlich wirken. Unterdessen aber ist ja aus der Freud-Schule heraus die These vom «Vagina-Neid» des Mannes entwickelt worden, was wohl als ein Zeichen gewertet werden darf, daß auch hier die Anima-Entwicklung des Mannes in Gang kommt. Und so wird gerade an diesen Hinweisen noch einmal besonders deutlich, daß auch die sexuelle Ächtung oder Abwertung der Frau kein christliches Sonderprivileg ist, sondern einer typischen Entwicklungsstufe des männlichen Bewußtseins entspricht, und daran haben offenbar mehr teil, als es wahr haben wollen oder auch nur ahnen.

Fassen wir zusammen: Woher nehmen also die Kirchenväter ihre Urteile über die Frau? Aus der Verkündigung Jesu doch auf keinen Fall. Und dieser Umstand ist noch einmal psychologisch aufschlußreich. Auch wenn sie die Worte Jesu nur ganz flüchtig gekannt hätten, das Gegenteil war gewiß der Fall; auch wenn sie es mit ihrer Christlichkeit nur so obenhin ernst genommen hätten, und wiederum war sicherlich das Gegenteil der Fall, sie hätten doch gar nicht anders können, als laut und einstimmig im Namen ihres Herrn gegen die Umwelt zu protestieren, wenn diese Umwelt derart Diskriminierendes verlauten ließ. Es bleibt ja vollkommen unbegreiflich, daß sie den meisten Äußerungen nicht nur zustimmten, sondern sie zT noch mit Gift und Galle überboten. Etwas ganz anderes als sachliches Urteil und Kirchenväterweisheit sprach aus ihnen, und zwar unwiderstehlich, alles andere ausblendend. Gerade ihr sich ausschäumender antifemininer «Affekt» verrät sie. Er verrät die, psychologisch gesehen, tiefe Unbewußtheit, in der sie existieren, das extreme Maß irritierter «Animosität» gegen das Weibliche, dem sie verfallen sind, und damit das Faktum, daß von einer nennenswerten Anima-Entwicklung noch kaum die Rede sein kann. Chrysostomus tut die Meinung kund, kein Tier sei «so wild» wie die Frau. Alles, was unbewußt bleibt, also nicht kritisch bewußt dem führenden Bewußtsein eingegliedert ist, wird in der Projektion gelebt, so wissen wir heute. Chrisostomus würde sich also bewußt zu machen haben, daß das wilde Tier, das er draußen bekämpft, in ihm selber tobt. Tatsächlich aber kann nichts «so wild» werden, wirklichkeitsverfälschend und selbstdestruktiv, wie die abgespaltene und in immer akutere Abspaltung getriebene Anima des Mannes.

Abgespalten aber, das ist das weitere, pervertiert sich die Anima. Denn, was nicht bewußt wird und damit vom Bewußtsein nicht kritisch gelenkt wird, was sozusagen im Dunklen sein Unwesen treiben kann, wird schnell «des Teufels Pforte». Es infiziert sich nicht nur mit allem möglichen sogenannten Schattenhaften, sondern auch mit dem metaphysisch Bösen schlechthin. Symptomatisch ist, daß eifernd und geifernd gesprochen wird und von Sachlichkeit endgültig keine Rede mehr ist. Nun gilt das Rein ab! des extremsten Asketizismus als einzige wahre Möglichkeit. Es wird gebüßt und zur Buße gezwungen, es wird negiert, gezüchtigt und verdammt und schließlich offiziell und wörtlich verflucht. Das Natürliche, das man derart mißhandelt, dämonisiert sich.

Was sich in jenen ersten Jahrhunderten abspielt, könnte, mit Jung geredet, auch ein «Introversionsvorgang»[6] größten Ausmaßes genannt werden. Beim Introversionsvorgang ist und bleibt das Subjekt führend, es zieht sozusagen alles in sich hinein und versubjektiviert oder verfälscht das Objekt, das Problem, das Verständnis der Umwelt entsprechend. Dieser versubjektivierenden Tendenz entsprechend entwickeln die Kirchenväter eine Sophistik der Bibelauslegung, die es ihnen ermöglicht, genau das in der Bibel zu finden, was sie finden wollen. Man drängt die Jesusworte zurück und bevorzugt entschieden alttestamentliche Stellen, die viel besser ins Konzept passen. Dabei steht die Sündenfallgeschichte mit ihrem Fluch über die Frau, wie schon angeführt, jederzeit obenan. Alles, was das Patriarchat stützt, wird herangezogen. Was der Frau zur Ehre gereichen könnte, wird unterdrückt, oder man ließ es überhaupt unter den Tisch fallen. Dafür ist die Perikope von der Ehebrecherin[7], für die Jesus eintritt, ein besonders typisches Beispiel. Ganz spät erst fand dieser Text Eingang in den Kanon, also in die maßgeblich geltende Heilige Schrift. Sicherlich hat dieser Bericht aber einen historischen Kern, gerade wegen seiner Anstößigkeit. Wer in der nächsten Folgezeit hätte derart anima-integriert sein sollen, daß er sie hätte erfinden können?

Das skizzierte Bewußtseinspatriarchat hat also schwere Kollektivneurosen über das Abendland heraufgeführt, schwerste Entwicklungshemmungen oder lastende Fehlentwicklungen, besonders was Ehe und Geschlechtlichkeit anlangt. Deren soziologisches Ausmaß wie ihre Massivität können schwer überschätzt werden.

S. Freud hat sie von ihren eigentlichen psychologischen Wurzeln her zuerst aufgedeckt. C. G. Jung zeigt dann, wie verdrängte Komplexe sich autonom machen, sich mit dem Schatten kontaminieren und die Persönlichkeit spalten und destruieren. Und diese effektive Negativität potenziert sich ins Unendliche, wenn ein solcher Komplex innerhalb eines Menschheitskollektivs verdrängt wird und sich mit dem Gewicht eines Kollektivschattens belastet. Gerade diese Bewußtseinsspaltung, die im abendländisch oder westlich christlichen Raum tatsächlich eingetreten ist, schildert neuerdings Karl Steern in einem literarhistorisch wie tiefenpsychologisch bedeutsamen Werk. Er spricht von dieser Bewußtseinsspaltung als von dem «manichäischen Dualismus» oder dem «abendländischen Manichäertum», das er auch den «Irrsinn männlicher Logistik» nennt, nämlich diese immer wiederkehrende und beherrschende Auseinanderzerrung und Entgegensetzung von Intellekt und Natur, Seele und Leib, Geist und Seele usw, und selbstverständlich auch dieser immer wieder ganz offene, rohe Antagonismus von Mann und Frau. Es sei schlechthin dieser manichäische Dualismus, aus dem alle «Pathologie des Zeitgeistes» resultiere[8].

Und tatsächlich führt dieser abgespaltene Komplex in den Wahnsinn dämonischer Destruktion, dessen extremste Spitze wir im Satanismus und seiner langen Geschichte haben. Das Konzil von Trient erklärte im 16. Jahrhundert, daß «der verflucht sei», der den Stand der Jungfräulichkeit und der Enthaltsamkeit nicht als «besser und segensreicher» anerkenne. Und so bekennt sich dann schließlich das verstoßene und verfluchte Weibliche zu seinem Fluch, das Männliche aber, das sich ja nur selbst verflucht hat, in denselben dämonischen Abgrund reißend. Es entstehen bis in die neuste Zeit die Satanskulte und Schwarzen Messen, in denen die Frau als Hexe, Hure und Teufelsgefährtin figuriert, die Männer aber als Satanssöhne, die jene unter jeder Obszönität schänden. Und dieselbe dämonische Konsequenz trifft hier das Jesusbild.

Jesus hat das Weibliche verstoßen, heißt es hier, aber Satan hat sich seiner angenommen. Darum wird Satan gepriesen, aber Jesus wird verflucht. Als der Erzverräter alles Natürlichen kann er nicht genug verflucht werden. Nun ist er «der Dieb der Neigungen», der die mann-weiblichen Beziehungen stiehlt. Er ist der «bewunderungswürdige Legat der falschen Ängste», der in diesen ganzen Angsttraum um das Natürliche stürzt, das doch nicht sein darf. Er ist «der kunstreiche Werbemeister des Betruges», der Heil verheißt und Unheil bringt, und er ist noch viel, viel Ärgeres. Hier sind wir im Tollhaus dämonischer Pervertierungen, und das bezeugen die tatsächlich begangenen Riten noch einmal[9]. Das abgewiesene Natürliche bekennt sich in Frau wie Mann zu seiner Verteufelung. Und so ist der Fluch, den der Mann seit der Sündenfallperikope der Frau so oft verantwortlich zugeschoben hat, voll und ganz auf den Mann selbst zurückgefallen, aber eben auch auf Jesus. Er ist nun gebrandmarkt als der eigentliche Verräter des Natürlichen und des Menschlichen. Und das ist das extremste Ende des Projektionsdenkens der Kirchenväter mit seinem beherrschenden und immer noch sich steigernden «Fort vom Weiblichen» und «Fort vom Unbewußten«. Am psychologisch konsequenten Ende des nur-patriarchalischen Denkens steht Jesus als der Verfluchte.

Und wie ist das Jesusbild im übrigen qualifiziert? Welche hervorstechenden Wesenszüge zeigt es innerhalb des Bewußtseinspatriarchats?

Es ist zunächst ein nur-männlich verzeichnetes und insofern verarmtes Jesusbild. Bei Jesus spielt die Zahl zwei eine wichtige Rolle. «Ich und der Vater», lautet seine typische Redewendung. Die Zwei ist aber ein weibliches Symbol, man geht wohl nicht zu weit, wenn man sagt: Die Zwei in seinem Munde impliziert immer schon eine mitgesetzte Anima-Beziehung. Aus diesem bei Jesus bedeutsamen Sachverhalt wird sehr schnell das Dogma der Trinität, also die Drei, die typisch männliche Zahl tritt an die Stelle der Zwei. Für die Drei entscheidet sich die Kirche und das Dogma, also für einen in einem männlichen Symbol einseitig eingefangenen Jesus. Wer aber die psychologische Bedingtheit dieser Entscheidung begreift, der wird auch in der selbstverständlichen Annahme erschüttert, daß die im Evangelium enthaltene Wesenswahrheit unbedingt und ausschließlich in trinitarischer Form bekannt werden müßte. Trinitarisches Denken ist also gewiß nicht mit Offenbarungswahrheit gleichzusetzen. Es ist in Wahrheit nicht nur zeitgebunden, sondern entscheidenderweise auch bewußtseinsgebunden, das heißt es entspricht, was immer sonst noch sachlich darüber zu sagen sein mag, einer bestimmten Stufe in der Entwicklungsgeschichte des menschlichen Bewußtseins. Heute würde man sich sicherlich anderer Denkfiguren bedienen müssen, um die Beziehung zu bezeichnen, die Jesus als zwischen ihm und Gott bestehend aussagt. Man hat zB die Denkfigur «Partnerschaft in Polarität» vorgeschlagen. Die maskuline Drei als dogmatische Unabdingbarkeit jedoch ist tatsächlich «patriarchalische Urform», und nicht etwa selbst Evangelium, genausowenig wie der absolute «Herr», oder der «autonome Monarch», oder «der Logos in eindeutig männlicher Personifikation», oder gar der «autarke göttliche Junggeselle», wie eine moderne Theologin richtig zu bedenken gibt[10]. In diesem Zusammenhang ist es bedeutsam zu sehen, daß überall da, wo das Symbol «Jesus, der Mensch» gegenwärtig Macht gewinnt, die Drei bezeichnenderweise zurück- und die Zwei wieder in den Vordergrund tritt.

Das Jesusbild im Banne des Bewußtseinspatriarchats ist nicht nur abstrakt und männlich vereinseitigt, inhaltlich gesehen weist es zweitens eine ganz unevangelische Verarmung auf. Jesus ist jetzt nämlich wesentlich der Richter. Er ist es nicht auch, er ist es nahezu ausschließlich.

Das Wort Richter löst natürlich einen ganzen Komplex von strikt männlichen Assoziationen aus. Dieses kompakt männliche Symbol qualifiziert nun das Jesusbild wie das Gottesbild, beides liegt immer ineinander, in dominierender Weise. Jesus ist eigentlich nur der leidende Vollstrecker, was sich vollzieht, ist aber die sogenannte objektive oder forensische Rechtfertigung oder Versöhnung. Dies ist die für das Bewußtseinspatriarchat typische Versöhnungstheorie. In ihr wird die Versöhnung nun selbst ein Rechtsakt. Quanten von Schuld auf der menschlichen Seite werden durch solche der «Genugtuung» oder direkt der «Bezahlung» auf seiten Christi miteinander ausgeglichen. Ständig ist natürlich auch nach dieser Theorie von Gottes Allgüte und Liebe die Rede, aber alle diese positiven Begriffe haben nun ihre eigentliche Valenz eingebüßt. Denn die viel gepriesene Gnade kann ja gar nichts weiter tun, als die Wege der Rechtsordnung gehen und die feststehenden Ansprüche derselben erfüllen. Die Rechtsordnung ist es also, die triumphiert und alles beherrscht. Gott selbst jedenfalls ist es, dem ein Opfer dargebracht wird, damit er wiederum Liebe frei walten lassen kann.

Man merkt jedoch nicht, daß auf diese Weise von dem Vater Jesu Christi nicht mehr viel übrig geblieben ist. Unter Verletzung aller Gefühl- und Wertfunktionen ist aus Gott ein unerträgliches Patriarchenungeheuer geworden, das das Blut des eigenen Sohnes opfern muß, das heißt sich selbst opfern muß, um wieder «Gnade» walten lassen zu können. Die rohste Maskulinität ist in diesem

Autoritäts- und Strafdenken ins Transzendente hypostasiert. Diese Theorie unterbietet, von heutigen Standards her geurteilt, bereits alle ethischen Forderungen, die man an einen irdischen Vater stellt[11].

Und noch ein typischer Zug ist hervorzuheben. Diese Versöhnung ist «exklusiv», sie ist eine Angelegenheit, die sich im Grunde nur zwischen Gott und Christus abspielt. Der Mensch ist nicht verantwortlich mitbeteiligt, in diesem großen an die Himmelswand projizierten Rechtsdrama wird einfach über ihn entschieden. Der einzelne bleibt unmündig, der große Patriarch entscheidet über ihn, im Guten wie im Bösen. Jedenfalls, Gott und Christus und Kirche sind hier Funktionäre der Rechtsordnung. Am Jüngsten Tage wird der Richter Jesus selbst die Böcke von den Schafen scheiden. Aber auch dieses einseitige oder besser unevangelische Bild des Richter-Jesus kann noch weiterer Debasierung verfallen. Jesus wird zum Kaufmann und Bankier, im Ablaßwesen des ausgehenden Mittelalters nämlich.

Luther war dann der erste, der vor dieser unheimlichen Konzeption des Richter-Jesus abgründig erschrak. Aber die nachlutherische Orthodoxie verhalf all jenen Grundorientierungen der Rechtsordnung wiederum zu einem neuen Auferstehen. Und so kommt es, daß wir die Gedanken, die das patriarchalische Jesusbild geformt haben, in einer heutigen Karfreitagspredigt ganz ebenso noch vernehmen können, so frisch und genuin wie eh und je. Und darum ist es sehr wichtig sich klar zu machen, daß wir mit dem Jesusbild im Banne des patriarchalischen Mißverständnisses nicht eine Angelegenheit längst vergangener Zeiten geschildert haben. Diese Konzeption ist vielmehr entwicklungstypisch. Sie tritt überall und immer wieder da auf, wo das Männliche dem Weiblichen wie dem Unbewußten integrationsunwillig den Rücken kehrt.

Was dieses Jesusbild genannter Prägung dann aber noch mit der «Gabe» des «Evangeliums» oder der «Frohbotschaft», mit Gottes «bedingungslosem Schenken», mit Jesu oder Gottes «Schöpfertum», das die Armen reich machen will, mit «Empfangen» oder «Rezeptivität» als Grundfunktion des Glaubens, was es mit dem allen dann noch zu tun hat, ist schwer zu sagen.

Aber die Vokabeln, die wir im Anschluß an Luther soeben gebraucht haben, haben ja alle in betonter Weise mit der weiblichen Skala der Werte zu tun. Näher darzulegen, auf welche Weise, wäre an dieser Stelle noch zu kompliziert. Hier soll nur gesagt sein, daß es ja gerade diese weibliche Wertskala ist, die das nur-patriarchalische Denken so affektvoll und animos von sich weist. Und darum ist es seiner Haupthandlung nach nur ein Projektionsdenken, das die eigenen inneren ungelösten Probleme bis in die letzte Himmelsweite hinausblendet. Darum kann es auch in Sachen Jesu nur ein Mißverständnis erzeugen[12].

Eine moderne Variante der Tendenz «Kampf dem Patriarchat» oder «Nieder mit der Männerherrschaft» stellt sich heute in der weltweiten Frauenbewegung des Feminismus dar. Diese gegenwärtige Fortsetzung der Frauenemanzipation des 19. Jahrhunderts sucht sich weithin eine geistig-geistliche Basis zu geben, indem sie eine ausgesprochenermaßen «feministische Theologie» begründet hat. Man greift also betont auf Jesus zurück und will sogar ein «feministisches Jesusbild» zeichnen. Jedoch, im Umkreis dieses Denkens treten Vereinseitigungen und Entgleisungen auf, von denen hier nur kurz zwei Typen gekennzeichnet werden sollen. Auf der einen Seite wird alles markant Männliche an Jesus ins Abseits geschoben, und die als weiblich empfundenen Gefühlswerte werden einseitig überbetont ins beherrschende Zentrum gestellt. Aber so entsteht ein «Jesus nur für Frauen» oder ein «seiner Männlichkeit beraubter Jesus», wie die Presse mit Recht kommentiert hat. Die andere Variante ist die, daß eine direkte Männerfeindlichkeit durchschlägt, so daß Jesus gerade als Mann in der Rolle des Gottesoffenbarers untauglich ist. «Durch das Mannestum des Verkündigers ist Gottes Wille unzureichend zum Ausdruck gebracht worden und ist Gottes Sache in ihrer Durchsetzung und Realisierung gehindert worden. Das Mannestum des Verkündigers bringt der Frau Nachteile, Einengung und Zurückweisung» [13]. Offensichtlich sind beide Denkweisen Abwege, tiefenpsychologisch gesehen sind sie Kompensationen eines tief verwurzelten Mangels an weiblicher Selbstidentität. Anstatt diesen Mangel auf moderne Weise aufzuarbeiten, zB mit tiefenpsychologischen Hilfen oder durch aktive Beteiligung an modernen schicksalhaften Fragen, kommt es zur psychischen Regression. Man glaubt sogar, die eigene Weiblichkeit auf festere Basis zu stellen, indem man sich archaischen mythologischen Göttinnenfiguren wie Demeter, Isis und anderen zuwendet. Tiefenpsychologisch nennt man das »Überwältigtsein von archetypischen Vorstellungen«, was aber natürlich nie positive Entwicklung im Konkreten ermöglicht.

Die bedeutende Forscherin *Betty Friedan*, Verfasserin des ersten wie des zweiten «feministischen Manifestes», hat in ihrem neuesten Buch die beiden oben genannten Varianten unmißverständlich als «falsche Polarisierungen» von Männlich und Weiblich bezeichnet und entschieden abgelehnt. Denn sie hindern die Frauen, «gemeinsam mit den Männern – ihnen folgend oder ihnen vorangehend – die neue humane Politik gestalten zu können. Und diese neue *menschliche* Befreiung wird uns die Kraft geben ..., endlich als Frauen und Männer in unserem eigenen Namen zu sprechen» [14].

Aber steckt in diesem Feminismus, diesem aggressiven Einbruch in das traditionelle Christentum, nicht auch ein berechtigter Kern? Es ist der Widerspruch gegen unaufrichtige Anmaßung, die sich hier Luft macht, dem die bekannte Schriftstellerin *Luise Rinser* ungeschminkt Ausdruck gibt: «Man pflegt stolz zu sagen, das Christentum habe die Frau aufgewertet und in Maria erhöht. Man kann mit gutem Grund das Gegenteil behaupten: Die Beinahe-Vergöttlichung der Maria hat die reale Frau erst wirklich zur Eva gemacht, zur Gegenfigur des Ideals.

Auch eine logos-gerichtete, eine von Zölibatären geleitete Männer-Kirche kommt nicht ohne die Beziehung zum Weiblichen und zur Frau aus. Da sie aber sowohl der eigenen anima aus dem Wege geht wie auch der realen Frau, also der gefährlichen Problematik der eigenen und fremden Geschlechtlichkeit sich entziehen will, muß sie eine Figur schaffen, welche nur den ungefährlichen, den logosfreundlichen, also den Mann in seiner ‹Männlichkeit› bestätigenden Aspekt des Weiblichen verkörpert: die Madonna, welche auch Jungfrau bleibt, wenn sie Mutter wird.»

«Solange die Kirche sich nicht bekehrt, solange sie nicht entschieden, furchtlos und ohne Vorbehalt für die Gleichberechtigung aller Menschen in allen Hinsichten sich einsetzt, ist sie unchristlich und handelt der Lehre Jesu zuwider, also häretisch.»

«Sie muß sich jetzt endlich auch entschließen, das letzte ihrer Reservate aufzugeben: das patriarchal-autoritär-kultische.»

« Verpaßt sie ihre Chance, verweigert sie der Frau die echte Mitarbeit, so wird sie mit der Wiederholung eines Phänomens des 19. Jahrhunderts rechnen müssen; diesmal sind es nicht die von der Kirche im Stich gelassenen Arbeiter, sondern die Frauen, welche schweigend von dannen gehen» [15].

Das Jesusbild in der Konstellation des Mutter-Archetyps

Das zweite historisch so wirksame Jesusbild ist das Jesusbild im Banne des Mutterarchetyps[1]. Mit Mutterarchetyp ist eine Bewußtseinslage gemeint, die zwar durch das Weibliche, aber ausschließlich in der Gestalt der Mutter allseitig bedingt wie bestimmt ist.

Der Mann begegnet also dem Weiblichen in psychisch tiefergreifender Weise, aber diese Begegnung ist wesentlich die mit der Mutterfigur. Das ist eine einseitige Begegnung. Diese Einseitigkeit ist aber nicht harmlos, sondern psychologisch äußerst folgenreich, wie noch zu zeigen. Jedenfalls ist die Entwicklungsgeschichte des Jesusbildes nahezu identisch mit der Entwicklungsgeschichte des männlichen Bewußtseins. Vor allem deshalb, weil es ja Männer waren, die in jenen Zeiten die Theologie schufen. Die Frau ist auch in dieser Beziehung das «nachkommende Geschlecht»[2]. Erst jetzt beginnt sie, sich in Theologie und Kirche fühlbar zu machen.

Entwicklungsgeschichte des männlichen Bewußtseins heißt aber zentral immer vertiefte Begegnung mit dem Weiblichen, wenn es sich wirklich um positive Entwicklung handelt. Das erste Weibliche, das dem werdenden Manne begegnet, ist die Mutter. Die Auseinandersetzung mit ihr steht darum geschichtlich am Anfang. Sie steht ebenso heute noch am Anfang jeder einzelnen oder individuellen Entwicklung männlicher Existenz[3].

In jenen fernen Zeiten, von denen hier die Rede ist, liegt also Mütterliches und Weibliches noch undifferenziert oder naiv ineinander. Die Frau als geistige Freundin, Kameradin oder Partnerin ist noch lange keine psychische Möglichkeit. Jene Begegnung mit dem Mütterlich-Weiblichen dürfen wir uns mithin nicht allzu geistig vorstellen. Anders gesagt, die Anima des Mannes müssen wir uns auf jener Stufe durchaus noch als «Naturwesen»[4] vorstellen. Das dämmernde Bewußtsein von seinem gegengeschlechtlichen Seelenanteil ist noch recht naturhaft oder begrenzt, was psychisch geistige Entwicklung und Bewußtheit anlangt.

Wenn von der Mutterfigur als Archetyp die Rede ist, muß aber noch auf die spezifische Mächtigkeit hingewiesen werden, die mit dieser Vorstellung angedeutet sein soll. Es gibt dynamische Urmächte, die Existenz wie Psyche elementar prägen. Eine solche Urmacht ist das Mütterliche. Schon dessen Name klingt nach Goethe so «wunderlich», denn es handelt sich um eine numinose Urmacht. «Es ist der auf die Mutter projizierte Archetyp», sagt C. G. Jung, «welcher – der wirklichen konkreten Mutter – einen mythologischen Hintergrund gibt und ihr damit Autorität, ja Numinosität verleiht.» Diese Projektionen sind oft genug «phantastisch»[5]. Erhabenes wie Schreckliches, Heiliges wie Teuflisches wird auf die Mutter projiziert. Die Mutter kann Heilige wie Hexe sein. Die wirkliche Mutter indes braucht nichts vom einen oder anderen zu sein. Es ist der Archetyp, der sie so sehen läßt. Der Mutter-Archetyp stellt eine gewaltige Macht dar, sie schlägt in den Bann.

Was der Theologe, der Philosoph oder der Dichter in jenen Jahrhunderten der Herrschaft des Mutter-Archetyps über die Frau aussagt, darf also längst nicht als «historisch» gewertet werden. So «sahen» damals die Männer die Frauen. Nicht daß sie ohne weiteres so «waren». Das ist der tiefere psychologische Sachverhalt. Daß die konkrete Mutter durchaus nichts mit dem Bild von Mutter gemein zu haben braucht, das der Mann in seiner Psyche hat, beweist die Analyse immer wieder. Der Analysand, der eine schreckliche Medusenfigur von Mutter zutiefst fürchtet, seine Männlichkeit bedrohend, der hat vielleicht in Wirklichkeit eine kleine, zaghafte, unsichere Frau zur Mutter, die ängstlich darauf bedacht ist, es allen recht zu machen. So ein konkreter Fall. Oder in einem anderen Fall schwerer Mutterbindung hat der betreffende junge Mann seine eigene Mutter überhaupt nie kennengelernt. Sie ist kurz nach seiner Geburt verstorben. Trotz oder gerade wegen der Tatsache, daß sie längst tot ist, spielt sie eine zwingend beherrschende und sehr spezifisch konstellierte Rolle, die durch kein Erinnerungsbild und keine Berichte anderer gerechtfertigt ist. Es ist der Archetyp, der so tatsächlich «phantastische» Projektionen fördert. Und so stellt sich noch einmal die Frage, welche Phantasmagorien die Konstellation des Mutter-Archetyps wohl auf das Jesusbild häuft[6]?

Ebenso aber ist es selbstverständlich, daß die konkrete Mutter vornehmlich, dazu beiträgt, den Archetyp zu aktivieren, zu fördern oder abzubauen. An die Stelle der konkreten Mutter tritt für unseren Fall die schöpferische historische Situation. Welche Umstände in der historischen Situation halfen, den Mutter-Archetyp zu konstellieren? In der Hauptsache die folgenden:

Zunächst lehrt man das Dogma der Inkarnation. Und so wird man auf nicht zu umgehende, vielmehr auf höchst offizielle Weise auf das Mütterliche hingewiesen. Denn Inkarnation heißt ja Eingang des Göttlichen in die Geschichte, die Materie, das Menschliche, das Körperliche, die Erde, das Weibliche speziell. Damit aber gewinnt dieses Irdische in allen seinen Aspekten einen absoluten Wertakzent. Denn es wird doch für würdig und fähig erachtet, Göttliches und Ewiges zu tragen und zu bergen. Mit den heftigen dogmatischen Auseinandersetzungen mit und wider alle demiurgischen und dualistischen Anschauungen verteidigt das junge Christentum den positiven Wesenswert der Schöpfung, des Seins selbst. Das hätte eigentlich zu einer entscheidenden Aufwertung des Weiblichen führen müssen.

Sodann, diese Erde, dieses Mütterliche, das speziell das Göttliche aufgenommen hatte, hieß Maria. Offensichtlich genug war sie auszunehmen von jeder Zweideutigkeit, jeder Infragestellung oder gar Herabsetzung, schon aus dogmatischen, ebenso aus gefühlsmäßigen Gründen. Dieses spezielle Mütterliche meinte die «Gottesmutter», die «Gottesgebärerin», die «heilige Mutter», wie sie nach dem Konzil von Ephesus auch offiziell hieß. Man hat ausführlich davon gesprochen, daß gerade die zur Gottesmutter sich erhebende Andacht und Emotion einen neuen Glanz über alles Mütterliche gebreitet habe. Wir möchten hier, psychologisch realistischer, stärker die Vieldeutigkeit des tatsächlichen Vorganges betonen.

Denn man kam ja von einer kollektiven Gesamthaltung her, die durch das «Fort vom Weiblichen» und das «Fort vom Unbewußten» vorwiegend bestimmt war. Stand also zu erwarten, daß man das mit der Figur der Gottesmutter gestellte Problem genuin und konsequent zu lösen vermochte? Daß also Inkarnation und Marienproblem zu einer durchgreifenden metaphysischen wie psychologischen Aufwertung oder Wertschätzung der Frau führen würden? Zu einem Kompromiß intellektueller Art kam es. Die Lösung für die kommenden Jahrhunderte hieß: Anerkennung, aber nur als Ausnahme, Ja und Nein zugleich.

Das dogmatische Ausnahmedenken scheut in bezug auf die Gottesmutter vor keinem Extrem zurück. Eben die «gebenedeite» ist es, die die «reine» Jungfrau bleibt. Und bis ins 20. Jahrhundert hinein beschreiben katholische Dogmatiker mit schlecht verdeckter neurotischer Verklemmtheit die biologischen Merkmale, die der «unverletzten» Jungfrau auch nach der Geburt Jesu noch eigneten oder zueigen gewesen sein müssen. Das alles ist überhaupt nur psychologisch zu verstehen, denn objektiv berichtet das Neue Testament ja deutlich genug von Joseph als Familienvater, den dann das Dogma von der Jungfrauengeburt offiziell ausschaltet. Das Dogma von der Jungfrauengeburt aber ist das konsequente intellektuelle Produkt eines anima-unentwickelten männlichen Kompensationsdenkens. Eines männlichen Denkens also, das selbst keine Beziehung zum Weiblichen gefunden hat und aus seiner eigenen Verlegenheit ein Prinzip macht, indem es in kompensierender Abstraktheit sich ergeht.

So lenken die beiden an sich so machtvollen Motive, Inkarnation und Mariendogma, schließlich nur sehr von ferne auf das Problem des allgemein Weiblichen. Intensiv aber stellt sich das Problem in einer anderen selbständigen Entwicklungslinie, nämlich in den teils tastenden, teils frühreif stürmischen Bestrebungen des Minnedienstes, um die Mitte des 12. Jahrhunderts beginnend und etwa bis ins beginnende 14. Jahrhundert sich fortsetzend. Maria bleibt auch hier «die» Himmelsdame, aber der Ritter richtet den Blick doch nicht einfach nur in den Himmel, sondern zugleich oder eher in die eigene Imaginationswelt, ins eigene psychische Innere. «Seine Dame», der er Verehrung zollt, ist nun weniger eine konkrete Frau, sondern die «Frau der Imagination», wie Julius Evola sagt, der treffende psychologische Bemerkungen zum einschlägigen Thema bringt. Man «weiht» sich hier wie Gott, so seiner Dame. Sie ist eine unerreichbare Frau, kommt auf hyperphysischer subtiler Ebene existierend einem autonomen Idealbild gleich. Besser, sie existiert in der eigenen Vorstellung und dem eigenen Wesen. Es geht um den Versuch, in den Besitz der «inneren Frau» zu gelangen. In der höfischen Liebe des Mittelalters kann diese innere Frau zum innersten Lebensprinzip, oder in weiteren Entwicklungen zur «Frau des Heils» werden. Kurz man «ist» sie, man «hat» sie in sich selbst[7]. Und so können die Zeiten des ritterlichen Minnedienstes für die psychische Entwicklung des Mannes gewiß nicht gut unterschätzt werden. Spontan bricht hier eine deutliche und kraftvolle Anima-Suche auf.

Aber es ist ein frühreifes Vorschnellen. Denn man vermag noch nicht zu «realisieren», das heißt durch innere bewußte Wesensangliederung zu verwirklichen. Vielmehr «konkretisiert» man, das heißt man tut nur draußen, was man innen verwirklichen sollte. Der Versuch der Selbsterfassung und Selbsttranszendierung verpufft in konkretistischen heroischen Unternehmungen, Gefahren und Abenteuern, die man für seine Dame unternimmt. In solchen Großtaten des Schwertes und der Gewalt verrinnt die tiefere Selbsterkenntnis. Und so ist der innere wie äußere Verfall gewiß. Die Ritterburgen werden Stätten des Ehebruchs und jeder Ausschweifung, der sexuellen Intrigue und Promiskuität. Die Zeiten der Bastardzeugung beginnen. Im 14. und 15. Jahrhundert werden mehr Frauen und Mädchen vergewaltigt und geraubt als im ganzen Mittelalter. Die sich austobenden Ritter machen sich keine Gedanken mehr darüber, daß sie ihre eigenen Frauen und Töchter so der entsprechenden Vergeltung ausliefern.

Die Kirche schreitet ein, natürlich, sie muß es. Sie weist energisch auf die reine Verehrung der himmlischen Jungfrau. Das lag nur zu nahe. Berichten doch zahlreiche Sagen und Legenden, wie Ritter und Krieger die Jungfrau Maria anrufen, wie sie mit ihrem Namen auf den Lippen in den Kampf ziehen, das Marienbild am Hals tragen, oder wie die Muttergottes auf den Wällen der belagerten Städte gesehen wird, die tödliche Kugeln auffängt. Alle diese Vorstellungen oder Anschauungen, dieser Glaube oder Aberglaube hatten ja schon in ihren einzelnen Elementen eine lange Entwicklung hinter sich, die die neu aufblühende Marienverehrung nur zu intensivieren und zusammenzufassen brauchte. Aber was hatte der Mann, was hatte die Frau davon?

Psychologisch gesehen wird der Mann durch die Marienverehrung, die Adoration der Mutter Gottes wiederum zurückgeworfen in seiner Selbstentwicklung. Dies darum, weil er die psychologische Vollentwicklung zum Manne ja noch längst nicht vollendet hatte, seine Anima-Suche war ja auf vielfältige Weise zerflattert und abgebrochen. Auf diesem Standort der Entwicklung ist die Rückkehr zur Mutterverehrung erst recht Rückschritt. Und so sind die Zeiten der mittelalterlichen Marienverehrung Zeiten der psychischen Rückentwicklung, zumindest der Stagnation der Selbstentwicklung des Mannes.

Auf die Frau aber fällt der Schatten der Marien-Mutter-Verehrung. Wo der Mann muttergebunden fortfährt, die Mutter statt die Frau zu verehren, ist die psychologische Situation für die Frau frustrierend. 1487 erscheint der Hexenhammer von Heinrich Institoris und Jakob Sprenger, bis 1669 neunundzwanzigmal aufgelegt, und was will das für jene Zeit nicht besagen. Die Frauen, die doch eben bereits wirkliche Erzieher des Mannes gewesen waren, nicht nur in Anzug und Tischsitten, wurden nun geängstigt, gefoltert, verbrannt, gehenkt, wie Vieh ersäuft, viele Jahrzehnte lang, zahllos. Warum? Nicht weil sie Hexen waren, auch nicht bloß deswegen, weil man die Phänomene nicht verstand, die da auftraten. Sondern primär und entscheidend, weil in der vollziehenden und dergestalt entmenschten Männerwelt eine innere Verkehrtheit wütete: Die frustrierte Anima-Suche ist in Haß umgeschlagen, mit allen möglichen Schattenelementen sich mischend. Naiver- und primitiverweise wendet sich dieser Selbsthaß, der er ja eigentlich ist, konkretisierend wiederum nach draußen, auf das konkrete, geschichtliche andere Geschlecht.

Maria aber, die «Mutter aller», weit über das Himmelszelt hinaus in transzendente Bereiche hinein hypostasiert, hat eine irdische Entsprechung. Das ist die Kirche, die «Mutter Kirche». Sie ist das sichtbare Symbol der unsichtbaren Himmelskönigin. Schon seit dem zweiten Jahrhundert beginnen sich die Bilder der himmlischen Mutter auf den Altären zu mehren. Es braucht hier nicht zu interessieren, wie die Forschung in dem synkretistischen Gebilde der Marienverehrung die verschiedenen Elemente jener Verehrung wiederentdeckt, die zuvor und ebenso Muttergottheiten galten, wie der Astarte, der Kybele, Artemis, Hera, Demeter, Persephone, Aphrodite, oder auch der Holda oder Perchta. Nun erscheinen immer häufiger die Darstellungen der Himmelskönigin Maria, die unter ihrem weiten Mantel, das Himmelsgewölbe mit seinem Sternenmeer symbolisierend, die Ihren schützend birgt. Es sei nur darauf hingewiesen, daß wir dieselbe Darstellung von der Isis haben. Damit ist bereits deutlich, daß die Kirche im Zeichen der «Großen Mutter» gesiegt hat. Große Mutter aber bedeutet dasselbe wie unsere Beschreibung des Mutter-Archetyps als umfassende Urmacht.

Nach allem Gesagten steht aber zu erwarten, daß diese Mutter Kirche nicht nur ambivalenter, sondern multivalenter Natur ist. Diese Mutter Kirche, die segnend ihre Hände über ihre Kinder breitet, ist zugleich die, die bindet, festhält und nicht losläßt. Es gibt keinen Entwicklungsstoß von Galilei und Kopernikus bis hin zur neuzeitlichen Befreiung von alten Ächtungen oder bis zur Pille der Gegenwart, dem sie sich nicht verbietend und strafend, oder zumindest doch hemmend in den Weg gestellt hätte. Es gibt keine versuchte Horizonterweiterung in Theologie und Philosophie, oft selbst in der Medizin, der gegenüber sie ihre Kinder nicht den Antimodernisteneid hätte schwören lassen. Mit saugender Inertia hält sie auf der infantilen Stufe fest. Stets verdächtigt sie die Fortschrittlichen. Fortschritt klingt ihr stets wie Abtrünnigkeit, die bis zur Auslöschung des Lebens, soweit man kann, geahndet wird. Was aber so in Inquisition, auf Scheiterhaufen, oder in Gewissen zerrüttenden Enzykliken seine Siege feiert, das sind, von hier aus gesehen, die Folgen oder Wirkungen des negativen Elementarcharakters des Großen Weiblichen oder der Großen Mutter, die in der Mutter Kirche konstelliert ist. Mit Caritas und Drohung, mit Seligkeitsversprechen und Autoritätsanspruch, mit gewinnendem Universalismus und steinharter Prinzipienenge, getreu ihrer ambivalenten Natur, hält sie darauf, daß der Mensch dies sei und bleibe: das muttergebundene Kind.

Insbesondere aber macht sie ihre Diener zu Kastraten. Welche psychologische Konsequenz wirkt sich dabei aus? Die Praxis zeigt immer neu, der muttergebundene oder infantil bleibende Mann ist vor allem seiner männlichen Potenz beraubt, psychologisch und oft auch physisch. Denn die Mutter, die den Sohn innerlich bindet, nicht frei gibt und so seine sich entwickeln wollende Männlichkeit unterbindet, ist immer die «phallische Mutter». Das heißt der Phallus, das männliche Geschlechtsattribut, den ihr die Mythologie zu ihren weiblichen Attributen hinzuverleiht, steht psychologisch für das Selbstbeanspruchen, das Herrschen und Beherrschen, für das zwingende Machtwalten, das als männlicher Zug empfunden wird. Darum das Attribut des Phallus. Das dergestalt negative Machtwalten der Großen Mutter wirkt sich auf den Sohn und Mann als ein Entmachten aus, als Potenzberaubung, als Kastration.

Konkret, niemand ist als Ehemann so untauglich wie ein sogenannter Muttersohn. Diese psychologisch mehr oder weniger kastrierten Männer bevölkern die Sprechstunde des Psychotherapeuten. Damit soll nur unterstrichen sein, daß es bei dem allen nicht um Spekulation geht, sondern um psychische reale Phänomene existentieller Natur. In der Mythologie sind es die Daktylen, die Kabiren und Zwerge, die dem Großen Weiblichen dienen. Die Daktylen, Kabiren oder Zwerge selbst aber sind die männlichen Attribute der weiblichen Potenz, in sich aber steril, impotent und unschöpferisch. Nur derart rein funktionale Diener kann die phallische Mutter gebrauchen, die selbst alles in allem ist und sein will, Zeugen wie Gebären, Werden wie Vergehen, Hervorbringen wie Verschlingen. Nur derartige zumindest psychologisch kastrierte Diener erschafft sie sich, als Mutter Kirche durch Zwangszölibat, dessen sichtbares Zeichen die Tonsur ist.

Wenn oben mythologische Anspielungen auftreten, so handelt es sich, wie wohl deutlich, keineswegs nur um Mythologie. Gerade das mythologische Denken der Völker ist frühe symbolische Psychologie, wie besonders Jung aufgewiesen hat. Die Mythologeme, die recht verstanden sein wollen, sind signifikante Psychologeme. Um dieses psychologischen Verständnisses willen muß daran erinnert werden, daß es einen negativen oder positiven Grundcharakter des Weiblichen an sich und in sich natürlich nicht gibt. Das Große Weibliche oder auch das Große Mütterliche, wie die Psychologie es nennt, sind Chiffren. Als solche sind sie ein Symptom für das sie so beurteilende männliche oder auch weibliche Bewußtsein. Das subjektive Bewußtsein nennt das Weibliche mit negativem Wertakzent verschlingend, weil es die Kraft der Selbstbehauptung und der Integration ihm gegenüber noch nicht aufgebracht hat. Das ist natürlich ebenso gültig im Blick auf das zuvor Gesagte, was nämlich die Kirche als Große Mutter tut oder nicht tut. Prinzipiell handelt es sich um Diagnosen über den bewußten Entwicklungsstand der die Kirche konstituierenden Männer. Denn von Männern muß für jene Zeit als bestimmend vornehmlich geredet werden. Daß sie sich zum Weiblichen als Mutter positiv zu stellen suchen, ist ein Schritt vorwärts. Daß sie dabei beharren, wirft sie in selbstzerstörerische Infantilität zurück.

Infantilität heißt, den Entwicklungsschritt verweigern, der eigentlich gefordert ist. Solche Verweigerung wirkt sich immer destruktiv aus. Die psychotherapeutische Praxis zeigt, daß es eigentlich nur ein großes Grundproblem gibt, das allen Neurosen und allen seelischen Leiden insgesamt zugrunde liegt, nämlich die Infantilität. Das heißt die Menschen verweigern an irgendeiner Bezugsstelle, zu der Person heranzureifen, die sie sein müssen und sollen, um den Ansprüchen des Lebens entsprechen zu können. Infantilität ist die psychologische Grundaporie auch so unendlich vieler sogenannter geistiger und religiöser Probleme, die natürlich nur hindern, zu den wahren geistigen und religiösen Fragen zu kommen. Das muß praktisch erfahren werden in der konkreten Behandlung vieler Menschen, damit man verstehen kann, daß hier ein Erfahrungssatz oder eine psychologische Tatsache ausgesprochen ist.

Es darf an dieser Stelle ein Satz über die Reformation eingeflochten werden. Luther tut gerade das, was alle psychologischen Kastraten der Großen Mutter, um diese Fachterminologie beizubehalten, niemals tun würden. Oder er tut nicht, was sie alle selbstverständlich tun. Er flieht nicht zurück zur Großen Mutter, sondern schreitet voran in der Selbstwerdung, indem er als Person Verantwortung übernimmt. Zur Mutter Maria flüchtet man, denn sie schützt vor dem Gericht und legt Fürsprache ein. Luther hingegen ringt um Selbstverantwortung im Gericht vor Gott. Es liegt in der Konsequenz dieser Gesamthaltung, daß sie mit dem Zölibat bricht.

Was die Reformation oder auch der viel gescholtene Protestantismus zur psychologischen Selbstwerdung des Mannes geleistet haben, ist ein hochwichtiger Beitrag zur Bewußtseinsgeschichte des neuzeitlichen Menschen und bedürfte einer eigenen Darstellung. Jedenfalls, Ketzer und Abtrünnige hat es auch vor Luther gegeben, und man wurde irgendwie mit ihnen fertig. Aber bei Luther geht es um eine Lebensfrage der Mutter Kirche, die sich als Große Mutter in ihren Vertretern konstelliert hat. Denn hier will einer dieser Großen Mutter psychologisch entrinnen. Hier will einer die Infantilität selbst vor Gott abstreifen. Das ist «Untreue gegen die Mutter», eine grundlegende Infragestellung aller, die der Großen Mutter ergeben sind und auf diese Infantilität um keinen Preis verzichten wollen. Wie diese Haltung Luthers, was nicht anders zu erwarten war, von psychologischen Querschlägern teilweise, aber eben nur zum Teil, wieder verungültigt wird, braucht hier nicht gezeigt zu werden.

Und was widerfährt dem Jesusbild in diesem psychologischen Gesamtklima des konstellierten Mutter-Archetyps? Wir verweisen wiederum auf den von Kurt Niederwimmer in seinem Jesusbuch betonten Satz, daß unser Jesusverständnis auf keinen Fall weiter reiche als unser Selbstverständnis oder unsere Rezeptionsmöglichkeiten. Die Himmelskönigin regiert hier. Das unschuldige Jesuskind spielt auf ihrem Schoß. «Jesus und Maria» heißt jetzt die Formel. Aber die Voranstellung des Jesusnamens ist nur Tribut an die Dogmatik oder die Tradition. «Maria und Jesus» meint die Formel eigentlich und kommt auch so vor, besonders in der Fassung «Maria mit dem Kind». «Marienmystik» und ebenso «Kindermystik» blühen in diesem psychologischen Klima. Unnötig zu sagen, daß das rührend anmutige Jesuskind, selbst nun so ganz muttergebunden, mit seiner eigenen Hilfsbedürftigkeit dem Manne kaum in seiner Anima-Suche und -Entwicklung helfen wird. Daß man gar nach der «Anima Jesu» selbst fragte, dafür sind natürlich noch keine psychologischen Weichen gestellt.

Ambivalent wie sich der Mutter-Archetyp hier konstelliert hat, ambivalent wie die Mutter Kirche dementsprechend ist, ist natürlich das Jesusbild dieser Konstellation. Mit dem freundlichen Jesuskind verbindet sich nämlich die ganze Härte einer verschärften Richtervorstellung. Der anmutig gelockte Knabe ist zugleich der Weltenrichter. Der gesamte psychisch geistige Horizont ist verdüstert. Das Ende, der Jüngste Tag der Endabrechnung kommt herauf. Man spürt schon die sengenden Endurteile, denen man nicht entrinnt. Totentänze und Todesmeditationen sind zahlreich. Das verzehrende Feuer des Jenseits flammt schon ins Diesseits hinein.

Diese Kontrastverbindung vom lieben Jesulein und dem unerbittlichen Weltenrichter erscheint zunächst ungereimt und geradezu ungeheuerlich. In Wahrheit ist sie psychologisch logisch und konsequent.

Denn der Eros der Männer, alles, was in ihnen zur Entwicklung drängt, wird auf dieser Stufe der Mutterbindung mit Macht niedergehalten, und weil es sich nicht entfalten kann, bleibt es unbewußt. Alles über lange Zeitläufe Verdrängte oder Niedergehaltene schlägt automatisch in sein pervertiertes, das heißt in sein destruktives Gegenteil um. Es wird selbst eine Macht der Vernichtung. Treffend sagt C. G. Jung: «Ein unbewußter Eros äußert sich immer als Macht», in einem «oft rücksichtslosen Machtwillen bis zur Vernichtung der Eigenpersönlichkeit und des Eigenlebens der Kinder». Ein solcher unterdrückter Eros ist immer «mit dem Begriff von Schädigung und Leiden verknüpft»[8]. Und das zeigt denn auch die psychotherapeutische Praxis immer wieder: den Mann in der Mutterbindung, der also durch die Mutter an seiner vollen Entfaltung psychischer wie geistiger Selbständigkeit gehindert worden ist, der abhängig geblieben ist, wo er längst entscheidungsfreudig «als Mann» dastehen sollte. Er ist allemal derjenige, der der eigenen Frau wie den Kindern gegenüber am lieblosesten, am härtesten und brutalsten verfährt, so rücksichtsvoll er der Mutter gegenüber auch sein mag.

Das anmutige Jesusknäblein und der unerbittliche Weltenrichter stehen also in einem ebenso logischen wie unheilvollen psychologischen Zusammenhang. Alles an seiner Entfaltung enschieden Gehinderte wird schließlich böse, verhärtet und brutal.

Wenn jener Gerichtsgedanke nun seine Düsterkeit über das gesamte Christentum breitet, dann bedeutet das psychologisch ja nur, daß die Schattenprojektion des Mannes, die vorher nur die Frau getroffen hatte, nun über das Christentum als Ganzes Macht gewonnen hat.

Der Mann, die Frau, das Jesusbild, sie alle haben, so scheint es, im Rahmen des Mutter-Archetyps nicht viel gewonnen. Aber vielleicht ist das, auf die mann-weibliche Gesamtentwicklung gesehen, viel zu kurzsichtig geurteilt. Die alten Alchemisten, die uns im nächsten Abschnitt ausführlicher beschäftigen werden, meinten offensichtlich mit psychologischem Recht, daß das Feuer des Leidens unter dem Schmelztiegel der Entwicklungen immer noch kräftiger geschürt werden müsse, bis endlich, zu seiner Zeit, das Gold, nämlich die Erkenntnis, sich formt[9].

Wir sagten, der Mann, die Frau, das Jesusbild hätten im Herrschaftsgebiet des Mutterarchetypes eigentlich nicht viel gewonnen. Aber vielleicht sollte doch zumindest angedeutet werden, daß das Kind sich einigen Gewinnes erfreuen darf. Wenn auf den vielen Madonnenbildern der großen Meister der Zeit das Jesuskind mit einem Ball, einem Apfel oder gar der Weltkugel lächelnd spielt und Maria ihm zärtlich zuschaut, dann spricht den Betrachter solcher Bilder doch eine wesentlich andere psychische Dynamik an, nämlich Mütterlichkeit, Zärtlichkeit und rührende Menschlichkeit. In der Tat, eine neue Menschlichkeit meldet sich hier zunächst sehr scheu noch zu Worte. Und so wundert man sich nicht, daß sich unter der beherrschenden Formel «Maria mit dem Kind» weit verbreitet eine Kindesmystik entwickelt, die sich nun auch um das konkrete Kind mehr zu kümmern zumindest anfängt. Man fängt an, das Kind als Kind zu «sehen» und beginnt zu fragen, was es eigentlich will und braucht, auch was Essen oder Reinlichkeit anlangt. Und wenn nun die Madonna zum Anlaß wird, nach der «guten Mutter» zu fragen, dann sind das gewiß nur Ansätze, aber die Härte und Strenge, ja die Feindschaft zwischen Eltern und Kindern mildert sich doch ein wenig. Das barbarische Schlagen und Totschlagen erinnert mich daran, daß *Walther von der Vogelweide* zB schon um 1200 gemahnt hatte: «Niemand kann mit gerten kindes zuht beherten», also Kindeszucht erzwingen. Er geht noch einen Schritt weiter, er sieht den Eltern selbst mahnend ins Gesicht: Wenn ihr nur «böse Worte» für eure Kinder habt, «dann entehrt ihr euer Herz». Sehr bezeichnenderweise wird die eigene Verfaßtheit als grundverantwortlich angesehen. Gewiß bahnt sich hier eine ganz neue Grundorientierung erst an. Das werden wir der Madonna als Symbol des Mutterarchetypes jedoch nicht vergessen.[10]

Das androgyne Jesusbild

Im Patriarchat will das Männliche das Weibliche unterjochen. Im Herrschaftsbereich des Mutter-Archetyps will das Weibliche das Männliche unterjochen. Auf der androgynen Bewußtseinsebene treten wir in eine gänzlich andere Atmosphäre ein. Männliches und Weibliches kämpfen nicht mehr miteinander. Sie befreunden sich. Der beherrschende Grundzug ist der der erstrebten Versöhnung. Es ist von vornherein zu erwarten, daß in dieser psychologisch geistigen Atmosphäre auch das Jesusbild erheblichen Gewinn davontragen wird.

Das androgyne Denken ist auf den Hermaphroditen gerichtet. Die Vorstellung vom aphroditischen Menschen stammt, was den Namen anlangt, aus der griechischen Mythologie. Der Gott Hermes und die Göttin Aphrodite hatten den Sohn Hermaphroditos. Nach beiden Eltern war er also benannt. Die Nymphe Salmakis verliebte sich in den Knaben. Aber sie vermochte ihn nicht zu verführen. Er wies die Nymphe zurück. Die Nymphe hatte aber die Hoheit über eine herrliche Quelle. Dieser einladenden Quelle konnte Aphroditos nicht widerstehen, er stieg hinein um zu baden. Damit hatte er sich unwissentlich in den Herrschaftsbereich der Nymphe begeben. Diesen Augenblick benutzte diese, die Götter anzuflehen, sie doch mit Aphroditos, wenn er sie schon verschmähe, eins werden zu lassen. Die Bitte erfüllten die Götter. Und so entstand in Aphroditos ein Jüngling, der halb männlich, halb weiblich war. Er wurde das Urbild aller männlich-weiblich zweigeteilten Wesen. Die Religionsgeschichte stellt Götter, die diese Bewußtseinsstufe symbolisieren, bildlich oft so dar, daß das Bildnis oder die Statue vom Scheitel bis zur Sohle auf der einen Seite männlich, auf der anderen Seite weiblich ist, jeweils mit den entsprechenden Geschlechtsattributen ausgestattet[1].

Androgyn heißt ja ebenso «mann-weiblich» und ist somit der Sache nach mit hermaphroditisch identisch. Der Hinweis auf den Hermaphroditos der Sage und die entsprechenden androgynen Göttergestalten der Religionsgeschichte macht aber zugleich auch gewiß, daß es sich hier nicht schon um das Ende einer Entwicklung handeln kann. Denn hier werden ja Männliches und Weibliches recht naiv vereint. Das heißt, sie werden einfach addiert oder nebeneinandergestellt. Auf diese Weise entsteht kein physisch wie psychisch lebensfähiges Wesen. Dieses Nebeneinander ist das Problem. Auf diese addierende Weise kann natürlich keine echte Integration entstehen, die eine schöpferische gegenseitige Durchdringung meint. Man könnte also geneigt sein, dieses androgyne Denken als eine rechte Phantasterei, als völlig absurd einfach beiseite zu fegen. Das wäre aber ein großer Schaden. Denn die grundsätzlich versöhnende Absicht, die auf dieser Ebene herrscht, bringt es mit sich, daß merkwürdigerweise gerade hier die entscheidendsten Durchbrüche zu einer echten Integrationsmöglichkeit und entsprechend zu einem positiveren Jesusverständnis sich vollziehen. Die androgyne Stufe ist als eine außerordentlich wichtige Durchgangsstufe zu werten, die etwas genauer angesehen werden muß[2].

Und so wird es schon ein wenig verständlicher, daß dieses androgyne Denken keineswegs als abseitiges Rinnsal nur, sondern vielmehr als ein breiter Strom durch die Geschichte fließt. Das androgyne Denken knüpft an die Kabbala, an die jüdische Mystik an, an die Breite und Vielfalt mystischen Denkens, besonders an die Renaissancephilosophen. Ketzer wie Gottfried Arnold und Seher wie Emanuel Swedenborg sind ihm ergeben. Die Spiritualisten und Gnostiker der nachreformatorischen Zeit grübeln über die androgynen Geheimnisse.

Das androgyne Denken wirkt besonders nach Frankreich und England hinüber, ebenso in die neue Welt jenseits des Ozeans. Es befruchtet esoterische Geheimgesellschaften, besonders in Rußland. Es verbindet sich mit Pietismus, Romantik, Erweckungsbewegung, ganz besonders mit dem Idealismus. Es dringt in die katholische wie evangelische Kirche. Damit sind die Auswirkungen dieses Denkens nur andeutungsweise charakterisiert. Wenn aber ein geistiges Denkmotiv eine derartige Breitenwirkung durch die Jahrhunderte entfaltet, dann muß man doch eigentlich annehmen, daß ihm etwas menschlich Allgemeines zugrunde liegt, das sich unbedingt aussprechen will.

Das ist tatsächlich der Fall. Nicht nur daß das männliche und weibliche Grundelement auf eine intimere Vereinigung drängen. Das androgyne Motiv steht uns überraschenderweise auch als Gegenwartsmenschen ganz nahe. Auch bei den Menschen von heute tritt es als Kundgabe des Unbewußten in mannigfacher Form, in Träumen wie Bildern auf. Dann aber gilt es, das androgyne Motiv zu verstehen, um dem Menschen, bei dem es auftritt, zu helfen.

Mir ist es zuerst in «Bildern aus dem Unbewußten» entgegengetreten, die Analysanden gefertigt haben[3]. Dabei handelt es sich also um Bilder, Zeichnungen oder Kritzeleien, die nicht nach Plan erarbeitet und nicht intellektuell erdacht sind. Sie sind spontan hingeworfen. Sie sind so spontan und «ungemacht», wie die Träume selbst es sind. Neben den Träumen sind sie wohl die bedeutsamsten Selbstkundgaben des Unbewußten. Den Analysanden selbst erscheinen diese ihre Produktionen oft ganz bedeutungslos. Manchmal muß der Zugriff des Analytikers sie vor dem Papierkorb retten. Was bedeutet das Auftauchen eines solchen androgynen Motivs, sei es in einem Bild aus dem Unbewußten, sei es in der Symbolik der Träume?

Der Beantwortung dieser Frage haben Friedrich und Rotraut Seifert einige treffende Bemerkungen gewidmet und auch entsprechende Patientenbilder veröffentlicht. Sie legen den Ton darauf, daß es sich bei diesem Motiv um eine «Vorstufe» möglicher Entwicklung handle, die «am Anfang» eines Prozesses auftrete. Sie setzen hinzu, daß es sich ihrer Beobachtung nach keineswegs um das Symbol eines idealen «Urstandes» der Menschheit handle[4]. Die letzte nicht unwichtige Bemerkung ist darin begründet, daß in zurückliegenden Zeiten, in denen psychologische Anfänge und weltanschauliche Motive noch ganz ineinanderlagen, gerade dieses Symbol als vollendete Chiffre ursprünglicher oder paradiesischer Gegensatzvereinigung verstanden wurde.

Damit werden Beobachtungen bestätigt, die C. G. Jung in ähnlicher Weise gemacht hatte. «Den Hermaphroditus», so schreibt er, «habe ich nie als Gestalt des Zieles beobachtet, wohl aber als ein Symbol des Anfangszustandes, nämlich als Ausdruck einer Identität mit Animus und Anima.» Dieser naiven Identifikation oder diesem Mangel an Differenzierung und Integration entspricht es dann auch, daß das androgyne Symbol, wie Jung bemerkt, einfach «für chaotisches Durcheinander und für Mangel an Orientierung» stehen kann[5].

Bei dem einen wie dem anderen wird also auf den Charakter der Vorstufe Wert gelegt. Wenn wir nun einen Blick auf die Entwicklung des androgynen Denkmotivs werfen, wird es sich bestätigen, daß diese umfangreiche Gedankenbildung nur den Charakter der Vorstufe hat, wie betont, aber einer äußerst fruchtbaren.

Zu beginnen ist mit Jehuda Abarbanel, genannt *Leone Ebreo*, anzusetzen um 1500. Er ist der Ausgangspunkt der abendländischen androgynen Spekulation. Als solcher wird er in der Literatur ausdrücklich gefeiert[6]. Sein einzig erhaltenes Werk sind die «Dialoghi d'Amore», 1535, bereits nach seinem Tode, erschienen.

Ebreo sucht zwischen dem bekannten Mythos Platos vom ursprünglich ganzheitlich androgynen Urmenschen einerseits und dem biblischen Schöpfungsbericht eine Brücke zu schlagen. Nach ihm ist der Urmensch zweigeschlechtlich und gerade so auch nach dem Ebenbilde Gottes geschaffen. Denn auch die Gottesvorstellung ist androgyn, Gott steht als weibliches Element die Sophia schöpferisch zur Seite. Aber im Grunde genommen hat Ebreo kein primäres Interesse an transzendenten Spekulationen als solchen. Als Renaissance-Mensch strebt er der Verbundenheit mit dem Dasein zu, dem Natürlichen und Menschlichen. Entsprechend deutet er Plato wie

Moses «allegorisch», alles so immer auf den konkreten Mann und die konkrete Frau beziehend. Vor allem will er in seinen »Dialogen» die Liebe rühmen und preisen, denn sie ist seiner Meinung nach die große Macht, die Mann und Frau zu höherer Einheit verbindet. Und was ist nun an diesem Hymnus auf die einigende Macht der Liebe das prinzipiell Positive?[7]

Zunächst ist auf die «Wende zum Besseren» zu weisen, von der er spricht. Denn, bedeutsamerweise, die nachfolgende Zweiteilung des ganzheitlichen Menschen in zwei getrennte Geschlechter bedeutet ihm nicht eine Strafe, nämlich für ihren himmelstürmenden Übermut, wie Plato es versteht. Auch ist ihm die nun gesetzte Sexualität nicht etwa Folge jenes Falles oder jenes Strafvollzuges, wie es der kirchlichen Tradition entsprochen hätte. Vielmehr handelt es sich eben bei dieser Zweiteilung um die Wende zum Besseren. Denn gerade so und nur so wird die Liebe geboren, deren irdische wie himmlische Macht er rühmen will. Dies ist wirklich eine Wende zum Besseren, die nicht leicht psychologisch überschätzt werden kann. Hier gibt es keine Abwertung des Weiblichen wie im Patriarchat mit seinen Tendenzen «gegen» und «wider» das Weibliche. Hier ist vielmehr ihre Begegnung als spezifisch männliche und weibliche Person von vornherein und grundsätzlich die Eröffnung positiver Entwicklungsmöglichkeiten.

Sodann entspringt die besagte Zweiteilung einer ausgesprochenen Heilsabsicht, einem Rettungs- und Liebeswillen Gottes. Und solch positiver Gotteswille bezieht sich wohlgemerkt auf das Männliche wie Weibliche gleicherweise. Beides galt es nämlich vor der Destruktion zu bewahren. Warum? Der «zweipersonige» Adam in seinem harmonischen Urzustand, vor der Zweiteilung also, war völlig der Gottesschau hingegeben. Und so bestand die akute Gefahr, daß er sich überhaupt nicht mehr um das Weibliche, gleich Körper und Materie, gekümmert hätte. Und solch Vergessen hätte zum Untergang des Weiblichen geführt. Das aber hätte dem Willen Gottes nicht entsprochen, es hätte vielmehr die gesamte Struktur des von Gott gewollten Menschen zerstört, der Mensch sein soll und nicht völlig engelhaft, wie es heißt. Darum mußte durch jene Zweiteilung eine erweckende schöpferische Spannung gesetzt werden. Diese völlig neue Argumentationsweise entspricht natürlich den positiven, gesunden Impulsen und Protesten der Renaissance gegen lange geduldete metaphysische Verkürzungen.

Und der dritte Punkt übertrifft an Wichtigkeit jene beiden ersten bei weitem. Jeder der beiden nun getrennten Teile nämlich bleibt für sich Bild und Gleichnis Gottes. Anders gesagt, der Geschlechtergegensatz, der im androgynen Bild naiv geeint war, wird nun in jeden einzelnen Menschen hineinverlegt, in Mann wie Frau, um so zum «Schicksal eines jeglichen Menschen» zu werden. Dieser in der einen Person gegebene und zu einende Gegensatz wird so vorgestellt: Der Intellekt oder das Männliche würde um den Leib oder das Weibliche niemals Sorge tragen, wenn ihm nicht die Liebe zum Leib oder dem Weiblichen eingeboren wäre. Und der Leib oder das Weibliche würde sich niemals vom Intellekt oder dem Männlichen bestimmen lassen, wenn ihm nicht die Liebe zum Intellekt oder dem Männlichen ursprunghaft inhärent wäre. Und auf diese Weise ist jeder lebendige und liebende Mensch «Mann und Frau zusammen». Und dieses Aufeinander-Bezogensein und Einander-Sichergänzen ist die große Lebensmacht der nicht genug zu rühmenden Liebe.

Offensichtlich aber ist hier der Geschlechtergegensatz, das Gegensatzproblem in den einzelnen Menschen hineinverlegt. Hier ist innerpsychische Polarität geahnt und eigentlich sogar ausgesprochen. Und diese innerpsychische Polarität ermöglicht es, im anderen seine Ergänzung und Ganzwerdung zu leben und zu lieben. Die mythische Einhüllung beiseite lassend, kann gesagt werden: Hier ist ein recht klar profilierter Beitrag zum heutigen Anima-Animus-Problem intendiert, zum Problem der innersubjektiven Polaritäten oder zum mann-weiblichen Gegensatzproblem, und mit frappierender Klarheit ist gesehen, daß sich dieser Gegensatz psychisch nicht nur auf diese und jene Person verteilt, sondern in der Psyche jedes Mannes und jeder Frau anzutreffen ist, wenn auch die Idee der persönlichen Integration nur erst unvollkommen begrifflich gefaßt werden kann.

Es könnte von der allgemeinen Ausweitung der gesamten Verstehensmöglichkeiten bei Ebreo gesprochen werden. Das aber interessiert hier nicht direkt. Denn diese Vorteile kommen dem Jesus-Verständnis nicht unmittelbar zugute. Ebreo, der Jude, der er ist, nimmt natürlich keinen besonderen Anlaß, solchen Problemen nachzugehen. Aber seine Grundidee, die Art, wie er seinen androgynen Ansatz fruchtbar macht, birgt zuviele Keime moderner Selbsterfassung, daß solche Grundorientierungen nicht Geschichte machen sollten.

Als nächster Vertreter bedeutenden Ranges in der Reihenfolge des androgynen Denkens ist *Jacob Boehme* zu nennen, der Görlitzer Schuster. Er starb 1624, 1715 erschienen seine Werke zum ersten Male in einer Gesamtausgabe. Er ist es, der nun in konsequentester Weise das androgyne Motiv zu einem vertieften Verständnis Christi verwendet. Und darum liegt hier bei Boehme die entscheidende Wende: Zum ersten Male wird ein weibliches Moment direkt auf Jesus selbst bezogen! Dieser Vorgang darf als das signifikanteste christologische Ereignis der neueren Zeit angesprochen werden. Seine prinzipielle Bedeutung entspricht in umgekehrtem Verhältnis genau dem Ausmaß, in dem es unbeachtet geblieben oder mit nonchalanter Geste beiseite geschoben worden ist, vor allem in der Theologie selbst. Von Boehme ab besteht einige Aussicht, das «wahrer Mensch» in bezug auf Jesus in seiner Sinntiefe einigermaßen fortschreitend zu verstehen, das heißt in seiner humanen Realistik. Vor Boehme hat man in der Tat nicht voll und ganz gewußt, was man mit jenem grundlegenden Passus des Dogmas aussagte und implizierte. Diese Feststellung klingt freilich so extrem pointiert, wie sie schlicht und einfach wahr ist[8].

Boehme hat mit einem «Blick ins Wesen aller Wesen», wie er sagt, Gedanken herausgesprudelt, die insbesondere zwei geistige Strömungen der Neuzeit beeinflußt haben, einmal die christliche Mystik bis in die Neuzeit und bis hin zu dem Russen Berdjajew, sodann die Alchemie. Für beide Richtungen wie für weitere Kreise der Beeinflussung ist charakteristisch, daß sie das Problem der mannweiblichen Polarität immer wieder bis ins Jesusbild hinein verfolgen, damit ihrem geistigen Ahnherrn Boehme getreu.

Der bizarre Rahmen, in dem sich so bedeutsame Einsichten emporringen, sei nur in möglichster Kürze gezeichnet. Der Urmensch zunächst ist nach Boehme wiederum androgyn. Er hat die «Feuer- und Wassertinktur», das heißt Seele und Geist. Seinem Körper nach besteht er aus Sulphur, Mercur und Sal. Sulphur ist die Feuertinktur oder das Männliche, Sal die Wassertinktur oder das Weibliche, Mercur steht zu beiden in Beziehung. Beide Seiten, die männliche und die weibliche, sind gleichwertig, jede ist «himmlisch».

Den ersten Sündenfall begeht der ganze Adam, nicht etwa nur seine weibliche Seite. Aus der Einheit, die wesentlich Gottschau ist, fällt er willkürlich in die Vielfalt und damit eben aus der Einheit mit Gott und ihrer ewigen Reinheit heraus. Es ist jetzt gerade seine weibliche Seite, als göttliches Urbild des Weiblichen Sophia genannt, die Adams Verhalten als Ehebruch empfindet, die ihn darum verläßt und flieht. Der Mann als Sünder ist der seiner Weiblichkeit beraubte. Zurück bleibt ein armer halber Mann, dem Gott dann aus Erbarmen die Eva zur Gefährtin gibt.

Das zentrale Ereignis des zweiten Falles, den Boehme konstruiert, ist der bekannte biblische «Apfelbiß». Dabei kommt Boehme nicht in die Versuchung, die Schuld und gar die Alleinschuld auf einer bestimmten Seite zu suchen. Beide haben gegessen, und darum sind beide, jeder für sich, so «monstrosisch» geworden. Und weil dies wirklich zutrifft, haben Gott und Christus auch gnadenhaft eine Möglichkeit eröffnet, vermöge derer sie zur urständlichen mann-weiblichen Ganzheit zurückfinden können, um jeder für sich, Mann wie Frau, eine «männliche Jungfrau» werden zu können. Männliche Jungfrau ist, eher lustig als bizarr, ein Symbolwort für die zu erreichende integrierte Vereinigung der Gegensätze.

Diese Möglichkeit hat der Christus eröffnet, der selbst androgynen Charakters ist. Seine Erlösungstat aber besteht darin, daß er die männliche und die weibliche Tinktur wiederum eint, zunächst nur in Maria, nämlich durch seine Menschwerdung in Maria und durch Maria. Denn durch diese Existenzwerdung dessen, der im Besitz der vollen ungeschmälerten himmlischen, männlichen wie weiblichen Qualität ist, entsteht nun in der irdischen Menschenwelt ein entscheidender Punkt, an dem die Wiedervereinigung der Gegensätze Tatsache geworden ist. Wer aber im Glauben an diesem Ereignis Anteil nimmt, der kann kraft mystischer Identifikation mit Christus selbst zum reinen Urbild zurückkehren, zu seiner «männlichen Jungfrau», von der so viel die Rede ist, zu seiner Einheit und Ganzheit also.

Das wird möglich, weil auch mit Maria etwas Besonderes und solche Wirkungen Ermöglichendes geschieht. Maria wird mit einem neuen Geheimnis oder Wunder umgeben. Im Augenblick der Benediktion: «Gegrüßet seist du Holdselige unter den Weibern» usw geschieht es nämlich, daß die himmlische Sophia, die beim ersten Fall im Protest entflohen war, der Maria wiederum einwohnt. Auf diese Weise wird die irdische Maria mit der himmlischen Maria identisch, oder die irdische wird zugleich himmlisch. Weiterhin ist es dann möglich, daß die reine Feuertinktur oder das Männliche in Christus sich mit der nunmehr reinen Wassertinktur oder dem Weiblichen, sprich Maria, vereint.

Diese in wenige Worte zusammengedrängten Zusammenhänge, tatsächlich Tausende von Seiten füllend, bedingen nun ein aktuelles Verständnis der Erlösung, das so aussieht: Wer an all jenem Geschehen im Glauben teilnimmt, der findet als Mann in Christus seine wahre «Braut», die reine Wassertinktur oder das höhere Weibliche. Der findet als Frau in Christus ihren wahren «Bräutigam», die reine Feuertinktur oder das höhere Männliche. Es ist der androgyne Christus, der dem Menschen in je besonderer Weise seine mann-weibliche Ganzheit verleiht.

Das ist in aller Kürze der spekulative Rahmen, und die Frage ist nun: Welche psychologisch bedeutsamen Aussagen werden in und trotz dieser Umklammerung gemacht?

Hier herrscht, wie natürlich schon bei Ebreo, ein anderes psychologisches Klima. Die Art, wie hier vom Weiblichen gesprochen wird, ist, zumal im Vergleich mit der Mehrzahl der Kirchenväter oder derzeitigen maßgeblichen Stimmen in Kirche wie Philosophie, die eines «Kavaliers» ist man versucht zu sagen. Hier ist etwas den Mann auch in seiner theoretischen oder geistigen Begegnung mit der Frau schrecklich Debasierendes überwunden, nämlich die unvermögende Psychologie des Patriarchats ebenso wie die Infantilität, die der kollektiven Mutterbindung zugrundeliegt. Mit dem androgynen Motiv, das auffordert, irgendwie positive Beziehung zu denken, setzt tatsächlich eine selbständige und darum neue Orientierung ein.

Das Weibliche ist weiterhin hier plötzlich ein Existenzwert, man glaubt diesem Umschwung noch kaum trauen zu dürfen! Und darum figuriert das Weibliche in diesem psychologisch-metaphysischen Rahmen, den Boehme mit so erstaunlichem Gedankenzierat schmückt, eigentlich durchweg positiv. Es ist das höhere Weibliche im Mann, das beim sogenannten Sündenfall am schwersten getroffen wird. Bei der Erlösung vollends ist das Weibliche die entscheidende Hauptfigur neben Christus. Durch einen zweimaligen Akt, der Rezeptivität wie Aktivität in einem ist und der sich an und in Maria vollzieht, mit Benediktion und Mutterschaft nämlich, wendet sich das Gesamtschicksal alles Menschlichen. Oder, Boehme kann von der «männlichen Jungfrauenschaft» Jesu wie Gottes sprechen und beides synonym gebrauchen. Und so und damit gerade spiegelt sich das Bestreben, das weibliche Element mit der letzten absoluten Quelle aller Bewußtwerdung wie dem Urgrund allen Seins überhaupt, das heißt mit Gott selbst, in Verbindung zu bringen. Heute wird in bezug auf die Fassung des Gottesgedankens die Forderung erhoben, ein angemesseneres «schöpferisches Modell» für einen neuzeitlichen Gottesgedanken einzuführen. Ein solches werde aber unbedingt die Idee der «Bezogenheit der Gegensätze» oder der «Partnerschaft in Polarität» anstelle des einseitigen patriarchalischen Herrschaftsgedankens beinhalten müssen. Auf diese Forderung ist in anderer Weise schon einmal hingewiesen worden[9]. Eben dies aber, Bezogenheit der Gegensätze und Partnerschaft in Polarität, das sind erstaunlicherweise bei Boehme die psychisch-metaphysischen Grundimpulse, jedenfalls auf den Grundriß der Gedankenführung gesehen. Und das alles ist nur deswegen ermöglicht, weil das Weibliche ein dem Männlichen gleichrangiges polares Grundexistential des Menschlichen geworden ist.

Es darf noch auf das Verständnis des Sünders hingewiesen werden, wie er sich bei Boehme abzeichnet. Woher kam doch die «monstrosische» Korrumpiertheit, die nach ihm den Menschen zum Sünder und damit lebensunfähig machte? Woraus resultierte die autistische, unschöpferische Selbstbezogenheit? Daraus, daß das höhere Weibliche den Mann und das höhere Männliche die Frau verlassen hat. Damit ist alle Beziehung überhaupt, im relativen wie absoluten Sinne, gestört. Damit sind direkte und eindeutige Anima- bzw Animus-Aussagen gemacht. Denn, und darüber werden wir im nächsten Abschnitt sofort näheres zu sagen haben, Anima meint nicht einen Teilaspekt der psychischen Funktionalität, Anima ist, genauer gesehen, «Beziehungsfunktion überhaupt». Und darum ist Boehme so entschieden Recht zu geben. Wir werden vor Gott wie Menschen «monstrosisch», wenn Anima und Animus nicht entwikkelt oder integriert werden. Hier ist damit auch erkannt, was mit dem «homo incurvatus», «der in sich verkrümmte Mensch», der nach Luther der Sünder ist, konkret psychologisch eigentlich gemeint ist. Welch psychologisch ungewöhnliche Bedeutung die «Jungfrau»-Spekulation bei Boehme gewinnt, ist denn auch Jung keineswegs entgangen. Ausdrücklich vielmehr hebt er hervor, daß seiner Meinung nach die «Jungfrau» bei Boehme die Funktion der Anima gewinne[10].

Jacob Boehme baut in mehrfacher Hinsicht auf der *Alchemie* auf, jener bis ins 18. Jahrhundert reichenden mystisch spekulativen Bewegung, die mit Retorte und Schmelztiegel den Geheimnissen von Geist und Materie nachsann. Auch bei der Alchemie handelt es sich grundsätzlich um den Versuch, die Gegensätze von Geist und Materie zu überbrücken, und insofern steht sie schon als ein großes Unterfangen an der Schwelle zur Neuzeit. Der bewußten Absicht nach suchen die Alchemisten Gold oder den Stein der Weisen zu finden. Daß sie tatsächlich aber eine ganze Psychologie der Individuation in die Materie hineindeuteten, der Materie psychische Qualitäten verleihend, das war rein projizierende, also unbewußte Handlung. So jedenfalls hat C. G. Jung die Bewegung der Alchemie in umfangreichen Untersuchungen gedeutet[11]. Was wurde aus dieser breit strömenden Quelle für Boehme an Einfluß wichtig? Einmal sicherlich die Idee der Vereinigung der Gegensätze, sodann die des Androgynen im besonderen. Weiter reicht der grundsätzliche Einfluß aber wohl kaum. Denn, was die Alchemie anlangt, so sind alle die vielen Symbole, die sie verwendet, – wie Geist-Materie, Mann-Weib, oben-unten, Sonne-Mond, oder Fisch, Lapis, Einhorn, Merkur – wohl samt und sonders androgynen Charakters. Und auch Christus gehört natürlich zu ihnen. Aber eine spezifische androgyne Christologie wie bei Boehme wird keineswegs entfaltet. So wird auch im Rückblick die Stellung Boehmes noch besonders profiliert.

Der Höhepunkt bleibt Boehme auch im Blick auf die vielfarbige Bewegung, die von ihm ausgegangen ist. Da stehen dann durchaus auch solche Vertreter unter den Boehmianern, die sich zwar dem Namen nach auf ihn berufen, von der Konsequenz seiner androgynen Gedanken aber keine Ahnung mehr haben. Bei *Johann Gichtel,* geboren 1638, repräsentativ für die sogenannten radikalen Spiritualisten Deutschlands, führt der androgyne Ansatz wiederum zu nichts als einem besonders strikten Asketizismus. Oder *Johann Pordage,* geboren 1607, maßgeblich für die englischen Boehmianer oder Philadelphen, proklamierte die Schwesternehe, also Ehe unter Ausschluß von Sexualität. Es waren dann Aufklärung und Rationalismus, denen Boehmes Denken zu sehr der Vernunft widersprach, die ihm ein Ende zu machen schienen, jedenfalls seinen Einfluß zunächst entschieden zurückdrängten. Aber die Boehmianer erlebten eine neue Ära. In Deutschland war es *Christoph Oetinger*, geboren 1702, der zum Wiederentdecker und beredten Anwalt Boehmes wurde. In Frankreich brachte *Louis Claude de Saint-Martin*, geboren 1743, ihn wiederum zur Geltung und dichtete unter anderem einen Hymnus auf ihn. Und von solchen und anderen Neuanfängen reichen die Boehmischen Einflüsse bis ins 20. Jahrhundert. Daß nun sogar noch in der Gegenwart, von völlig veränderten Perspektiven her, ein positives Wort über das androgyne Denken Boehmes zu sagen ist, das hätte jene Görlitzer Kirchenbehörde am wenigsten geahnt, die, so Seltsames von ihm vernehmend, ihm einfach den Mund verbot.

An dieser neueren Boehme-Rezeption, wie der androgynen neuzeitlichen Denkbewegung überhaupt, ist nun aber ein besonderes geistesgeschichtliches Erbe noch hervorzuheben. Gerade innerhalb dieses Denkzusammenhanges, der so eindeutig vom Spekulieren herkommt, überwindet man nämlich das Spekulieren. Man geht langsam und unbeholfen, aber mehr und mehr zum konkreten Sehen und Benennen über, zum Beobachten also, um schließlich zu den Anfängen einer exakten Erfahrungswissenschaft vom Menschen zu gelangen. Sofern das Hauptthema aber das der mann-weiblichen Gegensatzvereinigung ist, ist diese Entwicklung für das Jesusbild zwar nicht von direkter, aber nicht minder prinzipieller Bedeutung. Denn diese hier intendierte Integration ist es ja, von der wir wiederholt gesagt haben, daß sie für die Voraussetzungen eines tieferen Verstehens, also für die Genuinität des Jesusbildes entscheidend ist.

Wie sieht die mann-weibliche Gegensatzspannung, von der man so beredt spricht, also konkreter aus? Bei Boehme war das Gegenüber von «Feuer-» und «Wassertinktur» bezeichnend. In der nachaufklärerischen Boehme-Rezeption spricht Oetinger von «Stärke» und «Milde» oder «Intelligenz» und «Liebe», die sich durchdringen sollen, wobei klar ist, was für wen steht. Aber nun soll ja beides für jeden stehen. Bei Saint-Martin ist der Mann der «Gedanke», die Frau das «Herz». Bei *Franz von Baader*, geboren 1764, erreicht das androgyne Motiv eine Spitze der gedanklichen Ausprägung. Der Geschlechtergegensatz scheint ihm mit «strenger Macht» und «schwacher Milde» recht beschrieben, wobei er mit den verwandten Termini positivere Bedeutungen verband, als wir es heute beim Anhören tun könnten. Die wechselseitige Verbindung dieser Gegensätze läßt ihn bereits von «integriertem Menschentum» reden. Erlösung ist ihm «Reintegration», Sünde ist «Desintegration».

In diesen Zusammenhang gehört auch *Emanuel Swedenborg*, geboren 1689, der bei der Frau die «Neigung zum Guten» und beim Mann «Verständnis der Wahrheit» findet. Er beobachtet bereits die

Unterschiede von «Form», «Körper», «Gestalt» und «Stimme». Das Gefälligere und Schönere wird jeweils der Frau zuerkannt. «Geistige Ehen» will er sogar im Himmel annehmen, das heißt diese Gegensatzverbindung hat nicht nur empirischen Wert, sie ist zugleich von wesenhaftem transzendenten Belang. Und auf diese und andere Weise, im Konkreten beobachtend Fuß fassend, führt die Linie zu dem in seiner Zeit so berühmten und ausgezeichneten Arzt, Naturwissenschaftler und Philosophen, zu *Carl Gustav Carus*, geboren 1789.

Dieser liebenswürdige und sympathische Denker ist im Grunde mit Leone Ebreo, dem Renaissancedenker, recht verwandt. Denn sein philosophisches Denken ist als ganzes gleichfalls ein Hymnus auf die Liebe. Diese rühmt er so hoch, daß sie mit der göttlichen Liebe von 1. Korinther 13, eine oftmals von ihm zitierte Stelle, zusammenzufließen scheint. Der Liebe «geheimes Walten» ist ihm schlechthin «das Mysterium der Welt». Er wendet androgyne Terminologie an. Wobei es ihm dabei geht, das sind «die entgegengesetzten Pole», ihre ewige «Trennung» und ewige «Wiedervereinigung». Und welchem Zweck dient dieser nie endende Prozeß? Ein jeder, ob Mann oder Frau, soll das «wahre Complement» finden, das er im je «eigenen Dasein» nötig hat, nämlich «im anderen» wie «in der eigenen Seele». Das alles vollbringt die unvergleichliche Macht der Liebe. Sie führt ein «fortwährendes Verwandeln» herauf.

Tritt auch bei Carus noch genug des Spekulativen hervor, so ist ebenso deutlich, daß die Gesamtheit der Aussagen einer modern exakteren, einer wissenschaftlichen Aussageweise zustrebt. Und so ist er es denn auch, der das berühmte und oft zitierte Wort vom Unbewußten als «dem Schlüssel zum Bewußtsein» prägt. Ein Satz, den eine Patientin meiner Praxis wortwörtlich träumte: «Ich ging in den Keller, um meine Schlüssel zu meinem Wohnzimmer zu holen.» Es gilt, in den Keller oder ins Unbewußte hinabzusteigen, um den Schlüssel heraufzuholen, der das scheinbar doch so vertraute Wohnzimmer des Bewußtseins aufschlüsselt, so sagt Carus, so sagt die Träumerin, die natürlich nie vom Satz des Carus gehört hat. Carus spricht von der «großen Gewalt» des Unbewußten, der unentrinnbaren «unbewußten Notwendigkeit», von seiner «Unmittelbarkeit». Er schreibt ihm ein positiv schöpferisches Moment zu, wenn er von «der hohen Vernunft» gerade des Unbewußten redet oder von seinem «eigentlichen Recht»[12].

Und so ragt Carus denn direkt in die moderne wissenschaftliche Psychologie hinein, besonders durch die mancherlei Anregung, die C. G. Jung einem Carus verdankt. Die «Urbilder» bei Carus sind Vorformen der Archetypen bei Jung. Das «absolute und das relative Unbewußte» des Carus weist auf das kollektive und persönliche Unbewußte bei Jung. Das «Complement»-Denken, so systematisch durchgeführt, bereitet das kompensatorische Prinzip bei Jung vor, wie es ebenso auf das Integrationsgeschehen hindeutet. Das «Mysterium» bei Carus weist auf die Conjunctio bei Jung.

Und so ist es denn gerade C. G. Jung, der das Bedeutende an der androgynen Tradition über Carus, aber längst nicht nur durch diese Vermittlung, weitergeführt hat wie kein anderer.

Das androgyne Motiv überreicht uns aber nicht nur an der Schwelle der Gegenwart ein reiches Erbe, es reicht auch direkt in die Gegenwart hinein. Einmal hat *Erich Przywara* sich in theologisch ernsthafter Form über eine recht kuriose Form der Androgynie Christi ausgelassen[13], im Anschluß an ihn dann auch C. G. Jung[14]. Es handelt sich um die sogenannte «Seitenwunde» Jesu. Die vom Speer geritzte Wunde wird, für uns abgeschmackt genug, als vaginales Symbol aufgefaßt und meditiert. In den Protestantismus ist diese Vorstellung vornehmlich durch den *Grafen Zinzendorf* eingedrungen, er hat diese Vorstellung mit Versen besungen, an die wir nicht mehr gerne erinnert werden. Jung verfolgt das genannte und andere androgyne Christussymbole durch das Mittelalter bis zur Genesis und in die allgemeine Religionsgeschichte hinein. Zur Genesis zitiert er alte Texte, die nahe legen, daß auch in der Erschaffung der Eva aus der Seite Adams ein ursprüngliches androgynes Motiv steckt[15].

Direkt in die Gegenwart wirkt das fragliche Motiv fernerhin durch die Erwägungen, die der katholische Theologe *G. Koepgen* angestellt hat. Er erinnert die Kirche an das weibliche Element im Wesen Jesu. Auch ihm ist aufgefallen, daß «sich in der Person Christi das Männliche mit dem Weiblichen vereint». «Nur bei ihm», so erklärt er, «finden wir dieses Beieinander vom Männlichen und Weiblichen in ungebrochener Einheit.»[16] Er gebraucht fast dieselben Formulierungen, die Keshab Candra Sen und Protap Mozoomdar gebrauchten. Dem Wesen Christi komme man, ohne dieses Geheimnis zu beachten, nicht auf die Spur, so erklärt er ausführlich. Ernsthafte Folgerungen wagt der der Tradition verpflichtete zölibatäre Denker jedoch nicht zu ziehen, gleichwohl, sein Buch kam auf den Index.

Neben dem Jesusbild im Banne des Bewußtseinspatriarchats und dem in der Konstellation des Mutterarchetyps haben wir einige Schicksale geschildert, die das Jesusbild im Umkreis des Androgynen erfahren hat. Kurz zusammenfassend, wie charakterisiert sich das androgyne Jesusbild, was bedeutet es?

Jesus ist kein Funktionär oder Sachwalter eines autoritativen Vatergottes mehr. Er hat nichts mehr gemein mit dem hilflosen Kind auf dem Schoß der Himmelskönigin. Er ist erwachsen, er ist ein Mann geworden.

Diese Entwicklung des Jesusbildes vollzieht sich in einer verwandelten geistig psychologischen Atmosphäre, die vor allem durch die positive Wertung des Weiblichen gekennzeichnet ist. Das Weibliche ist nicht mehr nur der zu bekämpfende Feind, es ist auch nicht mehr Symbol der Infantilität. Es ist vielmehr ontische Grundmöglichkeit der Existenz geworden, an der männliches Dasein ganz ebenso wie weiblicher Existenzvollzug teilhat.

Von diesen differenzierteren Verstehenszugängen her ist ein integriertes Bild des Mannes Jesus intendiert. Dieser kann nun dem Mann Führer zu wahrem Mannestum, der Frau Führer zu erfülltem Frauentum werden. Das ist die erste wirklich «tiefe» Aussage über das alte «wahrer Mensch».

Dieses integrierte Jesusbild ist intendiert, noch nicht erreicht. Denn es erwächst aus großartigen Intuitionen, aus spekulativen Forderungen, von unbewußten Werdespannungen kühn beflügelt. Es ist Projektion von dem, was man elementar möchte. Man könnte es eine seins- und zukunftsmächtige «aktive Imagination» nennen.

Aber die Übergänge zur modernen Erfahrungswissenschaft vom Menschen bahnen sich nachdrücklich an, ebenso neue Zugänge zu einem ganzheitlicheren Verständnis des Menschen, in dem die unbewußte Tiefe ertastet wird. Polaritäts- und Integrationsdenken formt sich. All diesem muß noch eine exakte Erforschung des Historischen der Jesusfigur zur Seite treten, um so dann vielleicht das integrierte Jesusbild menschliches, wissenschaftliches und Glaubens-Ereignis werden zu lassen.

Sowohl mit dem, was es erreicht hat, wie mit den Möglichkeiten und Erfordernissen, auf die es führt, ist das androgyne Jesusbild selbst schon ein nicht geringes historisches, menschliches wie christologisches Ereignis.

C. G. Jungs Beitrag

Die Linien der Entwicklung, die wir umrißhaft gezeichnet haben, führen also eindeutig auf C. G. Jung und seine Analytische Psychologie. Wenn mithin nun ein Wort über den Beitrag Jungs zu unserem Problem erforderlich ist, dann haben wir bereits betont und belegt, daß er sich zum Problem der Anima Jesu nicht direkt geäußert hat. Es bleibt also zu fragen, ob er nicht einen indirekten und mittelbaren Beitrag geleistet hat. Diese Frage ist voll zu bejahen.

Eine kritische Bemerkung muß jedoch vorangehen. Anfänglich haben die Theologen negativ reagiert. Gegenwärtig aber nehmen sympathisierende Kontakte zu. Das ist nicht nur erfreulich, sondern gibt auch Anlaß zu Bedenken. In einer Zeit, in der die Botschaft der Kirche so angefochten wird, entdeckt man plötzlich in Jungs Tiefenpsychologie so etwas wie einen Verbündeten. Hat Jung doch so deutlich vom numinosen Charakter des Unbewußten, vom Christusarchetyp oder überhaupt von christlich belangvollen Symbolen gesprochen. Wir erinnern uns, daß die Kirche vor nicht zu langer Zeit einen Kampf gegen die sogenannte «zweite Offenbarungsquelle» zu führen hatte, die man im Rauschen des arischen Blutes und seiner Geschichte wahrnahm, um sie wider die Bibel geltend zu machen. Damals bildete sich eine Bekenntnisfront und kämpfte bis zur Aufgabe der eigenen Existenz gegen diese Irrlehre.

Heutzutage wird aus der Komplexen Psychologie Jungs weithin so etwas wie eine neue Offenbarungsquelle gemacht. Das gesamte Glaubensproblem erscheint plötzlich erstaunlich vereinfacht, mit verhälnismäßig geringer analytischer Mühe kann man ja den nur «verschütteten» Glauben aus den Trauminhalten immer noch urlebendig hervorziehen. Die Archetypen und Symbole seien bei Jung, so hören wir, doch nichts anderes als die «lebendige Uroffenbarung Gottes». Träume, in denen kirchliche Symbole vorkommen, werden vorschnell zu Aussagen über die Kirche selbst, man fällt aus der analytischen Situation heraus und wird zum Prediger. Ein alter in der Fremde irrender Mann, der im Traum auftaucht, wird zum Herrn «Jesus in der Niedrigkeit». Die Direktheit, mit der hier Glaubensphänomene aus dem Unbewußten erhoben werden, würde Luther «theologia gloriae» genannt und als solche als «Phantasmagorie» verdammt haben. Solch Vorgehen ist theologische Erschleichung, mit der analytischen Situation nicht vereinbar und nicht im Sinne Jungs. Ich nehme darum hier noch einmal Anlaß zu sagen, daß das uns leitende Problem mit einer solchen theologischen Ausbeutung Jungs nichts zu tun haben möchte.

Jung hat die weitverzweigte Debatte «Gott und das Unbewußte» heraufbeschworen, um mit einem bekannten Buchtitel zu reden[1]. Diese Gesamtproblematik ist hier ja nicht unser Thema. Wir verfolgen mit möglichster Konzentration die für uns zentrale Frage: Wer hat was vom Tiefenpsychologischen her zum Jesusproblem gesagt? Die so zahlreichen Untersuchungen zu dem Thema «Tiefenpsychologie und Glaube» lassen meistens aber nicht entfernt die Schwierigkeiten erkennen, die bei einer Auseinandersetzung mit Jung tatsächlich zu bewältigen sind. Als eine Jung in Theorie und Praxis verbundene Psychotherapeutin möchte ich darum kurz sagen, was uns von Jung nach heutiger Wissenschaftslage gerade trennt.

Zunächst, bei Jung spiegelt sich noch der Standpunkt wider, den die religionsgeschichtliche Forschung um die Jahrhundertwende und kurz danach noch einnahm. Das Allgemeine war es, das Wesen der Religion überhaupt, das durchlaufend Gemeinsame, worauf diese Forschung sich richtete. Max Müller, der am Anfang dieser Ära steht, fordert auf, nach den «radikalen» Elementen in den Religionen zu suchen, das heißt die «wurzelhaften» Gemeinsamkeiten zu suchen. Jungs frühes Buch «Symbole der Wandlung»[2] steht noch ganz offensichtlich im Banne dieser Richtung. Wie sich dasselbe Symbol überall zeigt, wird dargetan, die je spezielle Bedeutung fällt sehr oft dahin. Dieses Einheitszeichen hat die Religionsforschung einziehen müssen. Zu deutlich zeigte sich, daß man die Phänomene egalisiert, nivelliert, das heißt vergewaltigt hatte. Das Spezifische und historisch Besondere ist darum ganz in den Mittelpunkt getreten. Ihm muß erst einmal Gerechtigkeit widerfahren, ehe man zu verallgemeinernden Gesamtaussagen kommen kann.

«Wir wissen historisch einfach zu viel, als daß irgendsolche Generalisierungen noch überzeugend sein könnten, es sei denn für den schlecht Unterrichteten oder für den Dogmatisten, der einfach unwillig ist, sein empirisches Wissen und seinen Glauben zu integrieren.»[3] Redliche Forschung muß sich in der Gegenwart mit «begrenzten Folgerungen» vorerst begnügen, so erinnert Evans-Pritchard, nur «induktive Analyse beobachteter Fakten» kann, streng gehandhabt, Schritt für Schritt weiterführen, das heißt in größere, mit Vorsicht begrifflich zu erweiternde Zusammenhänge hinein[4]. In diesem Strom moderner Religionsforschung steht Jung nicht mehr, das ist unumwunden auszusprechen. In seiner Religionsforschung ist es deutlich das Allgemeine, das führt. Das ist jedoch keineswegs schon ein einfach auf seine Psychologie zu übertragendes Urteil.

Dieser Umstand ist für unsere Untersuchung insofern von nicht geringer Bedeutung, als nun ohne weiteres klar wird, daß und warum auch Jesus von vornherein in allgemeinere, übergreifende Zusammenhänge als Christus, als Archetyp, als Hypostase eingeordnet wird. Den historischen Jesus übergeht Jung recht schnell mit der Versicherung, daß die geschichtliche Gestalt von den Projektionen der Umwelt sofort «beinahe restlos» zugedeckt worden sei. Aus dem «beinahe restlos» wird einige Zeilen weiter ein «völlig». Und in diesem Sinne ist dann «der urkundliche Befund unzweideutig»[5].

Eben gerade nicht, wird die moderne Forschung kommentieren müssen, ihrer Tendenz zum historisch Spezifischen hin folgend. Sie hat sich, worauf als «das» große Ereignis innerhalb der Theologie des 20. Jahrhunderts bereits eingangs hingewiesen ist, durchaus nicht mit dem «daß» der Offenbarung – «daß» also die Offenbarung geschehen ist, noch mit der Feststellung der aus der Umwelt auf den Offenbarungsträger gehäuften Projektionen zufrieden gegeben, sondern sie hat nach dem Offenbarungsträger selbst intensiv gefragt. Bei diesem Unternehmen hat sie zwar nicht historisches Material in einem solchen Ausmaß zu Tage gefördert, daß man nun eine «Biographie» Jesu oder ein «Gemälde seines Innenlebens» schreiben könnte. Aber die historische Gesamtszenerie hat doch eine derartige Veränderung erfahren, daß sie das überkommene Jesusbild revolutioniert hat und daß man die Aussage, über den historischen Jesus müsse «völlig» geschwiegen werden, auch keineswegs mehr machen kann.

Jede theologische Auseinandersetzung mit Jung wird zweitens durch den weiteren Umstand erschwert, daß er ein echtes Sachverständnis für das Wesen des evangelischen Christentums nicht aufzubringen vermochte. Noch in späten Jahren stellt sein Buch «Antwort auf Hiob» einen affektstarken Protest gegen die «unzumutbare» Vorstellung dar, daß Gott das Opfer seines eigenen Sohnes verlangt, um seine Gnade wiederum erweisen zu können. Von dieser juristisch juridischen Satisfaktionslehre haben wir im Zusammenhang mit dem Jesusbild als patriarchalischem Mißverständnis gesprochen. Diesen Protest haben Luther, der Pietismus, Schleiermacher, Ritschl, v. Hofmann, Reinhold Seeberg, Erich Seeberg, Karl Holl, Ferd. Kattenbusch, Gustav Aulén und viele, viele andere geführt.

Jung aber erweckt den Anschein, als ob er Neuland betrete, es sieht bei ihm so aus, als ob die zu Recht abgelehnte Theorie die zentrale und unwidersprochene sachliche Mitte des Christentums sei. Er sieht überhaupt nicht, daß das evangelische Christentum von seinem Ursprung her genau dies ist, nämlich der prinzipielle Bruch mit der von Jung abgelehnten Lehre, das heißt mit jedem Legalismus. Jung gewahrt nicht, daß eben diese sachliche Linie auch in den dunkelsten Tagen der protestantischen Geschichte nie völlig verdunkelt war. Zu Jungs Zeiten war diese Wesenslinie des Protestantismus – die antilegalistische schenkende heilmachende Gnade – in der mächtig auflebenden Luther-Renaissance sogar ganz besonders deutlich erkennbar. In diesem Zusammenhang stoßen wir offenbar auf Probleme, die Jungs eigene psychologische Entwicklung derart intim angehen, daß sie uns heute einfach unverständlich bleiben müssen. Durch eine massive Verkündigung in seinem engsten wie weiteren Pastoren-Familienkreis hat Jung jedenfalls eine nicht geringe Belastung davongetragen.

Und drittens, auch Jungs wissenschaftliches Verhältnis zum Neuen Testament ist für uns keine Möglichkeit mehr. Er kann mit polemischem Nachdruck den Satz vertreten: «Das Neue Testament, so wie es uns vorliegt, ist das ‹Corpus Christianum›, das als ganzes oder gar nicht akzeptiert werden muß.»[6] Es ist in dem Kontext, in dem dieses Wort steht, gewiß beachtlich, daß Jung sich dagegen wehrt, Jesus als rationalistischen Moralprediger zu interpretieren. Die Devise ‹das Ganze oder nichts› wäre jedoch das Ende jeglicher neutestamentlichen Wissenschaft, sie ist schlechthin unmöglich. Die neutestamentliche Wissenschaft hat vielmehr gerade die verschiedenen Traditionsströme zu unterscheiden, sie hat Frühes und Spätes voneinander abzuheben, sie muß in einem subtilen Spezifizierungsverfahren Peripheres von Zentralem scheiden. Man tut der eben auf anderem Gebiet liegenden Größe Jungs gewiß keinen Abbruch, wenn man mithin konstatiert, daß Jungs Verhältnis zum Neuen Testament kein wissenschaftliches ist. Da er also nicht differenzieren will, tut er es auch nicht, und das hat zur Folge, daß er völlig unkritisch zitiert, so, wie wenn die Schriftworte alle auf einer Ebene lägen.

Dieser nach heutigen Maßstäben völlig unakzeptable Sachverhalt stellt zunächst einmal sämtliche Aussagen über das Neue Testament, die Jung macht, in Frage, und in jedem einzelnen Fall ist die Tragfähigkeit seiner Aussage nachzuprüfen. Gerade deswegen steht eine theologische Auseinandersetzung mit Jung vor maßlosen Schwierigkeiten. Anders ausgedrückt: Jung bleibt von moderner neutestamentlicher und speziell moderner Jesusforschung geschieden. Einen Jesus, der sich nicht als Menschensohn der Endzeit ausgegeben hat, der die Titel Gottessohn und Messias nicht auf sich angewandt hat, der auch nicht so in einem eschatologischen Rahmen zu sehen ist, wie das Albert Schweitzer noch tat, dessen Werk Jung übrigens gut kannte – einen solchen Jesus hätte sich Jung gewiß nicht vorstellen können.

Daß diese gravierenden Schranken, die Jung von der theologischen Forschung heute trennen, in den vielen vorliegenden und sich ständig mehrenden Auseinandersetzungen gar nicht in Erscheinung treten, hat drei immer wieder zu beobachtende Gründe. Man kennt den Stand der Forschung nicht oder nicht hinreichend und zieht es vor, sie überhaupt nicht in Anschlag zu bringen. Bei allen diesen Aussprachen spielt die Gestalt Jesu keine Rolle, jedenfalls keine thematische. Man redet vielmehr ganz im alten Stil, recht allgemein von »der« Religion und «dem Glauben» oder «dem Religiösen». Das freilich ist billig.

Die kritischen Schranken Jungs dürfen andererseits aber auch nicht zu einseitig oder starr geltend gemacht werden. Diese Feststellung mag überraschen, aber sie ist ganz «sachlich», denn sie rechnet mit dem Typ, den Jung als Forscher darstellt. Bei Jung gibt es fast zu jedem Problem eine andere Seite. Zweitrangige Kritik hat ihm deshalb Widersprüchlichkeit, Oberflächlichkeit und mangelnde Konsequenz vorgeworfen. Jung ist eben nicht System-Denker, sondern Problem-Denker oder schöpferischer Forscher. System-Denker sind, besonders auf dem Gebiet des Geistes oder der lebendigen Psyche, selten schöpferisch. Sie kommen nie in Gefahr sich zu widersprechen. Jungs Denken ist zu tief, um keine Diskrepanzen aufzuweisen. Sein Denkprozeß ist seiner Genese nach elementar, das heißt ursprunghaft schöpferisch. Darum ist es ein strömendes Denken. Sein Werk will nicht in eine Theorie zur Anwendung eingefangen werden – das ist Jung bereits hinreichend angetan worden –, es gibt vielmehr den Anstoß zum eigenen Mitgehen, aber auch zum eigenen Weitergehen.

Und so ist denn auch seine Stellung zum Christentum wie zur Zentralfigur seines Stifters mit den kritischen Anmerkungen weder erledigt noch gar ausgeschöpft. Wir werden im folgenden vielmehr eine Aussage über Jesus registrieren, trotz seiner angeblichen völligen Unerkennbarkeit, die von einmaliger Bedeutung ist. Und wir können Jungs Stellung zum Christentum mit Aussagen belegen, die in der abendländischen Geistesgeschichte gleichfalls von seltener Größe sind. Damit nähern wir uns dem indirekten Beitrag Jungs zu unserer Jesus-Frage, von dem wir sprachen und auf den wir hinzielen.

Was zunächst seine Äußerungen zum Problem Christentum und Abendland anlangt[7], so sind sie von einem ausgesprochenen Sinn für geschichtliche Kontinuität geprägt, der für Jung überhaupt charakteristisch ist. Die lapidare Tatsache ist die: «Wir wurzeln im christlichen Boden.» Das können wir nicht verleugnen, damit haben wir zu rechnen. «Die heutige Tendenz zur Zerstörung bzw Unbewußtmachung aller Tradition könnte allerdings den normalen Entwicklungsprozeß auf mehrere hundert Jahre durch ein barbarisches Intervall unterbrechen. Wo die marxistische Utopie vorherrscht, ist dies bereits der Fall.» Was aber bedeutet dieses barbarische Intervall psychologisch? Es neurotisiert, lautet die erste

Antwort. «Die Entwurzelung und Abschneidung von der Tradition neurotisiert die Massen und prädestiniert sie zur Kollektivhysterie.» Dazu gibt Jung eine unverblümte Veranschaulichung: «Wo der rationalistische Materialismus vorherrscht, entwickeln sich deshalb die Staaten weniger zu Gefängnissen als zu Irrenanstalten.» Seit Jung diesen Satz schrieb, haben wir reichlich Gelegenheit, Kollektivneurosen zu beobachten, die durch radikalen und gewaltsamen Bruch mit der Vergangenheit verursacht sind.

Was bedeutet die «Unbewußtmachung aller Tradition» psychologisch weiterhin? Sie bedeutet Regression größten Ausmaßes. Jung sagt: «Wenn aber ein lebendiges Gebilde von den Wurzeln abgeschnitten ist, dann fehlt ihm die Rückverbindung zu seiner Existenzgrundlage, und dann muß es verdorren. In diesem Falle ist die Anamnesis der Ursprünge von vitaler Bedeutung.» Denn wenn eine einmal erreichte Höhenlage der Gesamtentwicklung von ihrer Verwurzelung in gewachsener Tradition gewaltsam abgetrennt wird, führt das notwendig zu allgemeiner Regression. Längst zurückgelassene, überwundene, primitive und barbarische Wertvorstellungen beginnen nun sich chaotisch von neuem zu behaupten. Das haben wir in den Weltanschauungskämpfen nach 1933 drastisch miterlebt. Von jeder Form eines materialistischen Materialismus, der verwurzelte Glaubenshaltungen ausrotten will, gilt Jung: «Der materialistische Materialismus bildet mit seinen utopischen Chimären die Religion jener rationalistischen Bewegungen, welche die Freiheit der Persönlichkeit der Masse überantworten und damit auslöschen.»

Und noch einmal, was bedeutet diese bewußt heraufgeführte christliche Entwurzelung in psychologischer Hinsicht? Sie bedeutet schließlich und vor allem dies: «Der Aufhebung des Gottesbildes folgt die Annullierung der menschlichen Persönlichkeit auf dem Fuße nach.»[8] Das historisch vorliegende Gottesbild bedarf gewiß immer neuer Reformation im Sinne der Gegenwartsangemessenheit, fehlt schließlich aber der Transzendenzbezug überhaupt, ist der Mensch um sein Menschentum gebracht. Selbst die Psychologie arbeitet dann mit einem unterwertigen Menschenbild. Es tritt nun ein, was Mircea Eliade aus anderer Sicht so beschrieben hat: «Alle vitalen Erlebnisse – Sexualität, Ernährung, Arbeit und Spiel – sind desakralisiert. Das bedeutet vor allem, daß es allen diesen psychologischen Akten an ihrer geistigen Bedeutung und damit an der wahrhaft menschlichen Dimension fehlt.»[9]

Demgegenüber sieht Jung diese Entwurzelungserscheinungen wesentlich unter dem Gesichtspunkt der «Dissoziation der Persönlichkeit», der «Grundlage aller Neurosen: das Bewußtsein geht nach rechts und das Unbewußte nach links», das heißt hier, das Bewußtsein liefert sich mehr und mehr extremer Ideologie aus, das

Unbewußte spricht kompensatorisch immer dringlicher eine ganz andere Sprache. Darum, die Probleme, die somit dem modernen Psychologen aufgegeben sind, «lassen sich nur auf der historisch vorgezeichneten Linie lösen, und das Ergebnis wird einer weiteren Rezeption des übermittelten Mythos gleichkommen, wobei allerdings die Kontinuität der Entwicklung vorausgesetzt wird». Denn das ist nun einmal der historisch psychologische Sachverhalt: «Wir wurzeln im christlichen Boden.»[10]

Darum warnt Jung ebenso auch vor eilfertigen Übernahmen aus anderen Kulturen. In seiner Zeit bestand Anlaß und in unserer Zeit ebenso, vor unbesehenen Übernahmen aus dem Osten zu warnen, die westliche Weltanschauungs- und Bewußtseinsleere ausfüllen sollen. Das gilt besonders von indischen Vorstellungen und Systemen. Jedoch, «diese Erwartung ist trügerisch, denn die indischen Systeme, so gut wie die christlichen, formulieren das Unbewußte, welches aber in hohem Maße die jeweilige geistige Vergangenheit darstellt. Die indischen Lehren bilden die Essenz des vieltausendjährigen Erlebnisses des indischen Menschen. Zwar können wir viel vom indischen Denken lernen, aber niemals drückt es jene Vergangenheit aus, die in uns aufbewahrt ist. Unsere Voraussetzung ist und bleibt das Christentum.» Jene Übernahmen bleiben in der Regel intellektuelle Superimpositionen, die Fähigkeit zur genuinen inneren Assimilation ist nicht gegeben. «Wer glaubt, östliche Anschauungsweisen unmittelbar übernehmen zu können, der entwurzelt sich selbst, denn sie drücken die abendländische Vergangenheit nicht aus, sondern bleiben blutleere, intellektuelle Begriffe, welche die Saiten unseres tieferen Wesens nicht zum Erklingen bringen. Wir wurzeln im christlichen Boden.»[11] Den letzten mehrfach wiederholten Satz bezeichnet Jung als die notwendige Anamnesis oder «Kollektivtherapie». Seine fraglos tragende Grundüberzeugung von der Notwendigkeit geschichtlicher Kontinuität ist aber präzise psychologisch begründet, wie sofort zu zeigen ist.

Das Christliche hat nämlich ungezählte Generationen hindurch nicht nur jeweils das Bewußtsein beeinflußt, sondern auch dynamische Wirkungen ins Unbewußte hinein zur Folge gehabt. Jahrtausende christlicher Kontaktnahme oder Beeinflussung haben nicht nur das Bewußtsein der Generationen mit immer neuen Worten überspielt, sondern auch eine Tiefenwirkung gehabt. Der Christus-Rezeption im Bewußtsein, die wir in Dogmen- oder Frömmigkeitsgeschichte verfolgen, entspricht «die Rezeption Christi in die psychische Matrix» oder ins Unbewußte, speziell des Abendlandes. Diesen inneren Prozeß sucht Jung in seinen Analysen von Kirchenvätern, Dogmen, Mystik, Alchemie, Frömmigkeits-, Religions- und Philosophiegeschichte bis zu den Anfängen zu verfolgen und aufzudecken. Auch bei diesem umfassenden Unternehmen geht es also um «Rückverbindungen», die erhellt werden, um «Verwurzelungen», die der Wurzellosigkeit wehren. Aber diese Tendenz, die wie eine apologetische anmuten könnte, leitet Jung in Wahrheit oder in dieser Zielsetzung keineswegs.

Worauf kommt es ihm an? Ganz einfach darauf, zu zeigen, auf welchem «Wege Christus zum inneren Erlebnis, zum ‹Christus in uns› wurde». Er möchte das Verständnis auf das lenken, «was nunmehr als Ergebnis der vielen Jahrhunderte christlicher Bewußtseinsentwicklung sich vom Unbewußten her zu Worte meldet», was freilich noch längst nicht bedeutet, daß das heutige nach Jung geradezu heruntergekommene Durchschnittsbewußtsein solche Selbstkundgaben verstehen und sich integrieren kann. Diese Sprache des Unbewußten indes möchte er entziffern. Er möchte zeigen welche «Auffangformen» das Unbewußte angewendet hat, um die Gestalt Christi zu assimilieren. Es soll deutlich werden, was Christus denn all die Jahrhunderte hindurch «in der subjektiven Erfahrung bedeutet und unter was für Hüllen täuschender und erleuchtender Natur seine wirkende Gegenwart in ihrer transzendenten Unerfaßlichkeit erlebt wird», nämlich in jenen angedeuteten mannigfachen Zeugnissen.

Es zeigt sich bedeutsamerweise, daß das Unbewußte sozusagen seine letzten und besten Möglichkeiten aufgeboten hat, um diesen bedeutsamen Rezeptionsakt zu vollziehen. Es bietet seine elementaren, seine urphänomenalen, seine archetypischen Rezeptionskategorien auf. Hätten sich aber Rezeptionsphänomene dieses Ranges nicht gezeigt, dann würde das bedeuten, daß der Mensch im Abendland nie wirklich von Christus angerührt worden ist, seine Tiefe wäre dann überhaupt nicht mobilisiert, es wäre alles intellektuelles Wellengekräusel an der Oberfläche geblieben.

Das ist aber nicht der Fall. Nennen wir darum einige der bedeutungsvollen Symbol-Vokabeln des Unbewußten. Da ist zunächst das Fischsymbol, das, wo es auftaucht, auf Ganzheit, Integration, schöpferische Sinnbezogenheit usw hinweist. Ja es kann für Christus selbst stehen. Jesus wendet es schon an, wenn er seine Jünger zB zu Menschenfischern machen will. Hier und mehrfach sonst ist also von ihm selbst ein tiefenpsychologisch bedeutsamer Hintergrund angeschlagen. Es handelt sich nicht nur um harmlose Bildrede. Vielleicht hat kein anderes Symbol soviel Verwendung in Wort und Bild gefunden wie dieses grundbedeutsame Fischsymbol. Das beginnt mit dem Neuen Testament und den Wandmalereien der Katakomben und führt zu modernen Darstellungen. In der christlichen Literatur wird dann das Taufbecken zB als Fischteich gedeutet, die darin schwimmenden Fischlein sind die Seelen, die Priester sind die Fischer, das christliche Zeitalter als ganzes wird zum Fischzeitalter erklärt.

Ein ähnlich beziehungsgeladenes Urwort ist für das Unbewußte das Symbol des Steines. Wenn im Hinduismus der Adept geweiht werden soll, dann vollzieht sich diese Zeremonie oft so, daß er auf einen großen Stein gestellt wird, die Priester umkreisen ihn. Die Litanei, die sie singen, besagt in ihrem Kernsatz: «Werde hart wie ein Stein! Werde hart wie ein Stein!» Gemeint ist natürlich innere Festigkeit, Entschiedenheit und Ganzheit. Auch über das Steinsymbol könnte eine ganze Monographie geschrieben werden. Wir müssen uns hier damit begnügen zu unterstreichen: Wenn nun Jesus als der krönende Schlußstein oder Eckstein, wie Luther übersetzt, bekannt wird, dann handelt es sich dabei ganz gewiß nicht nur um gleichnishafte Bildrede, sondern um eine die Gesamtexistenz angehende Grundaussage.

Das Schlangensymbol muß wenigstens noch als eine der wichtigsten Grundvokabeln des Unbewußten genannt werden. Es hat einen Beziehungsreichtum und eine Wertfülle, die kaum überschätzt werden kann. Das wird vielleicht am deutlichsten, wenn wir kurz an den Kundalini-Joga Indiens erinnern. Die Libido, die Lebenskraft schlechthin, wird als Schlange vorgestellt, ihr Aufsteigen von den untersten zu den obersten Lebenszentren symbolisiert die voranschreitende Entwicklung oder höhere Bewußtwerdung des Menschen. Wenn Jesus also als Schlange am Kreuz oder Lebensbaum dargestellt wird, dann ist damit ausgesagt, daß er als positive Lebensmacht und -quelle schlechthin verstanden ist[12].

Die drei Beispiele dürften uns bereits zeigen, daß das Unbewußte, speziell auch des westlichen Menschen, auf die Christusverkündigung geantwortet hat. Es hat sogar nachdrücklich geantwortet, nicht nur so nebenbei, nicht nur oberflächlich. Es hat tatsächlich sein Letztes und Bestes, seine machtvollsten Symbol-Vokabeln aufgeboten, um adäquat zum Ausdruck zu bringen, was ihm bei jener Konfrontierung in der Tiefe widerfahren ist.

Ohne die Dinge hochzuspielen, kann man sagen, daß Jung damit einen ungewöhnlich originellen, mit seinem Ausgang vom Unbewußten vielleicht sogar den originellsten Beitrag zum Christusverständnis geleistet hat. Zumal er noch weitere Symbole des Unbewußten wie Punkt, Monade, Kreuz, Mitte des Meersperbers usw ausdeutet, könnte man bei ihm von einer Christologie des Unbewußten sprechen.

Wenn wir uns daran erinnern, daß aber alles vom Unbewußten Ausgesagte wirksame und wirkende Dynamismen meint, dann ist nun durchaus verständlich, daß zB in den Träumen die christlichen Grundsymbole auch bei denen plötzlich hervorbrechen, deren atheistische Ideologie es prinzipiell verbietet, oder auch bei solchen unerwünschterweise sich zu Worte melden, deren Lippen, deren Intellekt sie ausdrücklich leugnet.

Über diesem tiefschürfenden Beitrag zum «Christus in uns» vergißt es Jung aber keineswegs, nach dem Träger oder nach der Persönlichkeit zu fragen, die hinter all diesen innerpsychischen wie übersubjektiven oder geschichtlichen Entwicklungen steht oder sie auslöst. Jung tut dies von einem ganz anderen Aspekt her, den er den archetypischen Aspekt nennt. In die Erörterung des «Christus als Archetyp» möchte ich aber hier ausdrücklich nicht eintreten. Denn wir würden damit in weite und komplizierte philosophische Zusammenhänge auszugreifen haben, ohne wirklichen Gewinn einzuheimsen. Ich sage dies im vollen Bewußtsein der Tatsache, daß der als Archetyp interpretierte Christus in der Regel eine zentrale Stellung einnimmt, wenn von Jungs religiösen Anschauungen die Rede ist.

Im übrigen sprechen wir hier von Jesus, dem Mann, der geschichtlichen Persönlichkeit. Im Sinne dieses Themas hätte Jung nun folgendermaßen fortfahren müssen: Was für ein Mensch, eine wie geartete historische Persönlichkeit stand hinter diesem Christus, der selbst in die Tiefen des Unbewußten hinein derart prägend zu wirken vermochte? Er als Psychologe hätte fragen müssen: Läßt sich irgendetwas tiefenpsychologisch Greifbares oder Konkretes heute noch erfassen? Diese spezifische Frage hat Jung definitiv nicht konsequent gestellt, und diese Unterlassung hängt offensichtlich mit seiner Orientierung am Allgemein-Religiösen zusammen, den Bedingtheiten seiner Zeit entsprechend.

Nicht nur Jung hat diese Fragestellung nicht vollzogen, viele haben sie sogar bewußt abgelehnt, um zur Ablehnung dieses Jesus überhaupt zu kommen. Wenn Jesus zB in einer exklusiv betonten Weise «Ich und mein Vater» sagt, also durchaus eine Sonderstellung zu «seinem» Vater beansprucht, dann ist plötzlich auch die historische Figur von soviel Wesenhaftigkeit und Absolutheit umgeben, daß das Urteil lautet: Das gibt es ja gar nicht! Und schließlich: dieser Jesus ist überspannt, irre, psychisch nicht zurechnungsfähig, psychotisch. Und so war das Thema der «geistigen Gesundheit» oder der «Zurechnungsfähigkeit Jesu» lange Zeit ein lebhaft erörtertes Thema. Dieser Fragestellung hat Albert Schweitzer eine zunächst abschließende Antwort gegeben, indem er zeigt, daß die Verkläger in dieser Sache sich vor allem auf solche Schriftstellen stützen, die die neuere Forschung eindeutig als nichtjesuanisch erwiesen hat[13].

Gerade in diesem Zusammenhang kann der Psychologe aufs neue lernen, daß die hochfliegendsten psychologischen Theorien vor erwiesenen Tatsachen restlos zu Fall kommen. Die Bewährung an der geschichtlichen Wirklichkeit bleibt das entscheidende Kriterium. Den Untersuchungen Albert Schweitzers ist Walter E. Bundy mit mehreren großen Standardwerken zum Thema zur Seite getreten. Bei Bundy ist es besonders eindrucksvoll, daß er unter anderem ein möglichst anschauliches und einigermaßen vollständiges Bild eines Paranoikers zeichnet, wie er in jeder psychiatrischen Klinik zu treffen ist. Nachdem man dieses «Selbstbewußtsein eines Paranoikers» auf sich hat wirken lassen, vergeht einem der Mut, dem Vergleich mit dem Neuen Testament weiter nachzugehen. Zu deutlich empfindet man die Absurdität des Unternehmens[14].

Der Psychiater Jung wird jedoch nicht auf diesen noch bei seinen Zeitgenossen beliebten Abweg geführt. Jungs lebendige und wache Intuition spürt unmittelbar, daß diese historische Persönlichkeit selbst, so relativ ungreifbar sie geworden sein mag, von etwas Vollendetem wie Vollendungschenkendem, von etwas Elementarem wie Exemplarischem, etwas absolut Wesenhaftem umwittert ist. Es gibt eine Briefstelle, in der seine reife Ansicht besten Ausdruck gefunden hat. Er sagt: «Das psychologische ‹Verdienst› (besser: Bedeutung) Christi besteht darin, daß er als ein ‹Erstling› das Vorbild des ‹téleios›, des integralen Menschen, darstellt.»[15] Jesus, der Erstling und das Vorbild des integralen oder integrierten Menschen oder Mannes! Daß Jung in diesem Zitat Christus sagt, wo er Jesus hätte sagen müssen, das braucht uns nicht zu stören, es entspricht einfach seiner Redeweise. Ganz abgesehen davon, daß Integration von Christus, einer metaphysischen Potenz, einem Gottessohn überhaupt nicht sinnvoll ausgesagt werden könnte. Integration ist eine psychologische Konzeption, die sich sinnvoll nur auf ein Humanum beziehen kann, weil es dieses und nur dieses ständig meint. Jesus der erste integrierte, und das heißt nach allem zuvor Erklärten selbstverständlich, der erste anima-integrierte Mann der Weltgeschichte, damit aber eines völlig neuen Kapitels dieser Geschichte. Das allerdings ist eine Aussage, eine gewaltige, eine großartige Aussage!

All die oben skizzierten Fragen, die Jung nun im Anschluß daran hätte stellen müssen, die er aber unterlassen hat, stellen wir, ihn fortsetzend, nun hier: Wie sieht dieser erste integrierte Mann der Weltgeschichte aus, wie denkt und handelt, wie lebt und stirbt er? Inwiefern ist er das bleibende Vorbild aller Zeiten?

Der Unverwechselbare

Richtet der Tiefenpsychologe den Blick ins Neue Testament, dann tritt ihm Jesus deutlich umrissen, in charakteristischer Unverwechselbarkeit entgegen. Dies ist der erste und beherrschende Eindruck, nicht etwa eine Schlußfolgerung oder sonst ein Denkergebnis. Markant profiliert hebt sich der Mann von Nazareth von seinem zeitgenössischen Hintergrund ab. Es besteht offensichtlich keine Gefahr, ihn derart mit anderen Menschen seiner Umwelt zu verwechseln, daß er in diese Umwelt verlorenginge. Er ist einfach nicht aus dem Auge zu verlieren, denkt, handelt und ist er doch total anders als alle anderen. «Jesus war ganz anders»[1], das ist schon die rechte Überschrift über seine Gesamtexistenz, wie immer man über historische und exegetische Einzelprobleme urteilen mag. Nicht nur ganz anders war er als all die vielen damals und in den folgenden Jahrhunderten, anders auch noch, als es die meisten heute sich vorstellen können.

Um einen Spontaneindruck handelt es sich, so unterstreiche ich, wenn der Mann Jesus dem Tiefenpsychologen als der Unverwechselbare begegnet. Denn eben von der Anima-Integriertheit, die sein Gesamtsein von allen übrigen profiliert unterscheidet, wird er sofort angerührt. Um eine elementare psychische Kontaktnahme handelt es sich, die allem Denken voraufgeht. Daran wird bereits deutlich, daß tiefenpsychologisch erhelltes Verstehen etwas anderes ist als nur-mentales Deuten. Von diesem letzten ist ja gerade das Gegenteil auszusagen. Es hat Jesus ständig verwechselt, mit jeder Umwelt, mit jeder Philosophie und Ideologie, heute zB mit der seichtesten sogenannten Mitmenschlichkeit. Er mußte allzeit alles sein, was in Liebe und in Haß, in Trotz und Stolz, in Inflation und Ohnmacht die Menschen jeweils wollten, daß er es sei, dies und nichts anderes. Jesus ist die größte Projektionswand der Weltgeschichte. Darum kann man an der Geschichte seiner Deutungen und Mißdeutungen so viel in bezug auf die Entwicklung des menschlichen Bewußtseins überhaupt ablesen. Im Grunde aber verwechseln die Menschen Jesus ständig mit sich selbst, mit den Projektionen ihrer eigenen Unintegriertheit. Zeigen wir doch die besonders typischen Verwechslungen auf, damit das tiefenpsychologisch erhellte Denken sich um so deutlicher davon differenziere!

An erster Stelle ist natürlich die Verwechslung mit dem geschichtlichen Hintergrund zu nennen. Und um sogleich das Extrem herauszuheben, Jesus wird von einer immer weiter ausholenden Historie schließlich mit allem und jedem gleichgesetzt, so daß schließlich zwar alles und jedes, aber nicht Jesus übrigbleibt. Alles ist Spiel geschichtlicher Mächte, er hat überhaupt nicht gelebt, lautet schließlich die Feststellung. Zwar sind die Stimmen selten geworden, die mit Papst Leo X. von der «Fabel von Christus» oder mit Arthur Drews von der «Christusmythe» noch sprechen würden. Aber es gibt noch zeitnahe Stimmen, die, aller modernen Forschung zum Trotz das Neue Testament als eine große «Jesus-Christus-Dichtung» ansehen. «Dichtung, aber keine Geschichte», meint Hermann Raschke. Das Judentum habe hier die Logosphilosophie, damals der großartigste kosmische Denkrahmen, in einem historisierenden Lehrgedicht mit Jesus als Logossymbol wiedergegeben. Im Rahmen einer solchen Dichtung, die nach dieser Meinung das Neue Testament repräsentiert, ist Jesus also durchgehend ein Metaphysicum, niemals ein Historicum[2].

Das Judentum macht heute einen anderen interessanten Versuch, den «Bruder Jesus», der nun und nur der Abtrünnige ist, in das Judentum, in seine ursprüngliche Umwelt «heimzuholen». Diese Heimkehr oder Heimholung bedeutet, daß die Jesus-Gestalt nun im Judaismus aufgeht, von ihm absorbiert wird. Jesus, so hört man, habe ja doch nur gelehrt, was jeder gebildete Jude oder Rabbi damals vorzutragen wußte. Es wird auf die «reichen Parallelen in der jüdischen Tradition» hingewiesen. Ausführlich werden solche zu Jesu Art des Redens, Sichgebens und Sichverhaltens vorgebracht, oft in tatsächlich erhellender Weise. Und so wird Jesus denn zum Rabbi eigenen Stils, den Tannaiten nahestehend, ein Schulhaupt neben anderen, Hillel oder Schammai vergleichbar. Auf diese Weise «kehrt er in das Vaterhaus zurück», Jesus, so lange der verlorene Sohn des Judentums. Vom «Prozeß der Heimholung Jesu in das jüdische Volk» wird gesprochen, der natürlich ein Prozeß der assimilierend nivellierenden Verkennung oder Verwechslung ist[3].

Die größten Triumphe jedoch feiert ein anima-armes, undifferenziertes oder unintegriertes Denken, indem es Jesus mit der «Moderne» verwechselt. Das heißt mit dem, was jeweils unter «Moderne» verstanden wird, also mit der herrschenden Geisteslage, der Gegenwartssituation, der beherrschenden Ideologie usw. Das Wort «Moderne» stammt von Ernst Troeltsch, und er ist denn auch der bedeutendste Vertreter dieses häufigsten Verwechslungsvorganges, bei dem Jesus natürlich allemal den kürzeren zieht. Dieser große Historiker und Systematiker will ständig die wahre Eigenart Christi und die des Christentums klar herausstellen. Faktisch aber, so muß man urteilen, bekommt er Jesus nicht einen Augenblick zu Gesicht. Zuviel schiebt sich als trennende Kulisse ständig dazwischen.

Denn es geht «gar nicht allein um Jesus», sondern ebenso um «das Christentum» überhaupt. Und was schließt das nicht alles an historisch großartiger Geistesentwicklung ein! Troeltschs Augen sind nahezu geblendet, da ist Plato und die Stoa, überhaupt das Beste des reichen Erbes der Antike. Und da ist dann vor allem in der Gegenwart diese Moderne, das heißt der Kulturprotestantismus mit allen seinen großartigen «Gegenwartskräften», seiner religiös tief «gefühlten Kraft und Wahrheit», seiner Zukunftsoffenheit. Angesichts dieser durch die Jahrhunderte rollenden geistigen Bewegung, die da Christentum heißt, ist es «schwer vorstellbar», daß man sich immer weiter auf jenen bescheidenen Anfangspunkt in Nazareth beziehen soll oder wird. Und so werden wir schließlich aufgefordert, «unbekümmert darum» zu sein, ob «hundert oder tausend Jahre später» die Frömmigkeit sich noch an Jesus nähren wird oder ein anderes Zentrum haben wird». Die Gesamtentwicklung starr an jenen Ausgangspunkt heften zu wollen, «das sieht doch allzustark nach Verabsolutierung – eines – zufälligen Lebenskreises aus». «Das ist in der Religion das, was in der Kosmologie und Metaphysik Geozentrismus und Anthropozentrismus sind. Zu diesen beiden Zentrismen gehört auch der Christozentrismus seiner ganzen logischen Natur nach», er paßte wohl in «die idyllische Enge» vergangener Zeiten mit ihren beschränkten Perspektiven, aber «dem heutigen Menschen» ist solch Zentrismus «fremdartig und unverständlich»[4], so urteilte der große akademische Lehrer, der Unterstaatssekretär für Evangelische Angelegenheiten im Preußischen Kultusministerium. Wie schnell dieses «seiner ganzen Natur nach» inflatorisch selbstbewußte Denken in Chaos und Untergang enden würde, hat freilich auch Troeltsch nicht ahnen können. Dieses Denken ist im Grunde hochmütig, natürlich möchte es über seine bescheidenen Anfänge hinauskommen. Dieser bescheidene Anfang aber heißt Jesus, man will über ihn hinauskommen, ohne ihn überhaupt ernsthaft gesehen zu haben.

Wie hatte Kurt Niederwimmer doch so treffend formuliert? «Jesus wird verstanden in dem Maße als wir uns selbst verstehen.» «Das Maß meines Verstehens hängt von der Klarheit meines eigenen Bewußtseins ab.» «Das Jesus-Bild, das sich ergibt, ist immer verräterisch.»[5] Diese Sätze sind die treffende Diagnose für die drei zur Veranschaulichung zitierten Beispiele der Verkennung und Verwechslung Jesu. Sie lenken nicht ins Subjektive ab, im Gegenteil, sie sind und üben letzte Sachkritik. Unintegriertes Denken ist wohl «der ganzen logischen Natur» nach, wie Ernst Troeltsch so verräterisch formulierte, völlig intakt. Aber undifferenziert, wie es ist, ist es weder mit sachlichem Empfinden, noch mit schöpferischer Intuition, es ist vor allem beim Manne nicht mit dem Gefühl, das heißt dem untrüglich sicheren Wertgefühl integral verbunden. Darum sieht es das Wesentliche nicht, die Wesens- und Wertunterschiede ebnen sich ein, zum Schluß sind sie überhaupt nicht mehr da.

Wir haben drei besonders deutliche und zugleich typische Beispiele psychologisch gestörter Denkfunktionalität zitiert, in denen es folglich ganz unmöglich ist, Jesus in seiner Eigenart zu erkennen. Natürlich sind sie nicht die einzigen. Aus den letzten Jahrzehnten könnte man als wichtig das Beispiel der «Gemeindetheologie» zitieren. Gewiß «gibt» es sie, natürlich haben die Augenzeugen der Jesus-Geschichte, die erste und zweite Generation mit der Formulierung ihres Zeugnisses bestimmte Auffassungen festgeschrieben und damit so etwas wie eine ebenso grundlegende wie problematische Gemeindetheologie geschaffen. Aber auch in Verfolg dieses Gesichtspunktes der Forschung haben wir erlebt, daß die ersten Zeugen, die doch etwas Entscheidendes an Nachricht «weitergeben» oder «tradieren» wollten, wie die Vokabeln des Neuen Testamentes selbst sagen, schließlich zu den Erzeugern dieser Nachricht wurden, das heißt sie wurden ‹so groß und bedeutend wie Jesus selber›, wie schon Rousseau spottete.

Aber das sind nur veranschaulichende und typische Beispiele, im übrigen ist des Verwechselns, des Verkennens und des Projizierens kein Ende. Heutzutage sind es besonders die kollektiven Trends, die den Jesus-Namen nicht nur auf ihre Fahne schreiben, die ihm auch Gewalt antun. Und wie eh und je, wenn von Jesus die Rede sein sollte, hört man auch heute die Aufklärer, die Idealisten, die Existentialisten, Heidegger, Karl Marx oder Ernst Bloch. Man hört sie und viele andere laut und deutlich, gerade wenn, wie gesagt, von Jesus die Rede sein soll, dessen eigene Stimme aber nur so, als ob sie sich nicht recht durchzusetzen vermöchte. Daß es aber bei denen, die der Zunft der Tiefenpsychologen oder Psychotherapeuten angehören, absolut selbstverständlich wäre, auf ein so integriertes Denken, insbesondere auf ein differenziertes Wertgefühl rechnen zu können, daß sie mit nachtwandlerischer Sicherheit den Unverwechselbaren als den erkennten, der er ist, das anzunehmen, wäre gewiß ein unverzeihlicher Optimismus angesichts der gegenteiligen Beweise, die schwarz auf weiß vorliegen[6].

Jesus ist eine Gestalt von profilierter Unverwechselbarkeit, sagen wir[7]. Darum ist es auch nicht mit einem Teilaspekt getan, dieses Teilaspekt-Denken ist im übrigen so charakteristisch. Die sogenannte Orthodoxie aller Zeiten legt Wert darauf, was Jesus «ist», nämlich der Gottessohn, der Christus, der Menschensohn, der Hohepriester usw. Der Rationalismus jeder Epoche fragt, was Jesus «sagt», um eine neue Vernunftwahrheit daraus zu machen, besser, um die eigenen alten bestätigt zu bekommen. Bultmann fragt speziell nach dem, was Jesus «tat», dies ist das Entscheidende. Genau so fragten alle religiösen Sozialisten, die sozial Interessierten oder revolutionär Bewegten gestern und heute. Sehr viele, Theologen wie Laien, fragen in der Gegenwart, was er «nützt». Sicher, was nichts nützt, taugt auch nichts. Aber wenn es um das geht, was das Leben zuletzt trägt und hält, dann verliert das bloß Nützliche sehr schnell an Wert.

Tiefenpsychologisch erhelltes oder integriertes Denken hat es mit keinem dieser Teilaspekte allein zu tun, es ist vielmehr Ganzheitsbetrachtung, die vom Kern und Wesen einer Erscheinung her das Ganze ihrer Selbstbekundung erfaßt. Solches Denken erkennt sofort: Hier steht einer, von dem eine Besonderheit auszusagen ist, die von keinem einzigen aus jenem zeitgenössischen Kollektiv, das ihn niederschreit, gilt. Weder von Pontius Pilatus noch von Kaiphas, nicht einmal von seinen Jüngern oder den Urgemeinden, ja nicht einmal von Paulus, von ihm vielleicht am wenigsten.

Kann das alles wirklich von diesem ersten integrierten Mann der Menschengeschichte gesagt werden? Wir bereiten unsere konkreten Antworten wohl am besten so vor, daß wir zunächst den zeitgeschichtlichen Anima-Hintergrund aufweisen – wenn wir dieses Wort einmal wagen wollen –, von dem sich dann der Mann Jesus um so unmißverständlicher abhebt.

Die Frau im zeitgenössischen Judentum

Die Umwelt, auf deren Hintergrund Jesus zu sehen ist, ist ein ausgesprochenes Patriarchat, ein hartes und starres Patriarchat, einzelne mildere Züge fehlen ihm nicht, aber allzu oft ist es ein grausames und unbarmherziges Patriarchat.

Damit ist im Grunde, psychologisch gesehen, eigentlich schon alles gesagt, und wir brauchten nur auf das zu verweisen, was zuvor bereits über das Schicksal des Jesusbildes im Bewußtseinspatriarchat ausgeführt ist.

Unzählige Male habe ich mit führenden Hindus Probleme der Frauenfrage diskutiert, und sie haben beredt versichert, daß gerade im Hinduismus die Frau eine so hohe Stellung einnehme wie in keiner anderen Religion. In Wahrheit haben die Hindus viele Jahrhunderte, namentlich seit der Gesetzgebung des Manu, ihre jungen Witwen lebendig auf dem Scheiterhaufen verbrannt und die Frau mehr unterdrückt und rechtlos gemacht als den am geringsten bezahlten Kuli, der doch wenigstens weglaufen kann. Ich habe dieselben Fragen mit führenden Mohammedanern diskutiert, drüben wie hier, und sie haben mich versichert, daß es gerade der Islam sei, der der Frau seit je eine Höchststellung zuerkannt habe. Was geschichtliche Forschung Gegenteiliges zu berichten hat, ist zu bekannt, als daß es referiert werden müßte. Noch heute sind die ausgesprochenen Islam-Städte reine Männer-Städte, man sieht nur Männer auf den Straßen. Und die Frauen müssen heute noch, von einer ganz kleinen modernen Oberschicht abgesehen, in einem völlig entstellenden, ihre ganze Gestalt einschließlich Gesicht bedekkenden sackartigem Gewand herumlaufen, «natürlich» zu ihrem eigenen Schutz. So könnte ich mit Tatsachenschilderungen fortfahren, aus moderner Literatur diese aber genauso belegen. Kurz, es gibt keine Religion, die gerade der Frau nicht jederzeit eine ganz besondere Ehrenstellung eingeräumt hätte, – das heißt der apologetischen Tendenz nach.

Was nun die damalige Umwelt, die Umwelt Jesu anlangt, so handelt es sich um ein jüdisches Patriarchat, in dem das Weibliche nicht nur gering geachtet war[1], in dem also eine ausgesprochene Animosität allem Weiblichen gegenüber herrschte. Es handelt sich sogar um ein extremes Patriarchat, in dem die Animosität dem weiblichen Element gegenüber geradezu zum Gesetz der Gesellschaft erhoben war. Es waren die Männer, die Gott jeden Tag im Gebet dafür dankten, daß er sie nicht als Nichtisraeliten oder Unwissende, vor allem aber «nicht als Weib geschaffen habe»[2]. Sie, die Männer, hatten ja auch am meisten Grund zu solchem Dank, sie wußten nur zu gut, warum sie ihn aussprachen und ständig wiederholten.

Natürlich ist bei der folgenden Skizze auch zu bedenken, worauf Clarence J. Vos in seiner umfassenden Arbeit zum einschlägigen Problem billigerweise aufmerksam macht: «Nur wer den intensiv androzentrischen Charakter der antiken Welt überhaupt sieht, kann den Platz und die Rolle gerecht einschätzen, die der Frau im Alten Testament im allgemeinen und im Gottesdienst speziell gegeben werden», aber bei allem Wohlwollen, das bei Clarence J. Vos vielleicht manchmal strapaziert ist, das Beherrschende bleibt: «Die alttestamentliche Welt ist eine Welt, die den Mann als Zentrum hat.»[3]

Zwar fehlt es auch nicht an freundlichen Zügen, wie hervorgehoben sei. Symbolisch dafür ist etwa jene Erzählung von dem Ehemann, der seine Frau wegschicken will und ihr darum befiehlt und zugleich erlaubt: «Jede Wertsache, die ich in meinem Hause habe, die nimm und geh in deines Vaters Haus.» Aber sie vermag ihn zu einem Abschiedsfest zu überreden, bei dieser Gelegenheit macht sie ihn trunken, um ihn in ihres Vaters Haus schaffen zu lassen. Dort aus seinem Rausch erwachend, muß er erkennen, daß er selbst ihr immer noch am meisten wert ist, und alles wendet sich zum Guten. Ein tugendsames Weib gilt als «des Mannes Krone», aber eben des

Mannes, und selbst eine alte Frau im Hause ist noch «ein Schatz», während ein Greis nur noch ein Querulant sei[4]. Oder man denke an die Selbständigkeit und Initiative, mit der manche Frauen der Erzväter geschildert werden. Die Funktionen speziell, die die Frau kultisch auszuüben befugt war, hat neuerdings Clarence J. Vos in seiner Arbeit über die Frau im alttestamentlichen Gottesdienst zusammengestellt, dabei das Patriarchat im ganzen doch ein wenig zu sehr herausstreichend. Aber ob die Stellung der Frau in diesem oder jenem Patriarchat ein wenig günstiger oder schlechter zu stehen kommt, ist ja nur historisch interessant. Grundsätzlich, von der Entwicklung des menschlichen Bewußtseins her gesehen, ist gerade das psychologische Schicksal von Belang, das der Mann im Patriarchat erleidet.

Wenn aber Jesus das Schicksal geteilt hätte, das in ebenso typischer wie spezieller Weise das jüdische Patriarchat der Zeit jedem Manne bereitete, dann wäre heute von Jesus nicht weiter zu reden, dann wäre er, schon von hier aus gesehen, keine Figur von Belang mehr. Denn dieses Schicksal, das sein Milieu ihm nur bereiten konnte, bedeutet zum Gesetz erhobene und zum Charakter gewordene Animosität gegen das Weibliche. Und es wäre reiner Anachronismus, von einem Patriarchen dieser Ordnung in den Problemen heute irgendeine Führung zu erwarten.

Schon die Geburt eines weiblichen Kindes ist kein Anlaß zur Freude. «Wehe dem, dessen Kinder weiblich sind.» Die Frau ist natürlich dem Manne «unterworfen» und hat zum Zeichen dessen zB die Pflicht, ihm die Füße zu waschen, auch wenn sie vier oder noch mehr Sklavinnen in die Ehe gebracht hat. Sie ist ein Wesen niederer Art, wie vor allem im sexuellen und religiösen Bereich deutlich wird. Schon «die Stimme an einer Frau ist etwas Unzüchtiges». Für eine Mahlzeit gibt sie sich hin, beim dritten Becher Wein fordert sie bereits zur Unzucht auf, beim vierten bietet sie sich jedem Esel auf der Straße dar. Und wenn es auch den an Israel ergangenen Verheißungen entspricht, daß dieses Volk sich mehre «wie Sand am Meer», die Berührung mit der Frau, der Beischlaf speziell, bleibt etwas Unreines[5].

Daß mit dieser sexuellen Verfemung die menschliche und moralische einhergeht, verwundert nicht mehr. Die Frau ist «genäschig, horchsüchtig, träge und eifersüchtig», sie ist «unzuverlässig» und «lügt», und darum darf sie kein öffentliches Zeugnis ablegen. Man soll sie meiden, wo man kann, nicht nur auf der Straße, überhaupt nicht unnötig mit ihr reden. Man soll ihr «überhaupt keinen Gruß entbieten», auch der eigene Mann nicht. Auch mit der Tochter darf man nicht in einer Herberge übernachten, wegen des Geredes der Leute. Selbst zufällig soll man nicht auf öffentlichem Wege hinter einer Frau einhergehen, man soll sich nicht von ihr bedienen lassen. Ihre «Dreistigkeit und Leichtfertigkeit», sie selbst ist ständig zu fürchten. Denn «die tugendsamste unter den Weibern ist eine Zauberin». «Viel Weiber, viel Zauber.»[6]

Religiös hat die Frau natürlich ebenso eine inferiore Stellung. Mit Kindern und Sklaven wird sie vielfach in eine Kategorie zusammengeworfen, denn diesen allen ist gemeinsam: Sie haben einen irdischen Herrn, dessen Dienst sie so voll beansprucht, daß für den himmlischen Herrn keine Zeit mehr bleibt, wie es heißt. Zur religiösen Unterweisung der Töchter besteht darum auch keine Verpflichtung. Trotz aller Milderungen im einzelnen, es bleibt dabei: Von den Männern steigt das Lob zur Ehre Gottes auf. Und Eiferer unter den Lehrern schließen die Frau so fanatisch aus jeder Tora-Nähe aus, daß es heißen kann: «Mögen die Worte der Tora verbrannt werden, aber man soll sie nicht den Weibern ausliefern.»[7]

Und das alles müssen wir uns in einer patriarchalischen Gesellschaft vorstellen, die wir aus Liebe zum Alten Testament keineswegs idealisieren dürfen, der vielmehr, milde gesagt, nichts Menschliches fern ist. Und dafür haben wir unter vielen inner- und außerjüdischen Zeugen auch die aus den eigenen Reihen hervorgegangene große Autorität Paulus, den Schüler des berühmten Gamaliel. Seine Worte im 2. Kapitel des Römerbriefes dürfen doch nicht als abstrakt allgemeine Sündenpredigt mißverstanden werden, wir müssen doch ihre realistische Farbe wahrnehmen. «Wie steht es denn nun mit dir?» fragt er die Gesetzeslehrer, zu denen er einst selbst gehörte, die er also bestens kannte, so fragt er die Rechtswahrer, die Männer von Rang, die religiösen Führer, die Repräsentanten des Gotteswillens, die Vorbilder, die männlichen Haushaltsvorstände der sogenannten besseren Familien. Es ist schon ein haarsträubendes Gesellschaftsgemälde, das Paulus entwirft: «Du nennst dich Jude. Du verläßt dich darauf, daß du das Gesetz hast, und prahlst mit deinem besonderen Verhältnis zu Gott. Du kennst den Willen Gottes. Aus dem Gesetz hast du gelernt, das Richtige zu wählen. Du traust dir zu, die Blinden zu führen und die zu erleuchten, die im Dunkeln sind. Du gibst den Unvernünftigen Anweisungen und unterrichtest die jungen Leute. Mit dem Gesetz besitzt du alles Wissen und alle Wahrheit. Du unterrichtest also andere. Warum bringst du dir selbst nichts bei? Du verkündest: Du sollst nicht stehlen! Wie steht es damit bei dir? Du sagst: Du sollst deine Frau nicht betrügen! Warum begehst du dann Ehebruch? Du verachtest die Götzenbilder. Warum raubst du dann die Tempel aus? Du prahlst, Gottes Gesetz zu haben. Warum blamierst du Gott und verstößt gegen sein Gesetz? In der Schrift steht: ‹Wegen euch Juden sprechen die anderen Völker schlecht über den Namen Gottes›.»[8]

Nicht nur was diese Befragung der Gewissen ausspricht, ist von

Belang. Was zwischen den Zeilen zu lesen ist, ist vielleicht noch erhellender. Nichtjüdische Schriftsteller, die Römer und Feinde drükken sich natürlich noch viel unumwundener aus. So berichtet zB Tacitus in schwarzen Farben von der sexuellen Maßlosigkeit des zeitgenössischen Judentums und der damit sich verbindenden Degradierung der Frau. Bündig erklärt er: «Untereinander ist bei ihnen nichts unerlaubt.»[9]

Noch in der früheren Fassung der 10 Gebote wird die Frau dort im 10. Gebot mit Acker, Vieh und allem übrigen Besitz einfach zusammengefaßt[10], erst in der späteren Fassung gewinnt die Frau eine Sonderstellung. Zunächst ist sie Besitz.

Animosität gegen das Weibliche war geradezu zum Gesetz der Gesellschaft erhoben. Dieser Satz wird bald nicht mehr als Übertreibung erscheinen. Von Anima-Entwicklung war hier wirklich keine Rede. Diese Vergangenheit hat in einer zeitgeschichtlich hochinteressanten Beziehung noch heute psychologische Folgen. Der bedeutende Psychologe Bruno Bettelheim hat die moderne jüdische Kibbuzbewegung eingehend analysiert. Warum in den meisten Kibbuzim das gleichmacherische Bestehen auf gleiche Geltung, gleichen Einsatz, gleiche Arbeitsleistung, ob Mann ob Frau? Dies hat Bettelheim unter anderem in seinen detaillierten Untersuchungen als einer, der es wissen muß, nämlich als ein Betroffener gefragt.

Er kommt zu der Antwort, daß diese Kibbuz-Psychologie nur aus der Stellung zu erklären ist, die die Frau im Judentum in der Vergangenheit zu erleiden hatte: «Ich habe ein Gefühl, das ich schwer in Worte kleiden kann: Kaum eine Religion hat das Frauentum so stark abgelehnt wie die jüdische, die in der Weiblichkeit einen Fluch sah, die die Frau an den Orten der Anbetung in den Hintergrund drängte, die ihr sogar verbot, im Ehestand ‹eigenes› Haar zu tragen, und verlangte, sie müsse es vor der Eheschließung abrasieren». Dawider erfolgt nach Bettelheims Meinung in der Kibbuzbewegung die seit Jahrhunderten aufgestaute Reaktion. «So ist die Kibbuzbewegung eine spezifisch jüdische Revolte gegen die Degradierung der Frau. Es waren daher vor allem die Frauen und nicht die Männer, die darauf bestanden, daß das Gebären und Aufziehen der Kinder die absolute Gleichheit der Geschlechter nicht stören dürfe. Der oben zitierte Satz vom ‹bedauerlichen körperlichen Unterschied›[11] kann nur im Zusammenhang mit der Bibel», das heißt dem Alten Testament, «die die Frau als Frau (!) verdammte, richtig verstanden werden»[12].

Das ist der jeder Anima-Entwicklung bare Hintergrund, für Jahrhunderte regressiv wirkend und die Entwicklung hindernd, auf dem Jesus zu sehen ist.

Jesus, der nicht-animose Mann

Jesus ist der «seltsame Mann», so hat man ihn genannt, der sich von seinem geschichtlichen Hintergrund völlig abhebt. Er ist total distanziert, jedenfalls im Wesentlichen. Und wenn die Rabbinistik noch so viele Worte anführen mag, die so auch von anderen gesprochen worden seien, und tatsächlich gesprochen sein mögen, im Entscheidenden ist jener zeitgeschichtliche Hintergrund nicht der seine. Das haben auch protestantische Forscher oft nicht genügend herausgearbeitet[1]. Jesus versteht man auch nicht aus der bloßen Antithese zu seiner Umwelt. Das «Seltsame» ist etwas Grundindividuelles.

Im Neuen Testament wird darum oft von der Verlegenheit berichtet, wie man diesen Jesus überhaupt einordnen soll. Einzelnen wie Gruppen fehlen die Kategorien, um den Eindruck von ihm in gewohnter Weise einzufangen. Ist einer der alten großen Propheten in ihm wiedererstanden? Ist er der erwartete Messias, oder wer denn? «Als Jesus zu Ende geredet hatte, waren alle über seine Lehre erstaunt, er hatte etwas zu sagen, er lehrte ganz anders als die Gesetzeslehrer.»[2] Dieser Eindruck, nicht nur daß er etwas belangvoll Neues zu sagen hatte, daß vor allem alles «ganz anders» war, ist beherrschend im Neuen Testament. Dieser Eindruck gehört zum Stil des Kerygma, er ist identisch mit der Botschaft. Immer wieder «wundert» und «verwundert» man sich, man «staunt», ja man «entsetzt sich». Der Bericht von solchen Reaktionen gehört zum historisch Gesichertsten. Zugleich sind diese Berichte psychologisch nur zu verständlich. Denn dem Menschen, der sich solcher Urphänomenalität konfrontiert sieht, fehlen die Assoziationen und Amplifikationen, die in und an dieser Person sich darbietende Erfahrung in den zuhandenen geistigen Begriffskosmos einzufügen. Die Jesus Konfrontierten geraten darum in existentielle Verwirrung, in existentielle Angst, sie fühlen sich zunächst ins Bodenlose, ins völlig Neue hinausgehoben.

Worin besteht dieses «ganz andere», wie kann es mit Namen benannt werden? Sicherlich hat es viele Aspekte, und wir behaupten keineswegs, um es nochmals zu betonen, daß der von uns namhaft gemachte der einzige Aspekt sei oder daß er alle anderen einschließe. Wir behaupten aber, daß es der zentrale Aspekt zum Verständnis der Person Jesu ist, der darum unerläßlich ist, dieser nämlich: Jesus ist der erste Mann, der die Androzentrik der antiken Welt durchbrochen hat. Die Despotie der nur-männlichen Werte ist abgesetzt. Jesus ist der erste, der die Solidarität der Männer gesprengt hat, das heißt der nicht-integrierten Männer, ihre anti-feminine oder animose Haltung. In Jesus steht der erste nicht-animose Mann vor uns.

Bei Herbert Braun finden sich die für unser Thema interessanten Sätze: «Die jüdischen Texte sind voll von einer deutlichen Animosität gegen die Frau.» «Diese Animosität fehlt der synoptischen Jesustradition völlig.»[3] Auch wenn das Wort animos hier wohl nicht als terminus technicus der Tiefenpsychologie gebraucht ist, sondern in einem allgemeineren Sinne, sind die zitierten Sätze nicht weniger bedeutend. Mehr oder weniger präzise formulierte Beobachtungen darüber, daß Jesus den Entrechteten, den Armen, den Zöllnern und Sündern, den Frauen und Kindern sein warmes Interesse gezeigt habe, finden sich natürlich bei allen neutestamentlichen Forschern der älteren wie der neueren Zeit. Aber das bedeutet nicht allzuviel, denn die prinzipielle Bedeutung gerade der Stellungnahme der Frau gegenüber ist für das Gesamtverständnis Jesu nicht erkannt. Gerade dieser Gesichtspunkt gleitet zu schnell ins Erbauliche oder Sentimentale ab. Ethelbert Stauffer, was immer man im übrigen an seiner ihm so oft nachgesagten unkritischen Verwendung der Quellen auszusetzen haben mag, hat das unstreitige Verdienst, es zum ersten Male ausgesprochen zu haben, daß Jesu Stellung zur Frau für die Christologie überhaupt von prinzipieller Bedeutung ist. Relevant ist «die grundsätzliche Stellung Jesu von Nazareth zu den Frauen»[4], sie hat Grundsätzliches über Jesus selbst auszusagen.

Denn tatsächlich, von wem unter den Großen der Tradition könnte ähnliches ausgesagt werden? Ein gelegentliches mitleidiges, tröstendes, freundliches Wort darf uns freilich über die grundsätzlichen Sachverhalte nicht täuschen. Wollen wir auf Plato oder Aristoteles weisen? Wir werden es schnell unterlassen, denn in schroffer Weise teilen gerade sie die antike Androzentrik. Denken wir an die Religionsstifter, so hat der «milde Buddha» grundsätzlich mönchisch gedacht und, seitdem er Frauen zum Orden zugelassen hatte, gemeint, seine Bewegung werde einige Jahrhunderte früher zugrunde gehen. Er hatte dieses Zugeständnis unfreiwillig gemacht. Buddha in Fragen der Integration über Jesus stellen zu wollen, wie es sogar von tiefenpsychologischer Seite geschieht, verrät also nur Tendenz wie Unkenntnis der religionsgeschichtlichen Fakten und Perspektiven. Was Mohammed anlangt, so könnte man ihn «den Freundlichen» nennen. Er war freundlich zu den Frauen, das ist die treffende Charakterisierung, und er besserte darum auch ihr Los in sozialer Hinsicht. Was sein Leben reich gemacht habe, so bekennt er, war neben wenigem anderen die «Frauenliebe». Aber von Werten höherer Persönlichkeitskultur kann auf seinem Gesamtstandard und im Rahmen seiner Polygamie noch kaum die Rede sein.

Auf wen sonst in den Jahrhunderten vor Jesus wollen wir weisen? Würden wir mit einer religionsgeschichtlichen Übersicht fortfahren, würden wir nur mehr und mehr bestätigt finden, daß gerade die Religionen Hochburgen der Androzentrik waren. Jesus ist der erste Mann, der keinerlei Animosität dem Weiblichen gegenüber zeigt, das «ist» ein Phänomen.

Um es, speziell für den Nicht-Psychologen, noch einmal deutlich zu sagen: Animos, was heißt das? Es bedeutet alles das an Verhalten, was vom Bewußtseinspatriarchat zuvor geschildert wurde. Der Abgespaltenheit der Anima im eigenen Inneren entspricht nach außen hin eine insgesamt antifeminine Einstellung, die Abwertung des Weiblichen zum Nur-Weiblichen, die Herabsetzung aller weiblichen Werte bis hin zur Dämonisierung, wie wir sahen. Wenn der Mann seine Anima innerpsychisch nicht zum Bundesgenossen gemacht hat, befehdet er in der Realität die Frau als Feind, entrechtend und dominierend, brutal oder sublim. Der Mann, der seinen gegengeschlechtlichen Seelenanteil nicht integriert hat, wird selbst unbewußt von diesem regiert, eben darum verhält er sich faktisch, trotz aller betont männlichen Fassade, wie ein primitives Weib, nämlich launisch, empfindlich, nervös, gereizt, unkontrolliert, oft in Wut und Ärger und allen möglichen Affekten sich ausschäumend. Jeder Sachlichkeit der Frau gegenüber ist er bar, denn sie ist ja der ganz spezielle Träger seines projizierten Schattens, folglich irritiert ihn alles an ihr. Speziell das Denken dieses Mannes, egozentrisch im Prinzip, ist von keinem weiblichen Gefühlsmoment befruchtet, darum ist es nur-intellektualistisch, formal, lebensfern, grundsatzverhaftet, schließlich ideologiebesessen. Es macht das Leben zur Formel, den Menschen zur Ziffer, die Welt zum Mechanismus. Es ist gefühlsarm, gefühlsverletzend und entsprechend wertblind. Ein solcher Mann ist und wird das alles um so mehr, wenn er sich von der Frau in Frage gestellt, kritisiert oder gar dominiert glaubt. Dann wird der psychisch frigide Mann, wie man heute ebenfalls sagt, so, wie es geschildert wurde, er wird «animos».

Nun, Jesu engere und weitere Umwelt war androzentrisch oder patriarchalisch ausgerichtet, sie war animos. Jesus ist es nicht, Jesus ist die große Ausnahme, die unverwechselbare könnten wir im Rückgriff auf vorher Gesagtes hinzusetzen. Jesus begegnet der Frau mit spontaner Selbstverständlichkeit, ohne Ressentiment, vielmehr mit einer partnerschaftlichen Sachlichkeit. Diese spontane Selbstverständlichkeit ist das diametrale Gegenteil zu Animosität. Nicht zuletzt dieser Haltung wegen wird er verfolgt, sie wird ihm zum Schicksal.

Wie sachlich Jesus den Frauen begegnete, wird besonders daran deutlich, und das ist sehr erhellend, daß Frauen sogar zu seinem Jüngerkreis gehörten. Denn dieser Jüngerkreis beschränkt sich ja nicht auf die zwölf Männer, an die allein man zumeist denkt. Nicht nur zum weiteren oder losen Jüngerkreis gehörten Frauen, sondern auch zu den ständigen Begleitern. Das freilich entgeht auch modernen Forschern oft genug. Aber selbst der jüdische Forscher muß anerkennen: Die dienende Frau in der Nähe eines Schriftgelehrten gebe es gelegentlich, aber «die Jüngerin, die nur den Worten des Meisters lauscht, ist ungewöhnlich»[5], und selbstverständlich würde kein Rabbi, der auf seinen Namen hielt, sich mit einer Schar solcher Jüngerinnen umgeben haben.

Bei Jesus herrscht auch darin eine andere Wertordnung. Bei Lukas, dem Arzt, der sich ja besonders um «Quellen» bemüht hat, wie wir im Eingang der Apostelgeschichte selbst von ihm hören, findet sich die Notiz: «Es folgten aber die Frauen nach, die mit ihm aus Galiläa gekommen waren.»[6] Hier handelt es sich offenbar nicht um eine örtliche schaulustige Menge, sondern um Frauen, die lange oder länger mit Jesus gewandert waren, die also zum ständigen Kreis gehörten. Unter dem Kreuz stehen wiederum «die Frauen, die ihm aus Galiläa nachgefolgt waren»[7]. «Und es waren auch Frauen da», «die ihm nachgefolgt waren»[8], oder die ihm gedient hatten, heißt es anderen Ortes. So war Jesu Jüngerkreis ein gemischter: «Die zwölf Schüler waren dabei, außerdem einige Frauen.»[9] Entsprechende Notizen finden sich in allen Evangelien.

Sechs Jüngerinnen kennen wir namentlich, das sind, um mit der «vornehmsten» zu beginnen, Johanna, die Frau eines gewissen Chusa, der Regierungsbeamter des Herodes Antipas war. Sodann Susanna, der hebräische Name heißt Lilie, und so ist gewiß, daß sie Jüdin war. Wir erfahren auch, daß Jesus sie geheilt hat, sonst aber nichts Näheres. Weiterhin ist Maria zu nennen, Frau des Kleopas, eines der beiden Männer, von denen in der Emmaus-Perikope die Rede ist. Bezeichnenderweise heißt es hier, Kleopas werden diese Worte in den Mund gelegt: «Jetzt haben uns ein paar Frauen, die zu uns gehören, ziemlich erschreckt»[10], nämlich durch die Berichte, die sie den Männern von den merkwürdigen Erlebnissen am Grabe Jesu brachten. Und so zeigt die Notiz, daß auch Kleopas, ebenso wie seine Frau, zu «den Unseren» gehörte, wie Luther übersetzt. Ferner ist zu nennen Maria, die Mutter des Jakobus und des Joses, und Salome, die Mutter zweier Jünger Jesu, nämlich des Jakobus und des Johannes, beide Fischer von Beruf. Als sechste schließlich ist Maria Magdalena aufzuführen, von der es heißt, daß Jesus «sieben Teufel» von ihr ausgetrieben habe, die zumeist mit der «großen Sünderin» gleichgesetzt wird, von der uns in jenem zuvor schon angezogenen Bericht über die Salbung Jesu im Hause eines Pharisäers erzählt wird. Damit haben wir die sechs namentlich genannten Jüngerinnen, die zum Wanderkreis gehören, wie die Berichte erkennen lassen.

Wenn wir im übrigen noch von «vielen anderen» hören, «die sie», nämlich Jesus und die Jünger, «mit dem, was sie besaßen, unterstützten»[11], so ist gewiß, daß noch eine ganze Reihe weiterer, namentlich nicht bekannter Frauen um Jesus waren, auch wenn sie ihn nicht ständig begleiteten. Die Wendung «viele andere»[12] kommt im übrigen oft vor.

Über den Jüngerkreis Jesu haben wir mithin unsere Vorstellungen gründlich zu revidieren. «Die Zwölfe», die geläufigen, sind Stilisierung, eine einem religionsgeschichtlichen Schema folgende Redaktion. Zwölf engere Jünger haben die meisten Propheten oder Religionsstifter, zB auch Buddha. Das Interessante ist, daß es sich um eine androzentrische Redaktion handelt. Natürlich waren sie alle Männer, die Tendenz ist die übliche, im Kollektiv herrschende, sie ist antifeminin. Niemand hat es sich zur besonderen Aufgabe gemacht, die Überlieferung von Jesus antifeminin umzuschreiben, natürlich nicht. Das war ja auch gar nicht nötig, denn die antifeminine oder animose Tendenz floß ganz von selbst ein. Sie beschränkt sich darum, weil ein ganzes großes Kollektiv hinter ihr stand, keineswegs nur auf die Zwölfer-Tradition. Sie liegt im gesamten Neuen Testament vor, in welcher Weise ist im je spezifischen Fall zu sehen. Diese animose Tendenz im Quellengut, ihr Anteil an der Gestaltung der geformten Überlieferung, ist in ihrer Bedeutung von der Forschung noch längst nicht genügend erkannt und berücksichtigt.

Daß es traditionsgeschichtlich so zugegangen ist, wird am Verhalten eben dieses Zwölferkreises selbst völlig deutlich, tragischerweise oder enttäuschenderweise, möchte man hinzusetzen. Diese zwölf männlichen Jünger vertreten tatsächlich das animos männliche Element, so gut sie nur können, trotz des Vorbildes Jesu. Sie sind «höchst erstaunt», Jesus in aller Öffentlichkeit im Gespräch mit einer Frau zu finden. Zwar wird ausdrücklich genug hinzugesetzt, daß keiner zu fragen wagte: «Was redest du mit ihr?», aber das heißt ja doch, sie unterdrücken eine beanstandende Frage, die sich nach den Standards dieses Kollektivs wohl nahe gelegt hätte[13]. Oder aber, die Jünger «werden ärgerlich» über eine Frau, die doch nur Gutes will, die Jesus denn auch gegen die Jünger ausdrücklich in Schutz nimmt[14]. Und wie typisch ist doch gerade dieses gereizte Ärgerlichwerden. In manchen Berichten sieht man die zurückscheuchenden Gesten der Jünger geradezu vor sich, die so deutlich meinen: Hinweg mit den Frauen, dann herrscht Ruhe! «Tu ihr doch den Willen», dringen sie in einem anderen Falle in Jesus, «damit sie uns nicht weiter belästigt.»[15] Ein geradezu klassisches Wort männlicher Animosität, durch die Jahrhunderte immer wieder gesprochen. Oder, die die Kinder zu Jesus bringen, sind doch offenbar auch Frauen, sie werden von den Jüngern «abgewiesen», «zurückgewiesen» oder «angefahren», wie Luther übersetzt. Und wiederum greift Jesus mit einem: Nein, gerade doch! ein[16].

Wir sehen, im eigenen engsten Jüngerkreis muß sich Jesus bezeichnenderweise gegen die Androzentrik des Männerkollektivs wehren, in dem die Frauen eigentlich nicht zählen, und er tut es. Der Überlieferung nach tut er es nachdrücklich und immer wieder, denn gerade in dieser Beziehung ackerte er steinigen Boden. Der Überlieferung nach, das meine ich tatsächlich, dabei ist mir natürlich bewußt, wie komplex dieses Problem ist. Es gilt als eine Faustregel der historisch kritischen Forschung, dasjenige Überlieferungsgut als jesuanisch anzusehen, das auf keinen Fall aus dem zeitgeschichtlichen Kontext, im weitesten Sinne genommen, erklärt oder abgeleitet werden kann. Traditionsgut solcher Art haben wir in den oben genannten Überlieferungen vor uns, ganz vornehmlich in diesen Zusammenhängen. Hier handelt es sich, gewiß nicht der Form, aber dem sachlichen Kern nach um urjesuanisches Traditionsgut. Denn was in eben diesen Zusammenhängen von Jesus gesagt, gefordert, getan und dargestellt wird, ist aus keinem geschichtlichen Kontext auch nur im geringsten ableitbar. Auch daß die Evangelisten, die das die Spannung animos-integriert betreffende jesuanische Traditionsgut überlieferten, die psychologisch sachliche Relevanz desselben selbst hinreichend ahnten, muß billigerweise in Frage gestellt werden. Sie sagten mehr, als sie verstanden. Auch dies beweist die unmittelbar folgende geschichtliche Entwicklung, die so sehr schnell ganz un-jesuanisch verlief, wie schon in den Anfangskapiteln skizziert.

Ist dieser die Stellung zur Frau betreffende methodisch kritische Gesichtspunkt erst einmal in Anschlag gebracht, hat er unerwartet weitreichende Folgen. Ich skizziere einige derselben beispielhaft, um damit die Bedeutung unserer thematischen Fragestellung zu unterstreichen. Ich weise zuerst auf den Auferstehungsbericht des Paulus in 1. Korinther 15, 1–8. Er zählt die Erscheinungen des Auferstandenen auf, die die Tradition festgehalten hat. Paulus tut das mit den termini technici des historischen Tradierens, er «gibt» oder gibt weiter, was er zuvor «empfangen» hat, und darum gilt dieser Bericht als historisch zuverlässiger Boden. Die Auferstehungsberichte der Evangelien berichten von Frauen als Zeugen oder Berichterstattern, allerdings mit dem bezeichnenden Zusatz, daß ihre Berichte den Männern dann vorkamen, «als wären es Märlein», als «dummes Geschwätz»[17]. Damit soll die überwältigende Unerhörtheit des Berichteten charakterisiert werden. Zugleich aber kann ein bestimmter Nebenton nicht überhört werden. Eben das war es ja, was man von Frauen erwartete: Märlein, törichtes Gerede und dummes Geschwätz. Dazu hörten wir zuvor milieubedingte Belege. Bei Paulus nun sind die Frauen völlig eliminiert. In dem geformten

Traditionsstück, das er 1. Korinther 15 wiedergibt, hat die antifeminine Tendenz voll und ganz gesiegt. Statt dessen stehen Kephas und der Zwölferkreis an der Spitze, der Fels der Kirche und der maßgebliche engste Jünger-Männerkreis, – und lauter Männer folgen. Die Tendenz ist geradezu rührend durchsichtig. Aber der 1. Korintherbrief steht zeitlich vor den Evangelien, lautet der eilige Einwand. Das besagt nicht alles! Es kommt unter anderem doch immer darauf an, aus welchen Kreisen der «jüngere» oder «ältere» Bericht stammt.

Ich weise weiter hin auf die Perikope von der Ehebrecherin, deren Jesus sich schützend annimmt, die für unser Thema offensichtlich von besonderer Bedeutung ist. «Wer unter euch noch nie gesündigt hat, der werfe den ersten Stein auf sie.»[18] Man erklärt sie zumeist für «unhistorisch», dafür spreche besonders auch die Tatsache, daß sie so spät in Evangelienhandschriften erscheint. Man würde vielleicht besser so argumentieren: Die lange Unterdrückungsgeschichte gerade dieser Perikope ist das stärkste Argument für sie. Denn die Unterdrückung dieser Geschichte ist ganz typisch für das Patriarchat. Wem kam dieser Bericht wohl gelegen? Wer diese Perikope einfach als unhistorisch erklären will, nimmt eine ziemlich unlösbare Schwierigkeit auf sich, die er nur darum nicht sieht, weil Tiefenpsychologie in exegetischen Untersuchungen keine Rolle spielt. Wenn nämlich diese Perikope ihrer Essenz nach – und darauf allein kommt es an, nicht auf die schließliche Fassung, so sehr diese literarhistorisch auch interessant sein mag – von einem oder mehreren anderen stammen soll, dann nimmt man damit anonyme Dichter an, die ihrer integrierten Gesamtentwicklung nach zumindest ebenso hoch gestanden haben müssen wie Jesus. Das würde eine waghalsige Annahme sein. Die in der Perikope berichtete Aktion, wie Jesus der verworfenen Sünderin einen neuen Stand als Mensch gibt, ist Anima-Aktion schlechthin, zumal in dieser Situation und in dem genugsam bekannten Kollektiv. Wo ist der Mann, wo sind die Männer, die einen solchen Bericht aus dem Handgelenk erdichten konnten, die dazu fähig gewesen wären? Im Jüngerkreis, im Judenchristentum, im Hellenismus, bei den Kirchenvätern? Öffentlich sind solche selten zu finden, aber anonym sollten sie zuhauf als Redaktoren der Jesusgeschichten herumgelaufen sein? Es ist doch eine völlige Verkennung der psychisch-spezifischen Ranghöhe der Perikope, sie für unecht zu erklären und so geschwind andere Verantwortliche zu finden. Für diese Anima-Aktion kann ich mir nur einen Handelnden denken, Jesus, und das halte ich gar nicht für ein waghalsiges Urteil.

Ich weise nur noch auf die Erzählung hin, die von Jesu Zusammentreffen und Gespräch mit einer Samariterin am Jakobsbrunnen berichtet. In dessen Verlauf fällt das große Wort vom «Anbeten im

Geist und in der Wahrheit»[19]. Es handelt sich hier «natürlich um legendarische Ausschmückung» der Jesusgeschichte, so hört man vielerorts. Nun, niemand wird diese hochstilisierte literarische Einheit, wie sie das Johannesevangelium im vierten Kapitel enthält, so auf Jesus zurückführen. Von legendarisch zu sprechen, halte ich aber gleichwohl für gänzlich unangebracht. Es sei denn, wir wollten insgesamt zu der alten «Fabel von Jesus» zurückkehren und die Berichte über Jesu Verhalten zur Frau im besonderen dazu rechnen. Nach dem gesamten Kontext, den die Jesusüberlieferung in dieser Hinsicht bietet, ist jener Bericht seinem Kern nach völlig Jesus-gemäß. Solche Gelegenheiten wie an jenem Brunnen wird es nicht nur einmal, sondern oft im Leben Jesu gegeben haben, wo er – aller zur Sitte erhobenen Animosität der Männer entgegen – mit Frauen öffentlich über Dinge von Belang sprach. Das werden wir uns, statt die Vokabel legendarisch zu verwenden, mit gutem Recht vorzustellen haben.

Denn überall wird es ja deutlich, Jesus begegnet der Frau mit spontaner Selbstverständlichkeit. Es gibt kein Wort, keine Geste, die sagen will: Natürlich, eine Frau, nur eine Frau! Nirgends gewahren wir die typische animose Herablassung des animosen Mannes, die sich heute in dem Ideal der sogenannten «Kindfrau» intensiv ausprägt. Dieser Umstand zeigt deutlich, wie es dem Manne nicht nur in grauer Vorzeit, sondern genauso in der Gegenwart schwer fällt, sich von der reifen Frau nicht in Frage gestellt zu fühlen. Auch jenes dominierende Moralisieren und Besserwissen begegnet uns nicht. Jener für animoses Verhalten weiterhin so typische laute oder leise, aber beständige Tadel wird nie vernommen, selbst der Frau gegenüber nicht, die fünf Männer gehabt hat und nun mit einem zusammenlebt, der nicht ihr legitimer Ehemann ist[20].

Jesu Gefühl, so zeigt sich in solchen Zusammenhängen, ist genug entwickelt, daß er nicht noch Salz in offene Wunden streut. Nie denkt er daran, Frauen im Affront zu begegnen, wie es von den Rabbinen der Zeit so vielfach und konkret berichtet wird. Er kommt nicht in Versuchung, Frauen als Frauen zurechtzuweisen oder sie in ihre angeblichen, von den Männern gezogenen Schranken zu verweisen. Im Gegenteil, statt Zurechtweisung kennt er nur anerkennende Worte, zB für die ihn mit einer reichen Gabe von Salböl ehrende Frau: «Warum belästigt ihr die Frau? Sie hat etwas sehr Gutes und Schönes für mich getan.»[21] Schlicht heißt es: «Frau, dein Glaube ist groß.»[22] Von seiner natürlichen Unbekümmertheit im Umgang mit Frauen legt auch sein Verkehr mit Martha und Maria Zeugnis ab, der als letzter Beleg hier angeführt werden mag. Oft ist Jesus bei ihnen zu Gast. Er geht also unbeschwert in die Häuser der Frauen, auch wenn sonst keine Männer anwesend sind, wie es das Ressentiment der Sitte unbedingt verlangt hätte.

Jesus, der nicht-animose Mann, ist von der Forschung erst noch zu entdecken. Gerade in dieser Hinsicht unterlaufen auch gegenwärtig die schwersten Fehlurteile[23]. Das Problem der Auseinandersetzung mit der Anima ist als «das» eigentliche psychische «Lebensproblem des Mannes» richtig beschrieben worden. Hätte Jesus an dieser zentralen Auseinandersetzung nicht teilgehabt, stände er außerhalb der Männerwelt von einst und jetzt, hätte er auch keine Bedeutung für die Männer von heute, alle Christologie bliebe Doketismus.

Tatsächlich aber hat Jesus das psychische Schicksal aller Männerwelt geteilt, und erst mit diesem «ganz Mann» hat das «ganz Mensch» Sinn und Bedeutung. Für uns ist das «nicht-animos» hervorragendstes Symptom seiner Anima-Integriertheit. Nur so ist er auch für die Frauenwelt aller gegenwärtigen und aller kommenden Generationen partnerschaftliches Vorbild.

Dieser Anima-Integriertheit mißt der bekannte französische Kulturphilosoph *Roger Garaudy* eine solch fundamentale Bedeutung bei, daß er ebendiese als den «letzten Ausweg» aus der die Menschheit bedrohenden Weltkatastrophe ansieht. Er stellt geradezu die beängstigende Prognose: «An den Männern liegt es, sich darüber klar zu werden, daß ohne eine ‹Feminisierung› der Gesellschaft die gesamte Menschheit mit buchstäblich überhaupt keiner Zukunft mehr zu rechnen hat.» Mit «Feminisierung» meint Garaudy nicht etwa, was zuvor unter diesem Titel kritisiert worden ist, sondern, wie der Zusammenhang seines Buches deutlich genug zeigt, nichts anderes, als was soeben Anima-Integriertheit genannt wurde. Und dieses Verständnis von Feminisierung deuten wir nicht etwa in Garaudy hinein, vielmehr, er selbst entwickelt solche Ideen gerade an der Gestalt Jesu.

Auch bei ihm ist zuerst und zuletzt das Verhalten Jesu zu den Frauen Prüfstein der Gesamthaltung. Diese Charakterkomponente ist für ihn so bedeutsam, daß er sogar sagen kann: «Beim Lesen des Evangeliums war es für mich immer erstaunlich, daß Jesus von Nararet keine Frau war, so sehr geben die von ihm offenbarten Werte dem Menschen seine ganze Fülle und entfalten auch seine weiblichen Dimensionen im radikalen Widerspruch zur exklusiv männlichen Ordnung seiner Zeit und aller Zeiten».

«Vierzig Jahrhunderte ununterbrochener Männerherrschaft von Mesopotamien bis Ägypten, im gesamten fruchtbaren Halbmond, im Kleinasien der Phönizier, in den patriarchalischen Stammesgesellschaften der Juden, in den griechischen Städten oder im römischen Reich sind mit ihm auf einmal relativiert, in die Nacht einer inhumanen Vorgeschichte verwiesen – im Namen der neuen Werte: der Liebe und des Dienens, der völligen Blöße, der Selbstlosigkeit, der bedingungslosen Ohnmacht, der Öffnung auf alle hin, des Verzeihens, das absolut auf den Menschen und auf seine Zukunft setzt.

Stellt man sich eine ‹Feminisierung› der Gesellschaft nicht als Ablehnung oder Leugnung jahrtausendealter männlicher Leistungen vor, sondern als den unerbittlichen Willen, die menschliche Gesellschaft mit der gesamten Menschheit und nicht nur mit der einen ihrer Komponenten zu bauen, die uns bisher um den Beitrag der anderen Hälfte gebracht hat, dann findet man vielleicht auch wieder zur ursprünglich christlichen Komponente zurück: nicht zu der einer patriarchalischen und frauenfeindlichen Kirche, sondern zu der des Jesus von Nazaret. Das ist keine bloße Hypothese» [24].

Jesus hat «bewußt» gelebt

Eine weitere tiefenpsychologische Folgerung lautet: Jesus hat «bewußt» gelebt. Was heißt das? Warum ist das so wichtig?

In seinem bedeutsamen Jesus-Buch sagt Kurt Niederwimmer: «Jesus hat ‹sich› überhaupt nicht ‹gewußt›. Er hat nicht über sich reflektiert.» Was immer bei Jesus geschieht, «das geschieht alles ohne ‹grundsätzliche› Erwägungen». Ja insgesamt sei für Jesus «die mangelnde Reflexion kennzeichnend» [1]. Sofern Niederwimmer einen Rationalismus abwehren will, der am liebsten annehmen möchte, daß Jesus selbst eine maßgebliche Christologie ausgebildet habe, sind seine Aussagen natürlich treffend. Indes, es wird ausgesagt, Jesus habe «sich überhaupt nicht gewußt». Ich meine jedoch, alle Beobachtungen gebieten, genau das Gegenteil auszusagen. Jesus hat «bewußt» gelebt, gewiß unmittelbar und spontan, wie Niederwimmer betont. Aber er lebt mit und in jener höheren Bewußtheit, die beides nicht aus-, sondern einschließt.

Das Gotteswort sollte lieber in Flammen aufgehen, als daß es den Frauen ausgeliefert würde. Eben dies tut Jesus, indem er mit Frauen die tiefsinnigsten Gespräche über den wahren Gottesdienst oder die rechte Anbetung im Geist und in der Wahrheit führt. Und nicht nur den Frauen gegenüber verhält er sich so wesentlich anders, als es in der Männerwelt seiner Zeit üblich war. Mit dem gesamten

Männerkollektiv steht er erst recht in keiner participation mystique, keiner naiv selbstverständlichen inneren Identifizierung. Ganz im Gegenteil. Und dies wird immer von neuem belegt. Ob wir sein souveränes «Ich aber sage euch» ansehen, seine Stellung zur Tora, zur Rechtspraxis der Zeit, speziell zu Scheidungsfragen, zu den von ihm überspielten sozialen Tabus, oder ob wir die neuen Werte erwägen, die in seinem Gottesverhältnis lebendig werden. Darum stößt er auf Schritt und Tritt auf unablässig gefühlten, scharfen Widerstand. Und folglich muß er seine Worte jeweils genau bedenken, was besonders die gezielten Reaktionen auf die Fangfragen seiner Gegner belegen. Er muß seine Worte wie seine gesamte Haltung ständig überprüfen, er muß sie in ihrer Eigenart, das heißt Unterschiedlichkeit zur Umgebung immerfort gegenwärtig halten. Er muß sich und seine Sache «reflektieren», wenn man auf dieses Wort besonderen Wert legt. Bei einem derart scharfen Bruch mit dem Selbstverständnis und den Selbstverständlichkeiten seiner Zeit und Umwelt, bei einer derart tief greifenden Ablehnung des zeitbedingten So-und-nicht-anders seines Kollektivs mußte Jesus in klar erfaßter geistiger Bewußtheit stehen. Mochte noch so unmittelbar in ihm aufleuchten, was er für unabdingbare oder ewige Wahrheit hielt, gerade die Distanzierung zur Umgebung machte Bewußtheit des eigenen Standpunktes absolut erforderlich. Eine andere Vorstellung ist unvollziehbar. In klar erfaßter geistiger Bewußtheit stehen, das heißt aber: «bewußt» existieren, im Unterschied zum unbewußten Regiertwerden vom persönlichen wie kollektiven Unbewußten.

Diese Bewußtmachung und Bewußtheit ist ja die eigentliche schöpferische Relation zwischen Bewußtem und Unbewußtem, das eigentliche Wesen der Integration oder Individuation, das hic et nunc des existentiellen Werdens des umfänglicheren Menschen, des homo totus. Die Anzeichen solcher Bewußtwerdung und Bewußtheit können wir im Neuen Testament deutlich beobachten.

Jesus selbst hat in verantwortlicher Bewußtheit gelebt. Und ebenso, Jesus fordert andere zu verantwortlicher geistiger Bewußtheit auf. Beides werden wir sogleich durch Belege untermauern. Zuvor jedoch ein erklärendes Wort zum Begriff der verantwortlichen geistigen Bewußtheit.

Selbstverantwortliche Bewußtheit ist das Gegenteil von Infantilität. Es gehört zur «Inertia» oder «geistigen Faulheit» des Alten Adam in uns, daß die Menschen gemeinhin selten genug echte verantwortliche Bewußtheit aufbringen. Aber es handelt sich hier um eine Persönlichkeitsleistung, die ein jeder aufzubringen hat. Verantwortliche Bewußtheit schultert wirklich die Verantwortung, die in sich steigerndem Maße auf den verschiedenen Lebensstufen unabdingbar gefordert ist. Das ist oft hart und schwer, jedoch nur diese

Haltung ist schöpferisch, indem sie dem Leben gerecht wird oder doch gerecht zu werden versucht.

Infantilität hingegen meint jene Haltung, die aus Schwäche, Verantwortungslosigkeit oder Energiemangel, so sagt man dann sich herausredend jedenfalls, gerade dieses verantwortliche Antworten auf die je größeren und umfänglicheren Verantwortlichkeiten scheut oder verweigert. Infantilität läßt sich lieber weiter von Vater und Mutter oder ihren Ersatzpersonen gängeln. Infantilität erwartet immer alles vom Leben, wie einst von Vater und Mutter, aber sie gibt dem Leben nichts. So entsteht, was «Vater- oder Mutterbindung» genannt wird, in jungen Jahren ganz natürlich. Zu lange Zeit festgehalten, werden solche Rückwärtsorientierungen destruktiv, sie lassen die Persönlichkeit verkümmern statt sie aufzuerbauen. Diese verweigerte Verantwortung auf Lebensstufen, auf denen eigenständige Verantwortlichkeit längst das Ruder bewußt ergriffen haben müßte, ist es, die den «infantilen Mann» oder die «infantile Frau» hervorbringt.

Die eigentliche Wurzel aller Neurosen, das ist unsere These, ist der Infantilismus, die Weigerung, voll erwachsen und damit voll verantwortlich zu werden. Dieser Prozeß kennt kein Ende, was Erscheinungs- und Krankheitsformen anlangt. Wir bilden schließlich infantile Gesellschafts- und Weltansichten, in denen primitivste Instinkte laut als die eigentlichen Dynamismen gefeiert werden, das ganze nichts als kollektive Neurosen widerspiegelnd. Wir formen zuletzt infantile Gottesanschauungen, die nichts vom Menschen an Verantwortung fordern, uns aber erlauben, uns wie ein Kleinkind von einem übermächtigen Vater liebend gegängelt zu denken. Enttäuscht wirft man alle weltanschauliche Orientierung über Bord, wenn jene keiner Realität standhalten, statt zu erkennen, daß es die eigenen Infantilismen sind, die uns ins Gesicht starren. Die These, die hier nur angedeutet werden kann, müßte breit ausgeführt werden: Die Wurzel aller seelischen Erkrankungen ist irgendwie verweigertes Erwachsenwerdenwollen oder Verantwortungsscheu, ist grober oder sublimer Infantilismus. Er hindert wirklich Personwerden.

Wenn also die Haltung Jesu die geistiger Bewußtheit ist, dann ist sie zugleich die Absage an alle Infantilismen, die man sich jedoch gemeinhin gerade in der Religion so gern bestätigen läßt. Jesu Haltung birgt keine beschwichtigenden Quietive, keine einlullenden Sentimentalismen, keine entspannenden Uneigentlichkeiten. Es ist die Haltung des verantwortlichen Erwachsenwerdens in geistiger Bewußtheit. Wenn Vítězslav Gardavský den «homininen Anruf» schlechthin bei Jesus entdeckte, so hat er damit mehr noch als er ahnt Recht.

Aber stimmt das alles, nimmt Jesus tatsächlich diese Haltung verantwortlicher Bewußtheit ein, die aller Infantilismen bar ist? Als Schriftbeleg führen wir am besten jene Szene an, die schildert, wie Mutter und Bruder vor dem Hause stehen und Botschaft hineinschicken «und ihn rufen ließen», offenbar um ihn zur Rückkehr in den Familienkreis zu bewegen. Denn dieser Bericht trifft einmal den Kern des psychologischen Problems präzise, zum anderen wird er von wohl allen Forschern als historisch fundiert angesehen, so daß es sich also um eine wirkliche Episode aus dem Leben Jesu handelt[2]. Offenbar verstehen die Angehörigen ihn nicht, offenbar billigen sie seine Wege und Unternehmungen nicht. Sie meinen darum, es müsse etwas geschehen, ehe die Familie noch mehr ins Gerede kommt, oder noch Schlimmeres sich ereignet. Jesus jedoch «antwortete: Wer ist meine Mutter, und wer sind meine Brüder? Er sah auf die Leute um sich herum und erklärte: Hier sind meine Mutter und meine Brüder. Denn wer tut, was Gott will, der ist mein Bruder, meine Schwester und meine Mutter.»[3] Dies ist die klare Absage an das Familienkollektiv. Man muß seine ‹wahren Verwandten› kennen. Nicht wo man steht, zählt schon, vielmehr, wohin man sich selber stellt, das ist es, was zählt. Die klare Selbstentscheidung in kritischer Bewußtheit ist gefordert. Und so mag diese sachlich wie historisch so bedeutsame Episode für viele andere Belege stehen.

Die Absage an jede Form der kollektiv gebundenen Unbewußtheit, die Jesus selbst so eindeutig zu vollziehen hatte, gilt aber zugleich, wie schon angedeutet, als Forderung für alle: «Wenn jemand zu mir kommt, um mein Schüler zu sein, muß er Vater und Mutter hassen, seine Frau und die Kinder, seine Brüder und seine Schwestern, sogar sein eigenes Leben muß er hassen.»[4] «Hassen» meint hier nicht, was die Vokabel in unserer Sprache beinhaltet. Und «sein eigenes Leben» oder «sich selbst» hassen, meint nicht Haß gegen das eigene höhere «Selbst», wie man unterstellt hat. Das verbietet schon der griechische Grundtext. Vielmehr heißt es im Psalm: «Alle falschen Wege hasse ich.»[5] Jede Form von naiver Hingegebenheit an das Nahe und Vertraute kann aber zu diesem «falschen Weg» werden, so will Jesus in höchst pointierter Weise sagen. Das Nahe und Vertraute hat es nämlich vorzugsweise an sich, zum falschen oder abzulehnenden Weg zu werden, denn sie halten fest und entlassen nicht in die Freiheit. Zu diesem problematischen Nahen und Vertrauten gehört auch das naive anfängliche Verhältnis «zum eigenen Leben» oder «zu sich selbst». Nur durch Infragestellung der naiven Selbstbejahung geht der Weg zur Wahrheit eines tieferen wesenhaften Selbstseins. Alles um uns wie in uns ist oder wird der falsche Weg, wenn es davon abhält, zu erfahren und zu wissen, was Reifwerden und Verantwortung ist, was geistige Wachheit und kritische Bewußtheit, was Entscheidung und Selbständigkeit, jenseits von allem infantilen Anhaften, wirklich heißt und bedeutet.

Zu diesem verantwortlichen Bedenken wird mit immer neuen Wendungen aufgerufen. So, wenn etwa gefragt wird, ob man tatsächlich Jesu «Kreuz auf sich nehmen», seinen «Kelch trinken» und wirklich konsequent «bis zum Ende» durchhalten wolle. Nüchterne und vernünftige Überlegung gilt es anzustellen, denn «wer ein Haus bauen will, setzt sich doch auch erst hin und rechnet die Kosten aus», die halbfertigen Bauwerke lassen den verunglückten Bauherrn so lächerlich erscheinen[6]. Und der König, «der dem Feind entgegentreten will, wird sich auch erst überlegen, ob er mit zehntausend Mann stark genug ist»[7]. Vor allem aber soll man sich über eins ganz klar werden, ob man Jesu Weg auch wirklich «gehen» und seinen oder Gottes Willen tatsächlich «tun» will, statt ihn nur zu bedenken, zu diskutieren und in Fetzen zu zerreden. Und an dieser letzten Warnung scheitern noch einmal Kirchen und ganze Jahrhunderte, Grübler und Schwärmer, Beflissene wie Heuchler, naive Gläubige wie tiefenpsychologisch gebildete Fromme. Auf jeden Fall, Jesus will nicht den «Dummkopf» der alles, was er hat, und alles, was er ist, doch nur unbedacht «auf Sand» baut. Jesus will vielmehr den «Vernünftigen», der sich also bewußt und kritisch nüchtern auf das Fundament stellt, das trägt und steht wie felsiger Urgrund[8].

Jesus will also, daß das verantwortliche Bewußtsein hellwach sei. Er besteht auf dem ‹vernünftigen Kostenanschlag›. Was immer Wunderbares und Irrationales sich durch ihn und um ihn vollzieht, Jesus steht als ein grundsätzlich sehr nüchterner Mann vor uns, wie ein kritisch besonnener Therapeut gleichsam. Denn dies ist ja das spezifische Geschäft des Therapeuten: Jedes aus dem Unbewußten aufsteigende Element ist assoziierend und amplifizierend auf das Bewußtsein des kritischen Ich zu beziehen. Gewiß enthält das Unbewußte die Fülle der Inhalte, die nie aufsteigen, die also nie als psychische Inhalte bewußt werden und darum für immer völlig unbewußt bleiben. Jedoch, wenn die Entwicklung dahin führt, daß sie vom Ich als psychische Inhalte empfunden oder erfahren werden, dann müssen sie auf das Bewußtsein bezogen werden, denn nur so werden sie kritisch integriert. Das Bewußtsein ist darum geradezu «die Funktion oder Tätigkeit, welche die Beziehung psychischer Inhalte zum Ich unterhält»[9]. Jesus mahnt schlichter «Seid wachsam!», womit, als theologische Reminiszenz sei es gesagt, keineswegs nur eschatologische Bereitschaft gemeint ist, sondern definitiv ebenso die kritisch bewußte Verantwortlichkeit, die im Blick auf den einzelnen vom einzelnen um seiner selbst willen grundsätzlich gefordert ist. Mit diesem Ruf ist bei Jesus Desintegration abgewehrt und Integration ermöglicht.

Dieser unüberhörbare Ruf Jesu zur wachen geistigen Bewußtheit, der in theologischen Darstellungen so schnell in alle möglichen

Philosopheme der «absoluten Entscheidung» oder des «existentiellen Anspruchs» vertheoretisiert wird, gehört zu bewußter Existenz gewiß hinzu. Aber, der tiefenpsychologische Vollsinn von Bewußtheit ist damit noch nicht erschöpft, ja eigentlich noch nicht einmal berührt. Und, so darf ebenso gesagt werden, auch Jesus hat in einem noch viel zentraleren und eigentlicheren Sinne «bewußt» existiert.

An dieser Stelle ist nicht die gesamte Philosophie bewußter Integration zu entfalten, aber im Sinne einer zweckmäßigen Beschränkung sollten wenigstens drei Sätze ausgesprochen werden, nämlich: Wer bewußt lebt, vermag andere bewußt zu machen. Sodann, wer selbst bewußt lebt, vermag andere auf die Wahrheit ihres Menschseins hin anzusprechen. Und schließlich, wer bewußt lebt, wird für andere zum Instrument tiefgreifender schöpferischer Wandlung.

Wer selbst bewußt lebt, so lautete unser erster Satz, kann andere bewußt machen. Von der Psychotherapie her ist der Grundverhalt bekannt, daß der konkrete Kontakt oder das lebendige Gegenüber das Unbewußte des Analysanden aktiviert. Es ist dieses im Kontakt aktivierende Gegenüber, das durch kein theoretisches Studium von Fachliteratur zu ersetzen ist. Und warum ist das so? Weil größere Bewußtheit allein, in diesem Falle des Analytikers, umfänglichere Bewußtheit im Analysanden erwecken kann, wie eine Flamme sich nur an der anderen entzündet. Tritt dieses elementare Ereignis in der analytischen Begegnung ein, so ist die Gesamtsituation für den Analysanden mit einem Schlage völlig verändert, neue Möglichkeiten brechen auf, die alten Probleme erscheinen verändert, die Selbsterfahrung wie Eigendynamik sind erheblich intensiviert. Der Kontakt mit dem bewußt Existierenden kann urplötzlich positive Wandlung zur Folge haben.

Von C. G. Jung werden jene oft nur eine einzige Stunde währenden Schnellanalysen berichtet, die genügten, um eine unverhoffte Wende herbeizuführen. Es war auch Jung, der zuerst darauf bestand, daß jeder Analytiker selbst gründlich analysiert sein müsse, andernfalls er von jener größeren Bewußtheit, auf die alles ankommt, wie der Blinde von der Farbe reden würde. Und darum lautet sein entscheidender Grundsatz: Der Analytiker «hat» nicht eine Methode, sondern er «ist» seine Methode. Denn nur wer bewußt ist, kann andere bewußt machen. Jedes Leben, das nur aus dem Bewußtsein des Ich gelebt wird, macht einen dumpfen Eindruck, wie sein Intellekt auch brillieren mag. Erst wenn dahinter die größere Bewußtheit aufleuchtet, wirkt solch ein Leben hell, durchleuchtet oder transparent, oder auch eigentlich lebendig, schöpferisch und spontan produktiv. Dazu kann man nicht überreden, dazu aber kann geführt werden.

Daß diese analytische Grundsituation unmittelbar zu einem Verständnis der Atmosphäre um Jesus verhilft, zumindest in einem hinführenden Sinne, ist nur zu greifbar. Ist doch diese Atmosphäre erfüllt von bewußt machenden Impulsen! Hier geschieht etwas in der Begegnung, in der Kontaktaufnahme, oft nur im Anschauen und Hinblicken. Daß es keine sozusagen neutrale Beziehung auf Abstand hin mit diesem Manne Jesus gibt, das ist ja jenes «Entsetzen»- und «Staunen»-Machende, von dem schon die Rede war. Günther Bornkamm empfiehlt, daß man diese derart Wandlung schaffenden Züge einmal zusammenstellen sollte, um genauer nach ihrer Bedeutung zu fragen, denn «hier geht es um einen sehr charakteristischen Zug der geschichtlichen Gestalt Jesu». Gewiß, aber um welchen denn? Bornkamm betont auch: «Immer wieder steht Jesu Verhalten und Weg in schärfstem Kontrast zu dem, was die Menschen von ihm erwarten und für sich selbst erhoffen.»[10] Gewiß, aber warum ist das so?

Jesus, so lautet die Antwort auf beide Fragen, tritt nicht auf die Bewußtseinsebene des Gegenüber, sondern denkt und handelt von einer umfassenderen Bewußtheit her. Diese bewirkt zunächst jenes charakteristische neutestamentliche «Staunen» und «Sich fürchten», wird dann aber sofort zu dem Augenblick der Entscheidung, da der Mensch sich in seiner Enge verhärtet oder eine größere Weite in sich erwecken läßt. «Wer aber nicht glaubt, der ist schon gerichtet»[11], sagt das Johannesevangelium. Eben in dem entscheidungsvollen Augenblick der Konfrontierung mit Jesus, so will es sagen, kommt es zur Aktivierung von Grund auf oder aber zur Stagnierung und Regression. Wie im übrigen der Gedanke des hier und jetzt, unmittelbar in der existentiellen Begegnung mit Jesus, sich über einem jeden vollziehenden «Gerichtes» ein ganz spezifischer, wahrhaftig «orthodoxer» Grundgedanke gerade des Johannesevangeliums ist. Schon um dieses einen Grundgedankens willen tat die alte Kirche gut, es in den Kanon aufzunehmen[12]. Die alte Christologie, so kann man also sagen, hatte prinzipiell schon Recht mit der Behauptung, daß alles darauf ankomme, was Jesus «ist». In der Tat, dieser «Therapeut», als der er im maximalsten Sinne ja ruhig bezeichnet werden darf, «ist» seine Methode.

Das ist aus dem gesamten Neuen Testament völlig evident. Soll aber trotzdem ein Beispiel genannt werden, dann sei besonders auf die Perikope von der unvermuteten Einkehr Jesu bei Zachäus hingewiesen, dem Steuereintreiber. «Alle Leute fingen an zu schimpfen, weil Jesus bei einem so schlechten Menschen einkehren wollte.»[13] Jesus gewahrt ihn, der sich oben auf einem Baum verkrochen hat, von wo aus er Jesus im Vorbeigehen besonders gut zu sehen hofft. Völlig unerwartet trifft ihn Jesu Zuruf: «Zachäus, komm schnell herunter, ich möchte heute dein Gast sein!» «Mit Freuden» reagiert Zachäus, und dann bricht es spontan aus ihm heraus: «Herr, ich verspreche dir, ich werde die Hälfte meines Besitzes den Armen geben. Und wenn ich jemand erpreßt habe, so will ich ihm das Vierfache zurückgeben.»[14] Zachäus ist zu nichts von dem allen aufgefordert oder veranlaßt worden. Ihm ist keine Bußpredigt gehalten, ihm ist wegen seines verachteten Dienstes am Establishment kein Boykott angesagt worden, falls er sich nicht bessere. Es gibt gar keinen äußeren Anlaß, warum er plötzlich so selbstenthüllend sich geben sollte. Aber Zachäus ist urplötzlich ein Licht über sich selbst aufgegangen, er hat einen Stoß in eine weitere Bewußtheit hinein empfangen, und das bedeutet eo ipso eine völlig neue, folgenschwere Selbsterkenntnis. Die Begegnung mit Jesus hat sein Unbewußtes aktiviert, Jesus hat grundsätzlich angefangen, ihn bewußt zu machen.

Oder man denke auch an die Perikope von dem wunderbaren Fischzug des Petrus[15]. Nach beutelosen Fischzügen, so hören wir, kehren die auf Jesu nochmaliges Geheiß ausgelaufenen Boote völlig überladen zurück. «Sie mußten den Fischern im anderen Boot winken, daß sie ihnen zur Hilfe kamen.» Für die Historizität dieser Perikope werden wir uns wohl nicht verbürgen können, auf jeden Fall aber für die Historizität des hier besonders eindrücklich festgehaltenen jesuanischen Identitätselementes. Wiederum nämlich ist nicht ermahnt oder zurechtgewiesen worden, völlig spontan fällt Simon Petrus vor Jesus nieder, um in das unerhörte Wort des Selbstbekenntnisses auszubrechen: «Herr, gehe fort von mir! Denn ich bin ein gottloser Mensch.» In der Konfrontation mit Jesus, der überreichlich beschenkend begegnet, ist er in eine höhere Bewußtheit gleichsam transponiert. Sie läßt ihn von sich selbst aussagen, was er zuvor nie und nimmer gesagt haben würde, jetzt aber sagen muß, weil es überwältigend ist, sich selbst zum ersten Male aus dem Blickwinkel einer weiteren Bewußtheit zu sehen. Diese beiden Texte sind die klassischen Stellen zum Beleg für das Phänomen: Der Bewußte macht andere bewußt.

Wer selbst bewußt lebt, so lautete unser zweiter Satz, vermag andere auf die Wahrheit ihres Menschseins hin anzusprechen. Jetzt geht es nicht mehr um «Ideologien» und «Auseinandersetzungen», nicht mehr um jene eifrig gepflegte «Begegnung», die in der Regel doch nur in wortreichem Intellektualismus steckenbleibt. Es geht um keinerlei Vorläufigkeiten mehr, alle psychischen Blockierungen werden aufgebrochen, und alle nur-bewußtseinsmäßigen Barrikaden werden niedergelegt. Der bewußt Lebende vermag den Griff durch alle Adiaphora hindurch in die lebendige Wesensmitte menschlicher Existenz zu tun. Genauer, dieser Griff «tut sich» selbst, er «geschieht» spontan, in dem Maße nämlich, wie das Unbewußte angerührt und der Mensch damit in seiner bewußt-unbewußten Ganzheit herausgefordert ist.

In solchem Kontakt wird der Mensch auf die in ihm liegenden Kräfte der Tiefe angesprochen, zu denen er ansonsten keinen Zugang hat. Im extrem negativen Fall mag er diese seine eigentlichsten Möglichkeiten hartnäckig leugnen, aber er tut es mit schlechtem Gewissen, und er weiß, daß er so vor sich selbst zum Lügner wird. Er weiß es um so mehr, je heftiger er leugnet. In meiner Praxis hatte ich den Fall einer erklärten Atheistin, die jedoch einen Traum nach dem anderen mit stark numinosen und religiösen Elementen brachte. «Ich ärgere mich schwarz, daß dies meine Träume sind», rief sie. Aber sie waren es, der bewußten Haltung zum Trotz. Es ist die Imago Dei in uns, die Gottebenbildlichkeit, die auf ihr Wesen und ihre Wahrheit hin angesprochen sein «will» und nicht aufhört es zu «wollen».

Jung hat diese elementare Urwesentlichkeit des Menschen «Selbst» genannt. Er hat, wie schon bemerkt, mit dieser Vokabel dasselbe gemeint wie die christliche Tradition mit ihrer Gottebenbildlichkeit. Dafür, daß es tatsächlich so ist, liegen mehrfach in seinem Werk «Aion» ausdrückliche Erklärungen vor. Kant wies auf jene Letztheit, indem er vom transzendentalen Nooumenon sprach. Was gemeint ist, erfährt ein jeder spontan, oder er kann es erfahren, benennende Worte jedoch bleiben letztlich unzulängliche Symbole. «Worte kehren von dort zurück», sagen die Upanishaden, wenn nämlich die archetypische Urermächtigung allen Menschseins in Rede steht.

Jeder in seinem eigenen Selbstsein bewußte und mit der Gesamtwahrheit des Menschseins vertraute Therapeut spricht den Patienten, selbst in der nach den sichtbaren Symptomen verzweifeltsten Lage, auf diese in ihm liegenden Wesenskräfte hin an. Nur diese Möglichkeit des Appellierens macht seine Arbeit letztlich hoffnungsvoll. Eben so hat Jesus die Menschen angesprochen, nicht nur mit dem, was gemeinhin Menschenkenntnis genannt wird, sondern mit jener existentiellen Kontaktnahme hat er sie angesprochen, die auf das Wesenhafte des Menschseins geht, um es zugleich zum Vollzug zu mobilisieren.

Auch da, wo es in den neutestamentlichen Berichten zunächst so scheint, als ob man Jesus im Grunde nur common sense nachsagen will, ist tatsächlich immer schon tiefer Gehendes mit gemeint. Er fühlt es den Menschen mit intuitiver Sicherheit ab, wer auf seine Bewußtseinsebene zu treten vermag. «Meine Schafe hören meine Stimme, und ich kenne sie.»[16] Daß «kein Falsch» an ihm ist, vermag er von Nathanael sofort zu sagen. Und mit einem Aha-Erlebnis des Staunens fragt Nathanael, dem Sinn nach übersetzt, zurück: «Woher kennst Du mich denn so intim?»[17] Andererseits weiß er mit Gegnern konfrontiert sehr wohl um die nicht nur blinde, sondern böse Aggressivität, um das «Arge des Herzens», das sie umtreibt. «Er kannte ihre Gedanken.»[18] Und damit ist immer gemeint, er kannte, was aus ihres Wesens Mitte hervorbricht, denn «Herz» ist im Neuen Testament ein Ganzheitsbegriff, der für «homo totus» steht. Und so kann er ihnen mit einer geradezu erschreckenden Endgültigkeit sagen: «Ich kenne euch, ihr liebt Gott nicht»[19], das heißt die Gottebenbildlichkeit oder das Selbst ist in euch verschüttet. Im positiven wie negativen Bezug: «Über die Menschen wußte er insgesamt Bescheid. Keiner brauchte ihm über den Menschen etwas zu erzählen. Er wußte, was im Menschen war.»[20] Und dieser Eindruck: *Der* wußte, was im Menschen ist, und wenn man mit *dem* zusammentrifft, kommt es unweigerlich an den Tag!, dieser Eindruck ist im gesamten Neuen Testament festgehalten.

Jesus ließ nach den Berichten auch keinen Zweifel darüber, woraufhin er die Menschen ansprach und woraufhin sie sich selbst anzusprechen lernen sollten. Das geht besonders aus der Perikope vom Zinsgroschen hervor. Das historische Gesamtkolorit, auf das der Bericht Bezug nimmt, und die so oft belegte Fangfrage, die hier Jesus gestellt wird, verleihen dieser Perikope hohen historischen Rang.

«Ist es recht, dem Kaiser die Kopfsteuer zu zahlen?», so lautet die verfängliche Frage[21]. Unter den gegebenen Umständen konnte die Antwort nur «Ja» lauten. Das Ja hätte klingen müssen wie etwa: Was bleibt uns denn anderes übrig? Aber das Ja hätte auch nicht zu defätistisch klingen dürfen, dann hätte der ebenso bereit gehaltene Vorwurf gelautet: Da haben wir es ja, er ist kein Freund der Freiheit, er ist ein Freund der Römer. Ein nicht zu betontes Ja wäre wohl der einfachste Ausweg gewesen. Jesus tut in souveräner Spontaneität etwas ganz anderes. Er schiebt die politische Frage als ihn wohl angehend, aber für ihn nicht wesentlich auf die Seite und spricht von der Wahrheit des Menschseins und wozu sie verpflichtet inmitten der Alltäglichkeit der ärgerlichen Steuerfragen. Er läßt sich den Kaiserdenar zeigen, um nach der Frage, wen das aufgeprägte Bild darstelle, zu antworten: ‹Die Münze selbst sagt es euch. Solange ihr mit solchen Münzen zahlt, seid ihr auch die Kopfsteuer dem schuldig, unter dessen Hoheit sie ausgegeben wird.› Durch die Demonstration des Denars, zu der Jesus aufgefordert hat, steht jetzt das Symbol des «aufgeprägten Bildes» im Zentrum der Auseinandersetzung. Nun ist die Münze in Jesu Hand auch sichtbar das Zentrum eines sich darum scharenden Kreises. Jesus holt zur zentralen Frage aus: ‹Aber wie steht es denn mit dem *euch* aufgeprägten Bild? Die ihr doch nach dem Bilde Gottes geschaffen seid?› Dies war jedem alttestamentlichen Frommen natürlich eine geläufige Vorstellung. ‹Zahlt ihr wirklich dem «Kopfsteuer», dem ihr sie am allermeisten schuldet, dem ihr ganz und gar gehört? *Darum* kümmert euch, das ist euch notwendiger als spitzfindige

Fragen über Dinge zu stellen, die sich von selbst verstehen und die ihr ja nur zum Vorwand nehmt, vor dem Eigentlichen davonzulaufen.› So steckt in dieser Perikope vom Zinsgroschen, wie sie im Anschluß an Luthers Übersetzung genannt wird, eine wesentliche Aussage, die wir an dieser Stelle zunächst gar nicht vermuten. G. Bornkamm paraphrasiert treffend: «Die Münze, die des Kaisers Bild trägt, seid ihr dem Kaiser schuldig, euch selbst aber, den Menschen, der Gottes Bild trägt, schuldet ihr Gott.»[22]

Dies ist kein politisches Wort. Es befürwortet auch kein friedliches Nebeneinander von Weltreich und Gottesreich. Es sagt schon gar nicht, daß man das eine, das Irdische, tun müsse, aber das andere, das Himmlische, nicht lassen dürfe. Solche Exegesen sind längst von der modernen Forschung als zu kurz geschossene Eintragungen und Mißdeutungen erkannt. Dies aber tut das Wort tatsächlich: Böswillige, verschlagene, irrende Menschen spricht es unvermittelt auf nicht weniger als auf die Wahrheit ihres Menschseins an.

Wer, selbst bewußt lebend, andere derart bewußt zu machen und auf ihre Wesenheit hin anzusprechen vermag, der wird zum Instrument einer ebenso tiefgreifenden wie schöpferischen Wandlung. Das war unser dritter Leitsatz, und die beiden anderen zielen bereits auf ihn hin.

Denn maximale Bewußtwerdung ist in sich Neuwerdung oder Wandlung. Alles unbewußte Getriebenwerden von blinden Affekten, autonomen Komplexen, von unkritischem Gewährenlassen dessen, was sonst sein Spiel mit uns treibt, hat aufgehört. Im Prinzip jedenfalls. Die entscheidende Wende ist herbeigeführt. Wir beginnen wirklich Herr im eigenen psychischen Haushalt zu werden. Maximale Bewußtheit ist darum eins mit Umstrukturierung der Gesamtperson, mit Wiedergeburt und Neuwerdung, mit Integration oder Wandlung. Umgekehrt gibt es keine ernsthafte Wandlung ohne maximale Bewußtwerdung.

Stimmt es, daß Jesus bewußt gelebt hat, gelten unsere beiden ersten Leitsätze von ihm, dann überrascht der dritte nicht mehr: Er selbst führt andere in die Wandlung zu maximaler Bewußtwerdung. So bezeugt ihn denn auch das gesamte Neue Testament als den, der «neues Leben», «wahres Leben», Leben neuer Qualität, das heißt «ewiges Leben» gibt, vermittelt, schenkt. Er ist der wahre «Lebendig-Macher», ob es um die Wahrheit seiner selbst geht, um die wahre Mitmenschlichkeit – barmherziger Samariter –, um die Kontaktfähigkeit zu Gott und Menschen, oder ob es sich um den Mut zum Sein handelt, trotz aller entmutigenden Dysteleologien des Daseins. Versöhnung nennt das Neue Testament diesen höchst existentiellen, höchst umfassenden Mut zum Sein. Überreich an Bildern und Vergleichen ist die bekundende Sprache der Quellen, um die Dynamik dieses «Lebendig-Machers» zu beschreiben und zu bestätigen.

Und was geschieht dem Menschen, der ihm begegnet? Ein solcher Mensch wird ein «neuer» Mensch, eine «neue Schöpfung», er ist wie «wiedergeboren». Es «strömt» plötzlich mit Elementargewalt aus ihm, schöpferisch und andere wiederum belebend, es «quillt» aus ihm wie «lebendiges Wasser». Er «muß» einfach gute Früchte bringen, nun selbst einem «guten Baum» gleichend. Und diese nun reifenden «Früchte des Geistes» werden in immer wechselnden Konkretisierungen beschrieben. Kurz, der Gewandelte, der von Wandlung zu Wandlung Fortschreitende, ist Ereignis geworden.

Dieses Ereignis hat stets numinosen Charakter. Denn es handelt sich ja um jene höhere Bewußtheit, die aus der Integration des in seiner Gesamtheit numinosen Unbewußten entsteht. Darum wirkt das Ereignis der Wandlung, selbst auf ihren Initialstufen, überwältigend, bisherige Kategorien sprengend, es wird erfahren wie ein Wunder[23]. Ganz von selbst drängt sich dieses Wort immer wieder, gerade auch in der psychotherapeutischen Praxis, auf die Lippen.

Wenn also Jesus als Wundertäter beschrieben wird – und dies geschieht natürlich auch in den teils naiven, teils magischen oder mirakulösen Kategorien der Zeit –, dann haben wir zuerst einmal auf eine maximale Bewußtheit bei Jesus zu schließen. Anders ist die Wunder-Tradition, die sich mit ihm verbindet, überhaupt nicht vorstellbar. Psychologisch gesehen wird sie aber recht gut begreifbar. Sicher ist es richtig, daß «die heutige Theologie keine zureichenden Kategorien besitzt, um Jesus, den Thaumaturgen, zu fassen», obwohl es gewiß ist, «Jesus der Wundertäter, das gehört zu den sichersten Elementen der Überlieferung»[24].

Wenigstens eine Kategorie, den Wundertäter «zu fassen», haben wir schon. Die Tiefenpsychologie nämlich bietet sie an, die Kategorie maximaler Bewußtheit. Ohne sie ist die Jesus-Figur als ganze nicht zu verstehen, der Wundertäter im besonderen nicht. Darum ist es so gefährlich zu meinen, Jesus habe unbewußt gelebt. Wo maximale Bewußtheit herrscht, geschieht Wandlung, oder ist bereits Ereignis geworden. Stets aber wird sie numinos und in ihrem überwältigenden «ganz anderen» Charakter als Wunder erfahren. Das gehört zu den erfahrungsgemäß «sichersten Elementen» der Tiefenpsychologie. Und wenn dann im Blick auf eine historische Person, Jesus, noch die «sichersten Elemente der Überlieferung» hinzukommen, haben wir von den «Wundertaten» dieser Person und von dieser Person als «Wundertäter» schon recht viel, eigentlich das Entscheidende verstanden. Es muß sich auf jeden Fall um eine Existenz maximaler Integriertheit oder Bewußtheit gehandelt haben.

Ich wiederhole, – Jesus hat bewußt gelebt, nicht naiv, getrieben und gedrängt von unbewußten Impulsen, nicht als Sklave unkontrollierter Affekte. Er hat in maximaler Integriertheit oder Bewußtheit existiert. Und darum dürfen diese drei Sätze von ihm gelten: Wer selbst bewußt lebt, kann andere bewußt machen. Selbst vollbewußt, vermag er andere auf die Wahrheit ihres Menschseins mit Vollmacht anzusprechen. Weil selbst vollbewußt, vermag er andere in wesentliche Wandlung zu führen.

Wandlung aber ist letztlich das Ziel aller Religionen, wie klar oder verworren sie sich dessen bewußt sein mögen. Wandlung erstrebten schon die alten Mysterienreligionen, indem sie den pneumatischen Menschen, den Wiedergeborenen, auf ihre Weise zu erschaffen suchten. Der Mythos aller Zeiten redet von dem Helden, der durch Kämpfe und Bewährungen, durch Verschlungen- und Vernichtetwerden zu wunderbarer Erweckung auf höherer Seins- und Bewußtseinsstufe geführt wird. Auf mannigfachen Wegen verfolgen die verschiedenen Religionen das gleiche Ziel.

G. van der Leeuw unterscheidet Religionen der Entfernung, der Flucht, des Kampfes, der Ruhe, der Unruhe, des Dranges, der Gestalt, der Unendlichkeit und der Askese, des Nichts und des Mitleides, des Willens und des Gehorsams, der Majestät, der Demut und der Liebe[25]. Das Eigentümliche aber ist, daß die Gestalt Jesu bei genauerer Untersuchung an keine Stelle dieses stolzen Kataloges hineinpaßt. Wegen dieses seine Gestalt umgebenden Geheimnisses der Vollbewußtheit, die wir als eine fortwirkende Dynamik zu denken haben. Jesus ist der Herr der Wandlung schlechthin, das ist die treffende Charakterisierung des Zentrums des Christentums überhaupt. Auf den Weg der Bewußtwerdung stellt Jesus uns. Darum hat Sören Kierkegaard vom Christentum, wo es ist, was es sein soll, treffend als von einer «Einübung» gesprochen. Und Luther hat dem homo viator, dem ständig «auf dem Weg Befindlichen» als Hauptanliegen die «agricultura sui ipsius», das unverdrossene «Ackern an sich selbst» zugewiesen. Wobei Jesus der Säemann ist, setzen wir hinzu. Wer ihm folgt, «der wird nie mehr im Dunkeln gehen», das heißt auch: nie mehr in Stumpfheit und Unbewußtheit, sondern er wird «das Licht haben», sagt die Schrift weiter. Und das heißt auch, er wird in der Helle maximaler Bewußtheit existieren[26].

Im Problem der Wandlung berühren sich tatsächlich Religion und Tiefenpsychologie, Analyse und gläubige Existenz, ohne je identisch zu werden. Daran sich zu erinnern, ist der Tiefenpsychologie nötig, denn sie muß Wissenschaft bleiben, sie hat nichts mit unklarer Sektiererei zu tun, obwohl man dieser Gefahr nicht selten verfällt[27]. Analyse hat ihrem Ziel, das Sigmund Freud ihr so großartig gesteckt hat, treu zu bleiben, sie ist und bleibt «Erziehung zur Wahrheit gegen sich selbst»[28].

Damit ist gewiß, daß unsere Untersuchung sich nicht das Ziel gesteckt hat, den Christus auf den bloßen Jesus, das Göttliche auf das bloß Menschliche zurückzuführen. Wir haben *eine* der Kategorien namhaft gemacht, die, soweit sie es vermögen, das Geheimnis um Jesus von Nazareth erhellen, nämlich die entscheidende einer maximalen Bewußtheit.

Differenziertes Gefühl

Der Mann Jesus tiefenpsychologisch gesehen – was weiter ist von ihm auszusagen? Das Wichtigste und Zentralste steht noch aus, die Feststellung nämlich, daß «Gefühl» seine Grundfunktion ist und daß sein Denken und Reden, sein Tun und Handeln, der Gesamtvollzug seiner Existenz «differenziertes Gefühl» verrät. Und zwar verhält es sich nicht so, daß sein Gesamtsein solch Gefühl «auch» zeigt, vielmehr es manifestiert es auf exemplarische Weise.

Wenn das Wort Gefühl fällt, sind jedoch allen Vorurteilen und Mißverständnissen Tür und Tor weit geöffnet. Sicherlich ist an diesem Punkt die schwierigste Stelle der Analyse des Mannes Jesus erreicht. Denn zweifelsohne stürzen sich auf die soeben gemachte Aussage alle nur denkbaren Widersprüche, so wie unsere Kultursituation nun einmal psychisch strukturiert ist. Die Verfasserin fühlt sich darum verpflichtet, zunächst einmal Abwehr den sich einstellenden Einwänden gegenüber zu leisten, wenn sie den Mann Jesus einem weiteren Kreis verständlich machen will.

Die negativen Reaktionen einer Konzeption gegenüber, die Jesus und Gefühl zusammendenkt, sind allerdings durchaus verständlich. Die süßlichen Jesusbilder, die rührenden bunten Jesusstatuen, die so billig im Ausdruck sind wie der Gips, aus dem sie bestehen, das gesamte Gerede vom lieben Jesulein, all die vielen Kinderverslein, Kirchenlieder und Gedichte, verniedlichen das Jesuskind. Die gute Absicht kommt einer Entwürdigung gleich, all dieser blechgestanzte Kitsch und Schund, der unter christlicher Firma blüht und eine beträchtliche Industrie ernährt – er muß ja einfach Reaktionen der Abwehr hervorrufen. Und die Predigt? Wie leicht, wenn sie herzergreifend sein will, gleitet sie ins Gefühlig-Sentimentale ab, das nicht anrührt, sondern eher peinlich wirkt. Und so ist der volkstümliche Eindruck entstanden, Religion oder Kirche sei überhaupt Frauensache. Die hätten es ja sowieso mehr mit dem Gefühl. Das aber sagt deutlich genug, wie man diese Sache und dieses Gefühl wertet.

Gleichgültig jedoch, wie die Verständnisschwierigkeiten sich türmen, Jesus und Gefühl gehören zusammen. Die Evangelien sind voll der Berichte, daß es ihn «jammerte», daß er «Mitleid» hatte, daß er sich ihrer «erbarmte», daß er ergriffen über sie «klagte», die nicht hören und nicht folgen wollten, ja daß er über sie «weinte». Um es durch einen Vergleich zu verdeutlichen. Die Upanishaden sagen vom wahrhaft Weisen, der aller Weltverflechtung entwachsen ist: «Kalt geht er an der Welt vorbei», von nichts mehr angefochten, aber ebenso von nichts angerührt.

Jesus hingegen geht an nichts «kalt» vorbei, im Gegenteil. Nicht an Hunger, Krankheit, Not und Tod, nicht an Schuld und Verworfenheit, nicht an den Vielen und nicht an den Einzelnen, die keinen Hirten haben. An nichts geht er kalt oder unbeteiligt vorbei, vor allem nicht am Niedergetretenen und Verachteten, das sich gar nicht mehr aufzurichten wagt. Sein Gefühl ist immer engagiert, er ist der Mann der Gefühlsbereitschaft und Gefühlsbeteiligung. Und nie bleibt es bei verebbenden Sentimentalitäten, immer wird sein Sicheinfühlen, sein Mitfühlen, sein mitfühlendes Mitleiden zur Gefühlsaktion. Wo er Werte leiden, um ihre Existenz ringen oder gar verderben sieht, da springt er ihnen bei, helfend, aufrichtend, rettend. Seine Gefühlsbeteiligung ist nicht vage, sondern «gerichtete Funktion», sein Mitfühlen ist «Willenshandlung», sein Sicheinfühlen wird spontan zu Tat und «Aktion». Es ist ohne weiteres klar, daß mit diesen kurzen Hinweisen auf Zentralstes im Jesusbild hingedeutet wird. Aber trotz allem kann gar nicht vorausgesetzt werden, daß dieses Gefühl, das hier agiert, nun schon verstanden wird.

Um den Mann Jesus und das Gefühl zu verstehen, von dem wir sagen, daß es psychologisch gesehen seine Hauptfunktion sei, müssen allerlei Blockierungen aufgehoben werden, die weithin solch Verstehen verunmöglichen. Eine solche Blockierung liegt einmal in dem geistig-psychologischen Klima des Abendlandes vor. Je mehr sich die moderne Welt seit der Zeit der Reformation, der Gegenreformation und der nachfolgenden Religionskriege der Empirie und dem Experiment zuwandte, der Religionsstreitigkeiten endgültig müde[1], um so siegreicher entwickelte sich die neue Geisteswelt des Descartianismus, der der Kosmos schließlich zur mechanistischen Formel, zur Maschinerie wird. Er wird in einer Funktionalität begriffen, in der Gefühl gewiß keinen Raum hat, alles mag zur Geltung kommen, nur eins nicht, Irrationalität, Gefühl und Geheimnis!

In dieser Welt des Logizismus wird auch alles Seelische zu einem Getriebe von «Mechanismen». Sie erzeugt «frigide» Männer wie

Frauen[2], ihre Frigidität besteht in ihrer psychischen Rezeptionsunfähigkeit. Psychische Empfänglichkeit gegenüber höheren Gefühlswerten schrumpft ein. Es wird nicht «empfangen», dazu hat man keine Zeit mehr, es wird fast nur gehandelt, nämlich nach Maßstäben der Nützlichkeit. Extreme Gruppen wie die Hippies suchen heutzutage, wie bizarr auch immer, dem Gefühl in unserer Welt Geltung zu schaffen. Da aber Gefühl und Rezeptivität nicht zu trennen sind, besteht in dieser Situation der männlichen wie weiblichen Frigidität wenig Aussicht, dem Manne Jesu und seinem spezifischen Gefühl Gerechtigkeit widerfahren zu lassen. Die erforderliche seelische Rezeptionsfähigkeit besteht einfach nicht, sie ist seit der Aufklärung bis zu unserer modernen Welt der Technokratie, des neuen Positivismus und der seelischen Techniken des Funktionalisierens immer mehr abgebaut worden. Trotz aller vorhandenen Gegenbewegungen, trotz aller Varianten in kleinen Gruppen und bei Einzelnen ist von einem anschwellenden Prozeß der seelischen Entmachtung, der inneren Rezeptionsunfähigkeit, der psychischen Impotenz zu sprechen. Welche Chance hat der Mann Jesus und sein Anspruch in dieser Kultursituation? Alle die Gruppen, die ihn trotz allem entdecken, wie wir eingangs zeigen konnten, haben begriffen, daß man nichts anderes tun kann, als aus jener entmachtenden Situation einfach herauszutreten.

Aber die Blockierungen, die überwunden werden müssen, sind nicht nur so allgemein zu kennzeichnen, wie es geschehen ist. Sie haben ganz konkrete Namen. In der Hauptsache handelt es sich um zwei Blockierungen, die zu durchbrechen sind. Einmal die Psychologie des Männlichkeitswahnes, zum anderen die des Weiblichkeitswahnes. Gelänge oder gelingt dieser Durchbruch, bereitet es uns auch nicht mehr Unbehagen und Peinlichkeit, Jesus und Gefühl zusammenzudenken. Die beiden genannten Blockierungen sind nun zu kennzeichnen, um dem Mann Jesus Gerechtigkeit widerfahren zu lassen, genauer, um ihn genuin zu verstehen.

Die Psychologie des Männlichkeitswahnes ist am besten an einem hervorragenden Werk zu exemplifizieren, nämlich an der «Metaphysik des Sexus» von Julius Evola. Durch historische, philosophische, psychologische und metaphysische Ebenen verfolgt Evola das Problem der Geschlechterbeziehung in einer fundierten Weise. Sein Werk ist als ein Standardwerk zu bezeichnen, dem trotz aller Literatur nichts auf diesem Gebiet so leicht zur Seite zu stellen ist[3]. Evola erstrebt den «freien Mann», den «wahrhaft emanzipierten Mann». Das ist eine psychologisch richtige Zielsetzung, und man darf gespannt sein, wie dieser wahrhaft befreite, zu sich selbst gekommene Mann psychologisch profiliert wird. Nichts kann uns aber, bald stellt sich diese Entdeckung ein, darüber hinwegtäuschen, daß es sich prinzipiell um eine Befreiung «von» der

Frau handelt. Die moderne Welt, so hören wir, kenne zwar die Frau, die sich vom Manne emanzipieren wollte, «aber nicht den Mann, der sich gedrängt fühlt, sich innerlich geistig von der Frau zu emanzipieren». Wir lebten darum immer noch in einem «gynäkokratischen Klima», und darum sei es eine «recht gute» Charakterisierung für «das Klima der zeitgenössischen abendländischen Kultur», was D. H. Lawrence, der bekannte sexologische Vorkämpfer und Verfasser von «Lady Chatterley's Lover», einmal sagt:

«Die grundlegende Bedeutung der Frau im Leben», so führt D. H. Lawrence aus, «die Frau als Trägerin und Quelle des Lebens, ist ein tief eingewurzelter Glaube, zu dem sich die ganze Welt der Weißen bekennt. Fast alle Männer akzeptieren dieses Prinzip. Selbst in dem Augenblick, da sie als männliche Gebieter auf ihren egoistischen Rechten bestehen, akzeptieren fast alle Männer schweigend die Tatsache, daß die Frau als Urheberin des Lebens ihnen überlegen ist. Stillschweigend glauben sie an den Kult dessen, was weiblich ist. Stillschweigend geben sie zu, daß alles, was in der Welt schöpferisch, schön, begeisternd und in seinem Wesenskern edel ist, die Frau ist. Und wenn sie sich auch noch so sehr gegen diesen Glauben auflehnen, ihre eigenen Frauen verabscheuen, ihre Zuflucht zu Prostituierten, dem Alkohol oder was immer es auch sein mag, nehmen – alles aus Auflehnung gegen dieses große schmachvolle Dogma der weiblichen Überlegenheit –, so tun sie damit doch immer noch nichts anderes, als daß sie den Gott ihres wahren Glaubens profanieren. Selbst indem sie die Frau profanieren, huldigen sie ihr, wenn auch in negativer Weise. Der Geist des Mann-Seins ist aus der Welt verschwunden. Die Männer von heute werden sich nie zusammentun können, um den guten Kampf zu kämpfen, denn sobald eine Frau mit ihren Kindern auftritt, findet sie ein Heer von Schafsköpfen, die bereit sind, sie zu verteidigen und den Aufstand niederzuschlagen.»[4]

Was schildert D. H. Lawrence? Doch offensichtlich den Mann, der gefühlsbenommen und verdummt der Frau auf primitive Weise immer wieder hörig wird. Er zeichnet den Torso-Mann, der nie auch nur den Versuch unternommen hat, seine eigene innere Anima zu integrieren, der darum voller schlecht getarnter Aggressionen gegen das Weibliche ist. Der «gute Kampf», zu dem er verblendet aufruft, ist kein echter Befreiungskampf, ist keine positive Integration, er intensiviert nur die psychische Tragödie des unintegrierten Mannes und schmäht insbesondere alles, was Gefühl heißt, als minderwertig und weibisch. Aber Evola empfindet diese Schilderungen und Urteile als typisch für die Gegenwartssituation.

Evolas eigene Konzeptionen sind an der Idee des «absoluten Mannseins» und des «absoluten Frauseins» orientiert, beides ebenso irrealistische wie inflatorische Irrlichter, selbst als Idee genommen. Das Ideal der Verwirklichung ist im ersten Fall der Krieger und der Asket, im zweiten Fall die Geliebte und die Mutter. Und das in einem Standardwerk der jüngsten Vergangenheit! Zwischen beiden, Mann und Frau, besteht nämlich grundsätzlich eine unüberbrückbare Kluft. Auf Augustinus bereits gehe der Ausspruch zurück: mulier facta non est ad imaginem Dei, die Frau ist nicht nach Gottes Ebenbild geschaffen. Lediglich der Mann sei Ebenbild Gottes. Diese Feststellung habe mit Weiberfeindlichkeit durchaus nichts zu tun, es handle sich nur um Benennung von Gegebenheiten. Die Frau nämlich ist Natur, der Mann ebenso, aber beim Manne gibt es noch eine wesentlichere Gegebenheit, die «höher steht», die «der Tendenz nach über die Natur hinausgeht». Denn alles, was bei der Frau nach «ethischem Charakter» und anderen höheren Werten aussehen könnte, ist in Wahrheit «nicht vom Instinkt, vom Gefühl und von der Sexualität zu trennen». Die Frau ist wesentlich Gefühl und Natur, ihr Ich «hat keine Beziehung zum reinen Sein». Sie «besitzt nicht jenes Ich, sie wüßte nicht einmal etwas damit anzufangen, sie kann sich nicht einmal einen Begriff davon bilden, und wenn sie es besäße, es würde äußerst störend auf jede echte Äußerung ihrer tieferen Natur wirken»[5]. Natur, Emotionalität, Gefühl sind es, die der Frau jede Beziehung zum sogenannten «reinen» oder «höheren Sein» rauben.

Was ist hier jenes makabre Gefühl, mit dem die Frau schlechthin identisch sein soll? Gefühl ist hier Unberechenbarkeit, wirbelnder Affekt, sinnloses Behaupten, störende Widersinnigkeit, niedere Gebundenheit. Gefühl ist so etwas wie ewig blinde Natur, wie habituelle Dumpfheit. Und warum ist Gefühl oder die Frau das alles? Weil der Mann es so dekretiert. Das ist – Argumente wären Verschwendung – unintegrierte Anima zum philosophischen und psychologischen System erhoben. Das ist Männlichkeitswahn reinster Art. Warum also die alten Patriarchen und Autoritäten schelten, wenn wir denselben patriarchalischen oder androzentrischen Männlichkeitswahn in moderner Form ganz ebenso wiederfinden?

Die Zwischenfrage wird beklemmend: Jesus, der Gefühlstyp, welche Chance hat er wohl in einem Kollektiv, das über Gefühl sich so ausläßt, wie wir es oben vorgeführt bekamen? Hat er überhaupt eine Chance?

Die Tragik der Situation ist jedoch bisher nur zur Hälfte deutlich geworden. Was ist das psychische Schicksal der Frau unter der Herrschaft des Männlichkeitswahnes? Das ist die andere Seite des Problems. Durch die Jahrhunderte ist die Frau den Projektionen des Mannes ausgesetzt gewesen, kontinuierlich projizierte er immer das Bild seiner unentwickelten primitiven Anima auf die konkrete Frau. Unter der zermürbenden Übermacht dieser dominierenden Projektionen gibt sie innerlich nach, sie «introjiziert» das primitive

Frauenideal, auf das hin sie ständig angesprochen, dem entsprechend ihr fortgesetzt begegnet wird. Sie hält sich schließlich selbst für das, was sie sein soll, oder nach bequemer männlicher Konvention nur sein darf. Ihr infantil gehaltener Animus wird ihr wert und teuer. Die Unentwickeltheit, in der sie gehalten wird, verteidigt sie wie die teuerste Wahrheit ihrer selbst, das heißt sie ist dem primitiven Weiblichkeitswahn komplett verfallen.

Diesen Weiblichkeitswahn hat die Amerikanerin Betty Friedan in einem epochemachenden Buch gleichen Titels seinem eigentlichen Wesen nach enthüllt. Genauer, sie entlarvt die gepriesene Fortschrittlichkeit der heutigen amerikanischen Frau als eine Pseudofortschrittlichkeit. Sie tut das auf eine grundsympathische, aber rücksichtslose und revolutionäre Weise. Was sie im übrigen der amerikanischen Frau der Gegenwart zu sagen hat, gilt keineswegs nur dieser. Eine so bedeutende Gelehrte und Forscherin wie Margaret Mead hatte schon darauf hingewiesen, daß die selbständige Frau auch im modernen Amerika recht gut daran tut, sich ja nicht «zu weit vorzuwagen», das ertrüge auch heute der männliche Stolz, sagen wir der Männlichkeitswahn, keineswegs. Betty Friedan zeigt recht konkret auf, welche Mächte dahin wirken, die «apathische, unselbständige, infantile, ziellose Wesensart» der Frau konsequent zu erhalten. Von den verschiedensten Seiten wird sie beständig dahin ermahnt, doch ja nicht ihrer «wahren Wesensart» untreu zu werden, die sich auf Haus, Mann, Kinder beschränkt. Der Psychiater wird ihr Feind, indem er das nun schon berühmte «Schuldsyndrom» konstatiert, das sich wegen der Vernachlässigung der «wahren Weiblichkeit» ja einstellen muß.

An der Aufrechterhaltung dieses Dogmas von der «wahren Weiblichkeit» ist in hervorragender Weise die kommerzielle Manipulation beteiligt. Sie hat längst in der Hausfrau den besten Absatzmarkt entdeckt. Diesen Markt pflegt sie mit immer neuen und überzeugenden Slogans, was die «gute Hausfrau» tue und müsse, mit immer neuen Angeboten, die den Verdienst ebenso steigern wie sie den Weiblichkeitswahn nähren. Speziell die Freudsche Psychologie mit ihren in Amerika verbreiteten Schulen wird dafür verantwortlich gehalten, ist und bleibt hier doch die Frau das am Penisneid sich verzehrende Mängelwesen. Weitere in die gleiche Richtung wirkende Faktoren müssen hier übergangen werden. Jedenfalls ist die Frau bei dieser Sachlage in eine Identitätskrise sondergleichen gestürzt. Sie gewahrt, daß sie faktisch in eine «progressive Entmenschlichung» hineingesteuert ist. Entsetzt sieht sie: «Die Angepaßten oder Geheilten, die ohne Konflikt oder Angst in der begrenzten Welt des Heims leben, haben ihr eigenes Selbst verwirkt.» Ihr ist aufgegangen, daß ihre «Statussymbole» bisher ja nur die anderen waren, ihr Mann, ihre Kinder usw, daß es aber in katastrophaler, in destruktiver Weise «einfacher ist, durch andere zu leben, als man selbst zu sein». Dies aber will sie nicht mehr, mit einem elementaren Willen zum Selbstsein will sie es nicht mehr. Sie weiß nun: «Wie für einen Mann führt auch für eine Frau der einzige Weg zu sich selbst über schöpferische Arbeit.» Und diesen Weg will auch sie gehen, und er braucht durchaus nicht mit ihrem Existenzmodus als Frau grundsätzlich zu kollidieren.

Betty Friedan weiß aber auch dies: Die animus-frustrierte Frau, die nichts als «verwirktes Ich» ist, wirkt gerade nicht helfend, pflegend und schöpferisch, selbst im beengten ihr zugestandenen Kreis nicht. Selbst verwirkt, wirkt sie verwirkend und destruktiv rundherum. Es beginnt mit der berüchtigten «Hausfrauenmüdigkeit», stärkerer Gefühle der Mitmenschlichkeit wird sie weniger und weniger fähig, sie wird schließlich der Liebe wie des Orgasmus unfähig. Sie frustriert die Männer als Frau und macht die Söhne impotent als Mutter. In Wahrheit steht es also gerade so: Der Weiblichkeitswahn «mit seiner Propaganda gegen den Verlust der Weiblichkeit macht es den Frauen immer schwerer, ihre Weiblichkeit zu bestätigen, den Männern, wirklich männlich zu sein»[6]. Die psychologischen Folgen der primitiv gehaltenen Frau fallen schwer auf den Mann selbst zurück. Indem er primitives Gefühl auf den Schild erhebt, macht er eigene Anima-Entwicklung unmöglich und bringt sich selbst um volle Männlichkeit.

Das ist Amerika, ein Kollektiv gigantischen Ausmaßes, darum ein nicht zu unterschätzendes Beispiel. Aber wird man sagen wollen, daß in Europa, daß in Deutschland eben dieser Weiblichkeitswahn herrsche? Was hat die Frau in Europa getan, um ihren spezifischen Existenzmodus als Frau sinnvoll zu erfüllen? Ergreift sie die Möglichkeit zu wesenhafter Erfüllung ihrer selbst? Rund die Hälfte aller Studentinnen geben das Studium nach wenigen Semestern auf, um ihrer «eigentlichen Aufgabe» als Gattin und Mutter ganz gerecht werden zu können. Das ist nicht nur in Deutschland, sondern mehr oder weniger in allen europäischen Ländern der Fall. Die alte «inertia» des einige Jahrtausende gepflegten Weiblichkeitswahnes siegt, modernes geistiges und sachliches Engagement trägt faktisch nicht sehr weit. Oder, die Zahl der weiblichen Abgeordneten in unserem Bundestag hat seit Beginn unserer Demokratie ständig abgenommen und gegenwärtig ihren bisher tiefsten Stand erreicht.

Wir könnten uns in der Aufzählung ähnlicher belangvoller Beispiele verlieren, erwähnt werden muß aber das beklagenswerteste, weil es das Weibliche aufs Intimste angeht, die Stellungnahmen zum § 218. Die Männer kämpfen für die Freiheit der Frau – die Stellungnahme der Ärzte ist eine spezifische –, indem sie die Abtreibung legalisieren. Dies ist das verlogenste und dümmste Argument, das Bundestag, Männlichkeitswahn und Weiblichkeitswahn zusammengenommen je hervorgebracht haben. Frauen ringen um die Freiheit, sich immer wieder zum Abort auf den Operationstisch legen zu dürfen. Frauen vom Range einer Simone de Beauvoir bekennen öffentlich und stolz, daß sie es getan haben. Diejenigen Frauen, die sich zum Problem melden, setzen sich vorwiegend für die Fristenlösung ein, für die legale Abtreibung in den ersten drei Monaten der Schwangerschaft. Faktisch steht es doch so, daß heute beinahe schon bei jedem Husten gefragt wird, ob er vielleicht psychosomatisch bedingt sei. Das Gefühl ist aber derart blockiert, daß man überhaupt nicht auf die naheliegende Frage kommt: Was sagt die Psyche vor allem der Frau dazu, daß ein Mensch in ihr umgebracht werden soll? Es gibt typische «Abtreibungsträume», die ich aus meiner Praxis vorlegen könnte. An dem psychisch unverarbeiteten Trauma der Abtreibungsvorgänge geht die Frau von fünfzig und mehr Jahren oft psychisch zugrunde oder bleibt schwer belastet, sie, die mit zwanzig eine Barrikadenkämpferin gegen den § 218 war.

Im übrigen sieht es so aus, als ob die gesamte Problematik eine ein-Person-Angelegenheit sei. Denn ständig ist nur von der Verantwortung der Frau die Rede. Von der Verantwortung des Mannes schweigt man. Der englische Sexologe A. Comfort ist gewiß unter allen Liberalen ein besonderer, aber hinsichtlich des Sexverhaltens des modernen Mannes steht für ihn fest: «Du sollst unter keinen Umständen fahrlässig die Zeugung eines unerwünschten Kindes riskieren.»[7] Dieses Grundgebot Comforts darf nicht nur, sondern muß heute gelten. Bei den nunmehr reichlich vorhandenen und wirksamen Verhütungsmitteln ist es ein psychosomatisches Verbrechen seitens des Mannes, der Frau ein unerwünschtes Kind aufzubürden. Aber die Frauen, und darauf kommt es uns in diesem Zusammenhang besonders an, sind so hoffnungslos blockiert in ihren natürlichsten Gefühlen, daß sie gar nicht auf den Gedanken kommen, den Mann auf seine Verantwortung hinzuweisen. Das vermögen sie nicht, weil sie zu tief im alten Paternalismus stecken. Jeder Mann, auch wenn er dem faktisch noch so wenig entspricht, ist zumindest unbewußt eine autoritäre Vaterfigur, die man nicht zur Verantwortung zieht. «Die Frauen müssen sich zu einem genuinen Interessenblock zusammenfinden, gegen den der allmächtige Administrator einfach nicht aufkommt», ruft Germaine Greer[8].

Warum bedrängen Frauen nicht den Gesetzgeber, ein Gesetz zu erlassen, das rücksichtslose Zeugung eines Kindes als Körperverletzung unter Strafe stellt? Das jedenfalls wäre der wirksamste, modernste und sachlichste Beitrag zur Debatte um den § 218. Aber wir vermögen ja nicht einmal nennenswerte Vorschläge zur Sexerziehung zu machen, die heute die erste humane Notwendigkeit wäre. Als sprechende Dokumentation für das soeben abgegebene Urteil sei der «Sexkundeatlas» genannt, der kürzlich unter einer Frau als

Gesundheitsministerin herausgegeben wurde. Für den Unterricht in der Schule war er gemeint, der Sexerziehung sollte er dienen. In Wirklichkeit besang er in der Hauptsache das Wunder der Mutterschaft, ganz im Stile unserer Urgroßmütter. Frauen schreiben eifrig Bücher «Hat der Mann versagt?»[9], und sie wissen, daß er versagt hat, warum schreiben sie nicht über das Thema: Hat die Frau immer noch versagt? Das können sie nicht, denn sie wissen überhaupt nicht, wie sehr sie immer noch versagen. Unter einer hypermodernen Persona-Fassade ist sie infantil geblieben. Da aber alle seelischen Prozesse dynamisch sind, hat Infantilität ebenso ihre Dynamik, nämlich die Dynamik einer ständig sich steigernden Regression. So ist denn das Gefühl der Frau heute offenbar bereits derart regrediert, daß sie weder sieht noch ahnt, was sie sich seelisch antut, wenn sie ihren Leib der Willkür preisgibt.

Man mag einwenden, daß das alles ein wenig extrem gesehen ist. Wirklich? Es gebe doch, widerspricht man, Frauen in bedeutenden Positionen als Ärztin, Rechtsanwältin, Staatsanwältin, Regierungsrätin usw. Wo aber ist ihr typischer Beitrag zu ihrem Sachgebiet, der dem weiblichen Modus des Existenzvollzuges entspräche? Wo ist der ganz spezifische und typisch weibliche Beitrag zur modernen Kultur? Zumeist sucht die Frau sich immer noch damit als existenzberechtigt zu erweisen, das genauso oder möglichst besser zu tun, was der Mann tut. Es stimmt, «wenn die Frauen unter Emanzipation nichts weiter als die Übernahme der männlichen Rolle verstehen, dann sind wir verloren, gewiß. Wenn die Frauen kein Gegengewicht zu der Blindheit männlichen Vorgehens aufbringen, dann wird die aggressive Gesellschaft mit ständig sich steigernder Geschwindigkeit ihren verrückten Extremen entgegenrasen.»[10]

Margaret Mead hatte einst formuliert: «Sobald es uns möglich ist zu sagen, es sei genau so wichtig, die intuitiven Begabungen der Frau zu begreifen und sie in einer zur Übermittlung geeigneten Form Männern und Frauen zugänglich zu machen, wie es wichtig war, die Fähigkeiten der Männer zu gebrauchen und mit ihnen die Kultur aufzubauen, die Männern und Frauen zugänglich ist, werden wir unsere Gesellschaft bereichert haben.» «Wir können nur dann eine vollkommene Welt aufbauen, wenn wir die besonderen Gaben beider Geschlechter sowie auch die ihnen gemeinsamen benutzen und so die Begabungen der ganzen Menschheit nutzen.»[11] Sind wir auf dem Wege dazu?

Der Mann Jesus hat keinen Männlichkeitswahn gekannt und insofern die Solidarität der Männer gebrochen. Das wurde ihm damals zum Verhängnis und trägt ihm auch heute noch beim Kollektiv der Männer keine Sympathie ein. Der Mann Jesus hat ebenso jedem Weiblichkeitswahn die Absage erteilt, was das Kollektiv der Durchschnittsfrauen von heute ihm schwer verdenken würde, wenn sie diesen Tatbestand durchschauten. Der Mann Jesus ist darum so exzeptionell relevant, weil er ein Menschentum oberhalb von beiden vertritt. Wo aber Männlichkeitswahn weiter diktiert und Weiblichkeitswahn weiter blüht und sogar bewußt gepflegt wird, da hat der Mann Jesus sehr wenig Chancen, verstanden zu werden. Denn «das Maß meines Verstehens hängt von der Klarheit meines eigenen Bewußtseins ab».

Wenn wir aber in Männlichkeits- und Weiblichkeitswahn noch derart befangen sind[12], sind dann die großen Vertreter des geistigen Ostens wie Sarvapalli Radhakrishnan wirklich nur arrogant, oder vielleicht erbarmungslos nüchterne Beobachter, wenn sie konstatieren: Er hat ja überhaupt noch keine Chance gehabt, der Jesus, im Westen.

Über Majuskeln und Minuskeln, über die letzten Handschriftenfunde oder exegetische Spitzenprobleme heiß zu diskutieren, ist unerläßlich. Über uns selbst uns bewußt zu werden, die das alles tun, ist aber das Wichtigste. Wer dem hohnlacht, dem antworte ich: Er hat weder die Relevanz der Tiefenpsychologie begriffen noch die konkrete Relevanz des Mannes Jesu. Das klingt anmaßend – ist es aber nicht, es ist letztlich ganz einfach gesunder Menschenverstand.

Es stehen also recht schwer zu überwindende kollektive wie historische psychische Schwierigkeiten vor uns, wenn wir den Mann Jesus im Zentralsten begreifen wollen, in seinem Gefühl nämlich. Wie dem auch sei, Jesus ist ein Mann des Gefühls. Gefühl ist seine psychische Hauptfunktion. Das wird auch durch einen kurzen religionsgeschichtlichen Vergleich klar, den wir auf Buddha und Mohammed beschränken. Buddha ist ein ausgesprochener Denktyp mit Intuition als erster Hilfsfunktion. Er beweist, er veranlaßt zu logischen Schlüssen. Er führt dahin, wo man seinen Prämissen folgend zu dem richtigen Resultat kommen muß, auf das er von vornherein führen wollte, daß alles fließt, daß nichts beständig ist. Dabei hat er nicht eigentlich die konkrete Welt vor Augen, sondern was er innerlich deutend erschaut.

Mohammed hingegen, der Mann des Kampfes und der Selbstdurchsetzung einerseits, der ihn maßgeblich bestimmenden Innenschau andererseits, wäre als extrovertierter Intuitionstyp zu bezeichnen. Offensichtlich liegen die psychologischen Dinge bei Jesus völlig anders, wie der Vergleich deutlich macht. Er beweist nicht, und er steht nicht als Symbol der Selbstdurchsetzung. Er stellt einen introvertierten Gefühlstyp dar. Die Werte oder Maßstäbe, die er innerlich erschaut, werden spontan thetische Dikta. Er ist der Mann der von Innen her sprudelnden Urphänomene. Was wahr ist, sagt er, unbekümmert um ihm selbst belanglose Folgen.

Genauer, was ist das für ein Gefühl, das wir bei Jesus wahrnehmen? Was sind die Funktionsweisen dieses spezifischen Gefühls? Wir wollen versuchen, das in definitorischer Kürze zu sagen.

Jesu Gefühl ist *«spontan»*. Das wurde bereits mehrfach deutlich. Er braucht sich zu Gefühlsbereitschaft und aktiver Gefühlsbeteiligung nie erst zu überreden. Beides ist ihm «natürlich». Insofern könnte man, mit einer Wendung aus der Terminologie der Mystik, von einem strömenden, quellenden Gefühl «sunder warumbe» sprechen. Das Gegenteil wäre ein in seiner Spontaneität gekapptes, reflektiertes Gefühl, zu dem man sich «entschließt» – um des Gesetzes, des Ansehens, der Unvermeidlichkeit, der Humanität oder der Nützlichkeit «willen». Einer solchen Funktion wie Aktion fehlt die Ursprünglichkeit, meistens kommt sie ein bißchen oder überhaupt zu spät.

Jesu Gefühl ist *«sicher»*. Daran besonders erkennt man Gefühl als seine tatsächliche Hauptfunktion. Denn das ist das entscheidende Kennzeichen der Hauptfunktion: Ist sie wirklich ungehindert in Operation, fühlt man sich sicher. Darum kommt der Hauptfunktion, wie C. G. Jung formuliert, die «absolute Vormachtstellung empirisch zu». Sie ist als solche, wenn wirklich bewußt «für die Orientierung» gelebt, «ausschlaggebend» und «absolut verläßlich»[13]. Wir merken Jesus kein Schwanken an, das wäre das Gegenteil, es gibt bei ihm keine Bedenklichkeit. Er stellt bisher Gültiges in Frage, und er setzt Neues an die Stelle, und er tut es absolut sicher. Er agiert mit dem psychologischen Instrument, das ihm am besten dient, weil es ihm tatsächlich zur Verfügung steht. Im religiösen Aspekt wird diese Sicherheit mit dem neutestamentlichen Ausdruck «in Vollmacht handeln» bezeichnet.

Das Gefühl Jesu ist *«differenziert»*. Das Wort ist schon mehrfach gefallen, aber noch fehlt die genaue Erklärung. Eine differenzierte Gefühlsfunktion ist wirklich, was ihr Name besagt, also genuines, wahres oder reines Gefühl. In der Situation des Männlichkeits- oder Weiblichkeitswahnes wird natürlich auch von Gefühl gesprochen, sehr viel sogar. Tatsächlich aber meint man mit diesem gefügigen Wort meist etwas ganz anderes, zB Sex oder Trieb, Geschlechterhaß und Geschlechterressentiment, Aggression und Sentimentalität. Die Animosität oder Empfindlichkeit des Mannes heißt hier Gefühl und ebenso aller Animus-Aufruhr der Frau. Gefühl ist nur ein Deckname, unter dem sich psychisch recht Verschiedenes verbirgt, insbesondere eine Fülle von autonomen Komplexen, die echtes Gefühl sogar wirksam niederhalten. Gefühl ist hier also «vermischt», und das wäre der Gegensatz, getrübt, unrein und vermengt. Aus diesem Wust von Fragwürdigkeiten hat sich das reine Gefühl «herausdifferenziert», also sozusagen herausgewunden. So entsteht neutestamentlich gesprochen das «reine Herz», das «alles Arge» abgestreift hat. Das Wort Herz steht ja für Gefühlstotalität, bezeichnenderweise preist Jesus gerade dieses Herz «selig» oder «glücklich».

Das Gefühl Jesu ist *«nicht identifiziert mit dem äußeren Kollektiv»*. Äußeres Kollektiv, das ist die Welt des «Man», der äußerlichen Konvention. Ihr darf man, ja muß man sogar «angepaßt» sein, aber nicht mit ihr identifiziert. Ist dies der Fall, dann ist man vom Kollektiv verschluckt, der Mensch hört auf, Person oder Individualität zu sein. Er ist nicht mehr «ein freier Herr aller Dinge», mit Luther zu reden. Zum-Man-nivelliert, das wäre wiederum der Gegensatz zu der Funktionsweise, die hier zur Debatte steht. Verschluckt werden vom Man heißt ja psychologisch: Nicht mehr die Realität sehen, wie sie ist, sondern nur der eigenen unintegrierten Innenwelt, nun nach außen projiziert, noch einmal begegnen, womit die Realität selbst in allem und jedem subjektivistisch mißverstanden ist. In wie entschiedener Weise sich Jesu Fühlfunktion gedrungen sieht, sich immer wieder mit seinem Kollektiv nicht zu identifizieren, sich vielmehr energisch abzusetzen, das wird in dem folgenden Abschnitt über den kollektiven Schatten gezeigt.

Jesu Gefühl ist *«nicht identifiziert mit einem inneren Kollektiv»*. Mammon, Gesetz, Abwertung des Weiblichen, Ansehen oder öffentliche Geltung usw werden ja innere Dominanten und Determinanten. Nach den eigenen inneren Abhängigkeiten von Dingen, Ideologien, von Vater und Mutter, oder was immer es sei, das heißt nach den eigenen inneren nicht überwundenen Infantilitäten wird die Welt draußen gedeutet, behandelt, wird reagiert. Beherrscht von ungezügelter Emotionalität und Affektivität, oder durch innere Infantilität, das wäre der Gegensatz zu der Funktionsweise des jesuanischen Gefühls. Auch wenn Jesus die Pharisäer schilt, den Tempelhof säubert oder den Heuchlern scharf entgegentritt, handelt er nicht aus Wut, Affekt oder Empörung, sondern bleibt nichtidentifiziert, darum dem Gegenüber unweigerlich überlegen.

Jesu Gefühl ist *«differenzierend»*. Weil selbst differenziert, darum kann diese Gefühlsfunktion auch anderen gegenüber differenzieren. Der Gegensatz wäre das schematische Verhalten. Bei Jesus jedoch gibt es keine Schemata, Modelle oder Prinzipienstarrheit. Er ist nicht ein Mann der in ihrer Unwandelbarkeit tötenden Maxime, sondern der schöpferischen Elastizität. Er schlägt nicht über einen Leisten, sondern kann, selbst differenziert individuell, anderen gegenüber individuell differenzierend oder persönlich verfahren. Es gibt bei ihm keine stereotypen Antworten. Selten bekommt einer zu hören, was er erwartet und zu verdienen meint. Sehr oft vernimmt oder erfährt der Verwirrte, Verzweifelte, Verunsicherte, woran er nicht in seinen kühnsten Träumen zu denken gewagt hätte. Darum, weil seine Einfühlung zu differenzieren vermag, das Grundvertrauen: Wenn einer, dann ist es der, der uns versteht!, wie im einführenden Abschnitt als starke Gegenwartserfahrung konkret belegt wurde.

Jesu Gefühl ist *«Wertgefühl»*. Damit kommt das innerste Wesen seines reinen Gefühls zum Ausdruck. Echtes Gefühl umspielt immer einen maximalen oder minimalen Wert. Der Gegensatz, Wertindifferenz nämlich, ist das Ende jeglichen Gefühls, ist Gefühllosigkeit, neuerdings besonders an den über Leichen gehenden Ideologen zu beobachten. Gefühl ist immer eine Art «inneren Wertens», der «Bewertung», betont auch C. G. Jung. «Das Fühlen vermittelt einem durch den Gefühlston den Wert der Dinge.»[14] Darum die alle Vorläufigkeiten schnell überspringende Direktheit bei Jesus, das Nüchterne wie Kritische, das Kompromißlose. Er nimmt die Menschen von ihrer wertvollsten Seite, er spricht sie auf ihren letzten Selbstwert, auf ihre Gottebenbildlichkeit an, dahin geht drängend und unbeirrt sein wertorientiertes Mitfühlen.

Jesu Gefühl ist *«wertschöpferisch»*, es schafft neue Werte im Sinne des geschichtlichen Ereignisses. Es ist Wert setzendes Gefühl, es vollzieht sich als axiologische Thetik. Das zeigt sich konkret im folgenden Abschnitt über das heile Gottes- und Menschenbild. Als Fühltyp dieser Art ist Jesus ein wirklicher Neuerer. Er ist kein Restaurator nur, der den durch die Sünde entstandenen Schaden repariert, wie die Reparations-Christologie lange meinte. Er hat nicht nur bestehende Forderungen radikalisiert. Radikalisieren ist nicht Sache der schöpferischen Menschen, sondern der Extremisten. Jesus war vielmehr ein echter Neuerer, ein genuiner Entdecker, ein exemplarischer Verwirklicher obendrein. Dazu machte ihn, psychologisch gesehen, sein reines oder differenziertes Wertgefühl, dem im übrigen eine geniale Intuition zur Seite steht.

Jesu Gefühl ist *«allumfassend»*. Das hat man richtig gespürt, wenn man neuerdings den «kosmischen Christus» hat wiederentdecken wollen[15]. Das hat man früher ebenso richtig geahnt, wenn man ihn zum «Pantokrator» machte. Jesu Fühlfunktion ist nicht klein und eng, sie ist vielmehr weit und umfassend. Die Lilien auf dem Felde, die Vögel unter dem Himmel, das fröhliche Lallen der Kinder sind als «Beweise» für die Positivität des Daseins als einer Welt Gottes lächerlich leicht zu widerlegen. Aber sie sind die einfach großen, die ergreifenden Zeugnisse einer Gefühlsfunktion, die sich ins Universale geweitet hat und darum schließlich das Gesamtsein umfaßt.

Diese kosmisch weit gespannte schöpferische Gefühlsbeteiligung Jesu erinnert uns alle grundsätzlich daran, daß es letztlich völlig müßig ist, über Sein und Existenz wertverweigernd, wertbezweifelnd oder sonstwie anerkennend oder aberkennend weiterzuspekulieren. Die wichtigste Figur in diesem Drama sind vielmehr wir selbst, das heißt die schöpferische wertfindende, wertgewahrende, wertsetzende Haltung, die wir selbst einnehmen, zu der wir selbst innerlich befreit oder aber nicht befreit sind. Dazu sind wir in der Neuzeit besonders durch Albert Schweitzer aufgerufen worden. Entscheidend prägt er ein, daß aus Weltbetrachtung keine Weltanschauung hervorgeht, aus Physik nie Ethik und aus Biologie keine sittliche oder metaphysische Norm schon folgt, mag dieser prinzipielle Irrtum auch das abendländische Denken noch so nachhaltig charakterisieren. Zum Zustandekommen einer ethischen oder metaphysischen Weltanschauung, so zeigt er, sind andere, «von Innen kommende», elementare Kräfte und Motive entscheidend.

Das Gefühl, mit dem wir die Welt umspannen, entscheidet über die Welt, die wir haben, und ebenso darüber, wie wir unsere Existenz in ihr vollziehen. Jesu positive Gefühlsbeteiligung, die mit universaler wertbezogener Erfahrungsbereitschaft identisch ist, bedeutet den psychologischen Sieg, der die Welt überwindet.

Die Funktionsweisen des jesuanischen Gefühls, das wir als seine bewußte Hauptfunktion bezeichnet haben, haben wir nach neun verschiedenen Aspekten hin so individuell wie möglich zu kennzeichnen gesucht. Abschließend muß aber noch einmal deutlich betont werden, daß die Fühlfunktion einer introvertierten exzeptionellen Person zur Debatte stand. Die Fühlfunktion eines Extravertierten würde wesentlich anders zu kennzeichnen sein. Das würde einen aufschlußreichen Kontrast abgeben, liegt aber unserem Thema zu fern.

Auf jeden Fall dürfte deutlich geworden sein, wie Jesu Gefühl sich von dem unterscheidet, was in der modernen Welt dafür gilt. Eine der Schwierigkeiten, Jesu Gefühl in unserem Sprachkreis zu verdeutlichen, besteht gewiß darin, daß die deutsche Sprache ein Äquivalent für reines, differenziertes Gefühl nicht bietet. Auch wenn Goethe uns versichert, daß Gefühl alles sei, Name und Begriff demgegenüber nichts als Schall und Rauch blieben. Dem Wort Gefühl haftet dem gängigen Allgemeinverständnis nach etwas Vages, Schwankendes, Sentimentales, vor allem das Odium des bloß Subjektiven an. Auch wenn wir kein besseres Wort wissen, ist doch wohl greifbar geworden, daß genau das Gegenteil von dem allen hier gemeint ist.

Die weiterführende Frage lautet: Was richtet diese so analysierte Fühlfunktion Jesu aus? Was bringt sie schöpferisch, Werte schaffend zu Wege? Und diese Frage wollen wir im Blick auf das bewegende Zentrum, im Blick auf das Gottesbild Jesu beantworten.

Das heile Gottesbild

In einer tiefschürfenden Studie über «Symbole des Weiblichen in Gottesbild und Kult des Alten Testamentes» sagt Georg von Gynz-Rekowski, daß eine «heile Ordnungsstruktur» in einem Gottesbild da vorliegt, wo «sich das Material des Gottesbildes als archetypisch erweist, geprägt aus den Urformen der menschlichen Psyche». Das ist im alttestamentlichen Überlieferungsrahmen weithin, jedoch im Entscheidenden nicht der Fall. Denn zu den Urformen archetypischer Art, die im heilen Gottesbild sich spiegeln müßten, gehört ja auch die Animus- und Anima-Figur. Der Verfasser zeigt jedoch, daß wohl weibliche Symbole wie das der Lade im Alten Testament nachzuweisen sind. Aber eine Integration derselben, ganz zu schweigen von Anima-Haltung, scheitert an der starr patriarchalischen Haltung, besonders seit der Kultreform des Josija. Und so entsteht endgültig der «Geist-Vater», «dem aber in seiner Höhe die lebendige Verbundenheit zur Tiefe verloren ging»[1].

Bei Jesus ist diese lebendige Verbundenheit zur Tiefe da, zum ersten Mal nicht nur in Israel, sondern in der gesamten Religionsgeschichte. Denn es ist ein Gottesbild, hinter dem Anima-Integration steht, das heißt Beziehungen werden hier nicht abgeschnitten, sondern allseitig gesetzt. Die heile Ordnung im Gottesbild Jesu zeigt sich anders gesagt zentral darin, daß es ebenso von männlichen wie von weiblichen Werten bestimmt ist. Dies ist eine kurze Charakterisierung. Sie drückt aber das intimste Mysterium des Gottesbildes Jesu aus, es bezeichnet den Höhepunkt der Religionsgeschichte überhaupt. Das soll sich sofort zeigen.

Was jedoch ist männlich, was weiblich? Hier sind keine analytischen Aufweise oder längeren Deduktionen möglich. Das alles muß vorausgesetzt werden. Thetisch müssen wir die «Antworten» hierher setzen, allerdings das, was uns das Fortschrittlichste und Ausgewogenste zu sein scheint. Wir betonen, daß aus der Fülle der neuzeitlichen Arbeiten zur Geschlechterbeziehung die in einen weiten geistesgeschichtlichen Rahmen gestellten psychologischen Untersuchungen von F. J. J. Buytendijk[2], zuvor schon von uns hervorgehoben, besonders berücksichtigt sind. Natürlich stellt es eine abgekürzte Redeweise dar, wenn bei Buytendijk von männlichen oder weiblichen Seinswerten die Rede ist. Gemeint sind werthafte, wertverbundene oder wertbezogene Vollzugsweisen typisch männlicher oder weiblicher Existenz. Buytendijk verwendet die Kategorie «Menschsein im Modus der Männlichkeit» und «Menschsein im

Modus der Weiblichkeit». Denn nur so gibt es Menschsein, niemals ist es geschlechterundifferenziertes abstraktes Menschsein an sich. Auch diese Begrifflichkeit ist hier gelegentlich verwendet, lieber aber gebrauche ich den deutschen Terminus «Vollzugsweisen» typisch männlicher oder weiblicher Art. Der Begriff Vollzugsweise soll in einem Wort zusammenfassen, das will weithin übrigens auch Buytendijk, die phänomenologische Gegebenheit, die bedeutungsphänomenologische Tiefe, das nicht Statische, sondern dynamisch Funktionelle, das Willentliche, das damit gesetzte Ethische und Metaphysische, das existentiell Entscheidungshafte. Eben um Vollzugsweise der Gesamtexistenz, in so viel Bezügen stehend, handelt es sich.

Was also sind männliche Vollzugsweisen? – Alles, was zum «Leistend in der Welt Stehen» Bezug hat. Leisten meint hier nicht arbeiten oder etwas tun überhaupt. Das träfe ja unterschiedslos auf beide Geschlechter zu. Männliches Leisten impliziert die existenzursprüngliche Distanz zum Dasein, die der Mann immer erst überwinden und zu überbrücken trachten muß. Er muß sich immer erst selbst bestätigen, nämlich durch Leistung, so erst ist er eigentlich «da». Die ursprüngliche Diastase zum Dasein und die folgerechte Grundintention der leistenden Überbrückung sind bei diesem Modus des Menschseins das Entscheidende. Darum das ständige Überwinden, das Thetische, das Zugreifende, das Zu- und Vorstoßende. Die psychologische Dynamik ist hier ein spezifisch intentionales Gerichtetsein. Entsprechend spielen Verantwortung, Wille und Pflicht eine entscheidende Rolle, ebenso Stellungnahme, Entscheidung und Entschiedenheit. Männliche Vollzugsweise ist immer ein Sichentwerfen in die Welt hinaus. Dieses sich leistend in die Welt hinaus Entwerfen kann in seiner Zielstrebigkeit hart, ja rücksichtslos wirken. Es hat ein unruhiges, ja revolutionäres Element in sich, jedenfalls das unbeirrte Durchsetzen oder auch Sichdurchsetzen ist ihm eigen.

Wo finden wir männliche Vollzugsweisen solcher Art bei Jesus? Das Erste und Elementarste, Jesus ruft dazu auf, daß wir etwas «tun» sollen. In höchst eindrücklicher Weise wird dieser Ruf zum Tun-Sollen in immer neuen Variationen wiederholt. «Tut» Buße, denn das Himmelreich ist nahe. Wenn es historisch stimmt, daß dieser Bußruf das erste überlieferte Jesus-Wort überhaupt ist, dann geht es also zuallererst um ein Tun. Wir sollen «trachten» und in solchem Trachten auch wirklich «beharren». Wir sollen «nicht ablassen», vielmehr «treu sein». Verantwortungsbereit gilt es stets «wach» zu sein. Vorab also, hier wird «geleistet»!

Und darum ist Entscheidung gefordert und nötig. Es gilt einen Standort zu beziehen und die entsprechende Verantwortung zu schultern. Es geht um die Entscheidung, ob man ihm nachfolgen will oder nicht. Ob man das Fundament des eigenen Hauses, der eigenen Existenz, auf Felsen gründen will, oder ob man es verantwortungslos darauf ankommen lassen will, ob der nächste Platzregen die untaugliche sandige Grundlage hinwegspülen wird oder zufällig nicht. Es geht um den guten oder schlechten Weg, und auf einem von beiden ist man immer. Darum entscheide man sich besser mit bewußter Klarheit, auf welchem man angetroffen werden will. Man komme zu solcher Entscheidung auch in der Frage, ob man seine eigenen Talente und Möglichkeiten verrotten lassen oder wirklich einsetzen will. Ganz zu oberst ist die Entscheidung darüber unabdinglich, ob man wie die auf dem Markt spielenden Kinder weitermachen will, oder ob man dem Einbruch des Absoluten in die eigene Existenz überhaupt stattgeben und sich mit so etwas wie dem «Willen Gottes» einlassen will.

Entscheidung allein tut es noch nicht. Sodann kommt es auf die beharrende Entschiedenheit an, in die jene gebettet ist. Ist die Hand einmal an den Pflug gelegt, darf nicht zurückgeschaut werden. Auch die natürlichen und nächsten Bande, die an Vater und Mutter binden, sind kein Absolutum mehr. Das ist scharf zu bedenken, um nicht irre zu werden. Der Bruch mit der Inertia, dem sanften oder besser faulen Frieden, vor allem mit sich selbst, muß für immer sein, in solcher Beziehung bringt Jesus eher das Schwert. Und die Entschiedenheit muß so sein, daß man jederzeit bereit ist, es um der Klarheit willen wider sich selbst zu zücken.

Solch entscheidungsvolles Tun, in dem mit Entschiedenheit beharrt wird, soll sich tatsächlich in die Welt hinaus entwerfen. Bescheidung im stillen Winkel ist nicht Jesu Art. Die Jünger sollen ihre guten Werke sehen lassen vor der Welt, vor dem weitesten Forum. Sie sollen wie die Stadt auf dem Berge wirken, weithin Orientierung, Bergung und Zuflucht bietend. Sie sollen das Salz der Erde und das Licht der Welt sein. Das Schicksal der Welt hängt davon ab, ebenso das Werk, das Jesus in ihr angefangen hat und das nicht weniger als alles wie ein Sauerteig den Brotteig durchsäuern soll.

Man könnte das Neue Testament auszitieren, um die Leistungswerte des männlichen Modus der Existenz, wie sie sich bei Jesus finden, weiter zu belegen. «Die Wahrheit tun», das ist nicht nur ein johanneischer, das ist der jesuanische Hauptbegriff. Unter dieser Überschrift stehen Jesu eigene Taten, nicht nur sein Tun, sondern schließlich auch sein Leiden und Sterben. Es bedeutete ihm, wie wir noch sehen werden, nichts weniger als passives Erleiden, sondern aktive Auseinandersetzung.

Der von Jesus vertretenen und gelebten männlichen Vollzugsweise fehlt auch nicht das Rauhe und Harte, das als rücksichtslos empfunden werden kann. «Diese Unterweisung mutet uns zuviel zu!», wehrt man ab. Sie wird als so «hart» empfunden, daß die Reaktion lautet: «Wer kann das schon anhören?»[3] Härter geht es offenbar nicht, eine Grenze des Erträglichen scheint erreicht zu sein. Wer je von Jesus mit lieblicher Sentimentalität geschwärmt und gedichtet hat, erfährt hier, daß Jesus tatsächlich atemraubend hart war.

Das Wort hart oder sklērós kehrt im Gleichnis von den anvertrauten Zentnern, wie Luther es nennt, wieder. Der eine geringe Gabe erhalten hatte, aber auch nichts mit ihr auszurichten unternimmt, sucht sich dem Rechenschaft fordernden Herrn gegenüber zu entschuldigen: «Ich wußte, wie ‹streng› du bist.»[4] Und er erfährt, daß der Herr es tatsächlich ist, denn vertan ist vertan.

Und was die beiden zuletzt genannten Stellen so markant unterstreichen, könnte noch auf vielfache Weise belegt werden. Jesus «bedroht» Menschen «hart» oder «streng», «vielmals» oder «mächtig», offensichtlich entstand dieser Eindruck. Hierher gehört auch der harte Tenor der Reden gegen die Pharisäer, die im Zusammenhang mit dem Problem des Kollektivschattens noch eine Rolle spielen müssen. Man sollte nicht der reduzierenden Tendenz verfallen, sie entschuldigen zu wollen. Man sollte vielmehr seine Freude daran haben, daß Jesus als Mann so gesprochen hat oder doch so ähnlich.

Zu den männlichen Vollzugswerten gehört aber auch der Grundgedanke Jesu, daß wir die Verantwortung für unsere Taten ganz selbstverständlich tragen. Wir vermeiden absichtlich das gängige Wort «Lohngedanke», das sofort auf einen nicht neutestamentlichen Gedanken der retributiven Gottesgerechtigkeit führt, in die Sphäre des Legalismus und des rechnerischen Vergeltungsschemas. Und das alles hat Jesus ja nicht vertreten, sondern das Gegenteil. Aber andererseits heißt Gnade definitiv nicht, der Verantwortung ledig sein. Solche Gnade wäre Menschen zerstörend, denn ganz wesentlich an Verantwortung wächst der Mensch aus Infantilität zum Selbstsein, um nicht zu sagen: durch geschulterte Verantwortung allein. Und solche an der Verantwortung vorbeigehende Gnade wäre in sich substanzlos, denn sie wäre nichts weiter als mildes, destruktives Übersehen. Derart substanzlose destruktive Gnade hat Jesus nicht vertreten, die Reformatoren auch nicht, die theologische Tradition jedoch oft genug.

Wie sich Verantwortung und Gnade verschränken, zeigt sich übrigens im folgenden. Die Gesichtspunkte der Entscheidung, der Entschiedenheit oder Verantwortlichkeit machen es ja bereits so einsichtig wie nur möglich: Jesus hat von einer männlichen Gnade gesprochen, der Verantwortung innewohnt. Aber der so leicht hohl und mißverständlich klingende Terminus «männliche Gnade» ist eine psychologisch erlaubte Wortprägung, keine theologische. Jedenfalls, der im Neuen Testament vernommene «hominine Anruf» ist zunächst einmal ein markanter, starker «maskuliner Anruf».

Wie steht es zweitens aber mit den weiblichen Vollzugsweisen oder -werten bei Jesus? Zunächst, was sind weibliche Seinswerte, was typisiert «Menschsein im Modus der Weiblichkeit»?

Sicherlich steht hier im Gegensatz zu Leisten das Wort Rezeptivität beherrschend im Vordergrund. Nicht die harte, eckige, in die Welt vorstoßende Vollzugsweise ist hier charakteristisch, sondern das Weiche, Gerundete, das Fließende, Flüssige und Schmiegsame. Das Sich-Anschmiegen tut sich hier als Wesenszug kund, und dahinter steht ursächlich ein dem Sein-immer-nahe-Bleiben. Dem männlichen Hinausgreifen und Sichbestätigen in der zu allererst aufzubringenden Leistung entspricht hier das beherrschende Bezogensein auf ein Innen, auf ein wesenhaft Innerliches, auf das Innen aller Dinge, auf das Mysterium des Seins schließlich. Das Seinshafte, die Seinswerte, die Nähe zum Sein selbst, umspielt geradezu das Weibliche, umhüllend, bergend, bewahrend und sorgend, wie seine fließenden Gewandungen seine Gestalt umfließen. Der männlichen Gespanntheit entspricht beim Weiblichen geradezu das permanente Entspanntsein in das Sein hinein, oder eben die Rezeptivität dem Sein gegenüber. Empfangen und Empfänglichkeit gehören hierher, ebenso der mütterlich umsorgende, bewahrende Existenzvollzug. Seinsnähe aber bedingt Elastizität und Beharrungsvermögen, Seinsnähe bedingt ebenso Wandlungscharakter. Dem Sein nahe Verbundenbleiben wirkt wie durchhaltende Jugendlichkeit. Gibt es solche typisch weiblichen Vollzugsweisen bei Jesus?

«Selig sind die Empfänglichen», die rezeptiv Geöffneten, so sagt die erste Seligpreisung. Denn die «Armen» oder «Armen im Geist», von denen hier üblicherweise die Rede ist, sind die, die sich nicht aufwendig und pharisäisch wie die Besitzenden und Habenden gebärden, die vielmehr in Anerkennung ihrer inneren Bedürftigkeit, ihrer Armut oder ihres Schattens zum Empfangen, zum Empfangen von Gott her, geöffnet sind. Diese erste Seligpreisung ist in der Tat thematisch für das gesamte Evangelium. Evangelium heißt Empfangen, zum Empfangen bereit sein.

Rezeptivität ist das A und das O der lutherischen Wiederentdeckungen. Der «Geschenkcharakter» ist das Entscheidende am Evangelium, so sagten Luther und die Reformation, und wieder Schleiermacher und Zinzendorf. Nicht das «agere» ist alles, sondern das «agi», nicht das Handeln, sondern das Gehandeltwerden. Nicht auf das «dare» kommt es wesentlich an, sondern auf das «dari», also auf das Beschenktwerden. Der Glaube ist seinem reformatorischen Grundcharakter nach «fides receptiva», und dieser Rezeptionsglaube meint nichts anderes als eine «aufnehmende» oder «empfangende» Funktion. Tiefenpsychologisch gesehen meint

Glaube eine existentielle Gesamthaltung, bei der das Bewußtsein für die schöpferischen Impulse vom Unbewußten her rezeptiv geöffnet ist. Man spricht abschätzig vom Protestantismus als einer reinen «Männerreligion», auch C. G. Jung tut es, aber man vergißt, daß Rezeptivität oder Empfänglichkeit, «die» weiblichen Seinswerte «das» Zentrum und «das» Wesen von allem evangelischen und reformatorischen Glauben bilden.

In Jesu eigener Haltung sind nicht nur allgemeine weibliche Seinswerte, sondern die mütterlich umsorgenden oder bewahrenden Vollzüge aufs intimste integriert. Jesus blickt zB auf das in seinem Kollektivschatten verhärtete Jerusalem und ruft aus: «Wie oft wollte ich euch alle zu mir holen, wie eine Henne ihre Küken unter ihre Flügel nimmt, aber ihr wolltet nicht.»[5] Hier ist nichts zu interpretieren, ein sprechenderes Bild für herzliches, ja mütterliches Umsorgen ist schwer zu denken. Oder wir erinnern uns des Wortes: «Wenn eine Frau ein Kind zur Welt bringt, leidet sie Schmerzen, aber wenn das Kind geboren ist, vergißt sie die Schmerzen. Sie ist nur noch glücklich, daß ein Mensch zur Welt gekommen ist. Euch geht es genauso.»[6] Die Traditionsbildung hat dieses Wort in die Spannung von Trennungsschmerz hier und eschatologischer Wiedersehensfreude hineingestellt. Die Gemeinde in der Welt, die gesamte Welt liegt in Wehen, bis ihr wahrer Sinn geboren wird. Das ist universale Geschichtsdeutung kraft weiblicher Kategorien. «Nicht die Gesunden, sondern die Kranken gebrauchen den Arzt»[7], das ist das weiblich pflegende und bewahrende Element. «Kommet her zu mir alle, die ihr mühselig und beladen seid»[8], das ist schöpferisches Tragen in hohem Maße, in universellem Stil.

Was aber Jesu Gottesanschauung anlangt, so sind die drei Gleichnisse vom verlorenen Sohn, vom verlorenen Groschen und Schaf besonders zentral[9]. Natürlich ist der Gnadengedanke bei Jesus nicht neu. Das Judentum weiß, daß Gott des Strebenden Fehler tausendfach übersehen wird, sofern er aufrichtig im Streben der Tora-Frömmigkeit und in der Tora-Gemeinschaft verharrt, sofern er nicht auf den Weg der gesetzlosen Sünder tritt, wie der 1. Psalm erklärt. Außerhalb der Gesetzesfrömmigkeit und -gemeinschaft Stehen jedoch heißt «verloren» sein, ja «verflucht» sein. Aber in jenen drei Gleichnissen wird gerade das Verlorene gesucht! Das Suchen, Finden und Bergen des Verlorenen ist das Entscheidende, über solch Finden und Bergen herrscht Freude bei Gott, und sogar noch weit mehr als über so viele Gerechte. Jetzt sind es die Verlorenen, die Verachteten, die Verworfenen, die Ausgestoßenen und übel Beleumdeten, die eine Chance haben. Gerade nicht die vom Kollektiv Anerkannten, Geschätzten und Gepriesenen haben die große Chance, also nicht die, die um keinen Preis verlorene Söhne, Schafe oder Groschen sein wollen.

Darum gilt jetzt: «Die Zöllner und Huren kommen eher in Gottes Reich als ihr»[10], die gerechten Vertreter der Gesetzesfrömmigkeit. «Wenn du ein Festessen gibst, dann lade lieber die Armen ein, Krüppel, Gelähmte und Blinde.»[11] «Geh auf die Landstraße und an die Hoftore, wo sich die Bettler herumtreiben, und schaffe sie herbei, damit mein Haus voll werde!»[12]

Was geschieht hier im Gottesbild? Der Vater, also Gott, eilt dem verlotterten Sohn entgegen, die Frau bückt sich nach dem Weggerollten, der Hirt kehrt um und sucht und rettet das Verirrte. Gott kehrt um! Hier ist etwas in Gott, das heißt im Gottesbewußtsein und Gottesbild geschehen, etwas total Veränderndes, Revolutionäres! Gott liebt keineswegs die Gerechten, die angeblichen, vielmehr für das Zertretene und Verachtete ist er da. Gott wird der Gott der Gottlosen, so formuliert man heute pointiert, aber richtig.

Wenn Jesus Gott wie eine Frau handeln läßt, die sich nach dem Verlorenen und Weggerollten bückt, dann handelt er selbst ja wie ein Gottloser. So mußte es in den Ohren der Zeitgenossen, insbesondere der offiziellen Vertreter von Glaube und Recht klingen. Er stellte die fromme Existenz der Tora-Juden, er stellte ihre Grundlagen in Frage. Er ließ Gott etwas tun, was der gerechte Gott nie tun wird und kann, der doch «den Weg der Gerechten kennt». Aber so setzt der 1. Psalm hinzu, «der Gottlosen Weg vergeht», auch dafür sorgt der gerechte Gott, wenn auch nicht augenfällig und sofort.

Daß ihre Grundlagen eine wesentliche Veränderung erfahren sollten, das haben diejenigen besser begriffen, die ihn ans Kreuz schlugen, als die, die heute Differenzen durch kluge historische Vergleiche nivellieren und ihn als einen der Ihren absorbieren möchten. Weil man eine solche in die Tiefe reichende Reformation nicht dulden konnte, weil man dem eigenen lastenden Kollektivschatten sich nicht zu stellen vermochte, mußte er ausgeschieden werden. Und so starb er am Kreuz, ausdrücklich als «Verfluchter» und «Gottloser». Mit dem Gekreuzigten sind für die das Urteil Vollziehenden auch der dem verlorenen Sohn entgegeneilende Vater, die den verlorenen Groschen suchende Frau wie der zum verlorenen Schaf umkehrende Hirt gekreuzigt. Sie sagen ja nicht nur, daß Gott gnädig ist und Sünden vergibt, das sagt mehr oder weniger die gesamte Religionsgeschichte, sie sagen etwas viel Präziseres, und um dessentwillen sind sie so unannehmbar wie der am Kreuz Hängende selbst.

Dieses Präzisere wird deutlich genug: Jesus läßt weibliche Seinswerte im Gottesbild dominieren! Das ist freilich unerträglich für das fromme Patriarchat, das ausschließlich von männlichen Werten lebt. Es hält das Leisten allein heilig, gewiß auf den Höhepunkten ein aufrichtig frommes, demütiges und gottergebenes Leisten, das mit «Zusatzfasten» und «individuellen Leistungen» ständig bestrebt ist, sich vor Gott noch angenehmer zu machen. Diese Haltung ist aus den Angeln gehoben. Nicht an den Rand, ins Zentrum des Gottesbildes setzt Jesus weibliche Vollzugsweisen oder Werte. Rezeptivität, geradezu «die» psychische Signatur des weiblichen Modus des Menschseins, das Bergen und Bewahren, das Sorgen und Pflegen, das Helfen und Heilen. Diese Momente meinen aber insgesamt das dem «Sein-immer-nahe-Bleiben», die Beziehung zu allem Sein, das Seinsmysterium. Und das besagt, daß die in die «Tiefe» reichende Beziehungsfunktion in permanenter Operation ist. In schöpferischer Operation steht sie zu allem Sein, grenzenlos, unbedingt. Und darum darf das durch Verdikte der Ungerechtigkeit, der Verworfenheit und Unreinheit bislang Abgetrennte, Verstoßene und dem Ruin Anheimgegebene nun zurückströmen in heile und heilende Ordnung, in letztes Bezogensein, in universale Gemeinschaft.

Das ist das Gottesbild eines Mannes mit integrierter Anima, dem gewiß keinerlei «Verkrampfung» mehr eignet, wie C. G. Jung an Jesus bemerkt[13], das ist Anima-Haltung, integrale Beziehungsfunktion, die in die Tiefe wie in die absolute Höhe reicht.

Wirklich? – Die persönliche Haltung Jesu ist, meine ich, überzeugend anschaulich. Zum gedanklichen Ausdruck der von ihm vertretenen Haltung, speziell dem Gottesbild, ist bisher nur ein Nebeneinander aufgewiesen. Männliche wie weibliche Vollzugsweisen oder Wertkategorien finden sich gleicherweise vor. Aber sie können doch nicht einfach nebeneinander stehen, um abwechselnd angewendet zu werden. Wo sind die integrierenden Begriffe, wo ist der integrale gedankliche Ausdruck dieser Haltung? Natürlich stellt er das zentrale und wesentliche Eigentümliche des Neuen Testaments dar. Da hier nicht neutestamentlich theologische Breite erstrebt werden kann, sondern nur die sachlich wie psychologisch relevanten oder zentralen Phänomene herausgehoben werden sollen, möchte ich die gedankliche Integration an nur einem Symbol und einem Begriff aufzeigen. Beide, das Symbol wie der Begriff, sind jeweils von solchem Bedeutungsumfang, daß mit dem einen fast das Ganze gekennzeichnet ist.

Das Symbol, auf das ich deute, ist das Baumsymbol. Das in dieser Beziehung wichtigste Wort Jesu ist: «An ihren Früchten sollt ihr sie erkennen. Ein jeglicher guter Baum bringt gute Früchte, aber ein fauler Baum bringt arge Früchte. Ein guter Baum kann nicht arge Früchte bringen, und ein fauler Baum kann nicht gute Früchte bringen. Ein jeglicher Baum, der keine guten Früchte bringt, wird abgehauen und ins Feuer geworfen. Also, an ihren Früchten sollt ihr sie erkennen.»[14]

Über die archetypische Bedeutung des Baumsymbols gibt es eine verzweigte Literatur. Ihr hat auch Jung besondere Beachtung geschenkt. Nach ihm zeigt dieses Symbol immer einen «Wachstumsvorgang», und diese Bedeutung liegt ja greifbar in dem Bild des Symbols. Aber es geht zumeist nicht nur auf «den Lebensprozeß überhaupt», sondern als elementares Symbol auf jenen organischen Entwicklungsprozeß, der Integration oder Individuation heißt, hinter dem also Wesentliches potentiell-dynamisch steht, also das Selbst oder die Gottebenbildlichkeit des Humanum. Darum kann Jung auch abgekürzt sagen, es zeige das «Selbst als Wachstumsvorgang» an. Es steht schon impliziert für Gegensatzvereinigung, es ist «Wandlungssymbol» im umfassenden Sinne[15].

So steht es auch ganz spezifisch bei Jesus. Leisten und Sein, Tora und Tun, Gesetz und Evangelium, männlicher und weiblicher Existenzmodus, Animus und Anima, alle spannungsvollen Gegensätzlichkeiten, die mit der einen Spannung Leisten – Rezeptivität angezeigt sind, sie alle sind nicht mehr, was sie vereinzelt waren, sie sind eingegangen in einen einigenden Wachstums- oder Werdeprozeß. Dessen letzte dynamisierende Spannung aber ist die Urpolarität: Selbst – Gott.

Dieses Baumsymbol bezeugt, daß Jesus für Ganzheit, Totalität, Integration im umfassenden Sinne selbst das Symbol ist. Wo immer man sich darum auf die Grundwahrheit des Evangeliums zurückbesonnen hat, hat das Baumsymbol erneut zentrale Bedeutung, nicht zuletzt bei Luther und der Reformation.

Und so liegt es in der Logik der Entwicklung, daß die spätere Tradition das Baumsymbol auch auf Jesus selbst bezogen hat. Jesus selbst ist der Lebensbaum oder der Weinstock. Und so zeigen ihn viele bildliche Darstellungen der christlichen Kunst aller Jahrhunderte. Das Kreuz, an dem Jesus stirbt, wird zum Baum der Gegensatzvereinigung. Die sich schneidende Waagerechte und Senkrechte werden Integrationssymbol von Himmel und Erde, Gott und Mensch, von Männlich und Weiblich. Der Sinn allen im Menschsein angelegten Spannungsreichtums erfüllt sich hier, in Christus, das ist der Sinn des Baumsymbols in Jesu Mund, im Zeugnis des Neuen Testamentes und der Glaubensgeschichte, die immer Erfahrungsgeschichte ist.

Männliche wie weibliche Werte vereinigt Jesus im Gottesverständnis, so sagten wir. Darum sei unterstrichen: Inwiefern ist das Baumsymbol vereinigendes Symbol von «Leisten» und «Rezeptivität»? Leisten ist nun der Gefahr entnommen, steriler Legalismus zu werden, seiner Hauptgefahr. Rezeptivität ist nun der Gefahr entnommen, blinde Naturhaftigkeit zu bleiben oder zu werden, ihrer Hauptgefahr. Wachstümliche Entfaltung als sinnbezogene Kreativität, das ist das sie einigende Telos.

Das scheinen schlichte Sätze zu sein, in Wahrheit versuchen sie das Sublimste vom Sublimen zum Ausdruck zu bringen oder nachzustammeln. Denn wo sonst in der Religionsgeschichte aller Zeiten ist von solcher Vereinigung der Gegensätze, speziell des Männlichen und des Weiblichen, auch nur die Rede?

Neben dem vereinigenden Symbol sollte ein die Gegensätze, von denen hier die Rede ist, integrierender Begriff aufgezeigt werden. Das ist der Begriff der jesuanischen «Liebe», bekannt vor allem aus dem «größten Gebot», das davon spricht, daß man Gott über alle Dinge lieben solle und den Nächsten wie sich selbst. Sodann aus dem großartigen Hymnus auf die Liebe, den Paulus im dreizehnten Kapitel des 1. Korintherbriefs gedichtet hat. Dieser Begriff ist bekannt aus dem gesamten neutestamentlichen Bericht. Allbekannt ist dieses Wort und darum mißverstanden und gänzlich unbekannt wie so viele allbekannte Dinge. Selbst die neuere Theologie hat recht lange gebraucht, bis sie in der Lage war, deutlich zu machen, daß in dem gängigen Satz «Gott ist Liebe» gerade Liebe die unbekannte Größe ist. Die neutestamentliche Agape, das griechische Äquivalent, weigert sich, unsere gängigen Assoziationen zum Begriff Liebe zu akzeptieren. In der Tat ist Agape oder Liebe ein ganz ungewöhnlicher, ein spezifischer Integrationsbegriff.

Der Psychologe Bruno Bettelheim hat ein Buch mit dem bezeichnenden Titel «Liebe allein genügt nicht» geschrieben[16]. Ein Neuankömmling in seinem Heim unterhält sich mit einem älteren Insassen, wie es denn hier «sei». In Ordnung, erklärt der andere, hier lieben sie uns nicht, hier sorgen sie für uns. Was nämlich Liebe ist, was man gängigerweise darunter versteht, das hatten diese geschädigten Kinder bitter am eigenen Leibe erfahren. Demgegenüber, das meint der ältere Junge, werde hier wirklich etwas für sie getan. Liebe, das war für jene Kinder dramatisches Getue, Liebkosen, das oberflächlich bleibt, emotionaler Aufruhr, der den anderen gar nicht wirklich sieht, der darum nicht weit trägt. «Bemühung» um den anderen, sagt Bettelheim zu recht, wohnt solcher Liebe nicht inne.

Jesus spricht nicht von einer Liebe, die allein nicht genügt. Seiner Liebe wohnt Bemühung um den anderen inne. Ihrem wesentlichen Grundzug nach ist sie gerade dies, Bemühung um den anderen auf «höchster Ebene».

Die weibliche Wertskala ist in Jesu Konzeption der Liebe oder für das Gottesbild bestimmend. Das kommt darin zum Ausdruck, daß jede Spur einer Rechtsordnung getilgt ist, Jesus liebt nicht «weil», der Gott Jesu liebt nicht «weil». Vielmehr ist von einem spontanen Schöpfertum die Rede, das mit innewohnender Selbstverständlichkeit die Anrede, den Kontakt, das Geborgensein in der Gemeinschaft aktiv sucht oder ermöglicht, nicht einmal, «nicht nur siebenmal, sondern siebzigmal siebenmal»[17]. Nach Jesu Verständnis sucht Gott überhaupt keine Genugtuung mehr für seine verletzte Majestät, sei es durch Opfer oder Gerechtigkeitsleistungen. Worin besteht in Wahrheit seine Majestät und Ehre, mehr noch seine Freude? Darin, daß der in sich verkrümmte Mensch, kontaktlos und verkümmert, sich dem Schöpfertum der ewigen Macht öffnet. Darin hat Gott seine Majestät, daß sein heilendes Schöpfertum zum Ziele kommt, daß der verlorene Sohn heimkehrt, daß der weggerollte Groschen sich aufheben, daß das verirrte Schaf sich auf die Schulter legen und heimbringen läßt. Über den Sünder, der umkehrt, herrscht «die» große «Freude im Himmel»[18].

Diese Agape ist unermüdliche «Bemühung». Sie ist Bemühung schlechthin, sie ist die reine Freude schöpferischer Bemühung. An diesen Grundzug jesuanischer Liebe hat Luther am genialsten angeknüpft. Die «iustitia Dei», die Gerechtigkeit Gottes, ist nicht ein Fordern, dem man doch nicht entsprechen kann, sondern ein Geben, dem man sich allerdings rezeptiv öffnen kann. Diese Erkenntnis war ihm die «porta paradisi», wie er im Eingang zu seinen Opera Latina sagt, der Zugang zum Verständnis des Evangeliums überhaupt. Daran hat Gott, der große Meister, seine Freude, so erklärt er im frühen Römerbrief-Kommentar. Nicht daß er sein Meister-Sein ängstlich für sich ausspart, sondern darin, daß er Lehrlinge und Gesellen wiederum zu Meistern macht, «sui similes facit», daß er sie sich gleich macht, zu sich emporhebt. Gott ist heilendes Schöpfertum, Sorgen und Bewahren im Prinzip. Die weibliche Wertordnung prägt das Gottesbild.

Aber die männliche Wertskala fehlt nicht, und nur so ist dieses Gottesbild zum ersten Male «heil». Agape, Liebe oder Frohbotschaft heißt nun auf einen Nenner gebracht: Du sollst dir schenken lassen! Aber in der Tat, «du sollst»! Du sollst unweigerlich, du sollst unbedingt, hier gibt es kein Rütteln und Deuteln, es geht um Gedeih und Verderb. Diese Chance ist eine unbedingte. Wer sie ausschlägt, der wird umgehauen wie der faule Feigenbaum, der keine Früchte trägt[19], genauer, er bringt das Schicksal einer absoluten Regression über sich selbst. Kein Kantischer kategorischer Imperativ kommt gegen die Schärfe des «Du sollst» auf, das der jesuanischen Liebe innewohnt. Denn es geht hier weder um eine Maxime noch eine humane Dignität nur. Es geht darum, daß der Mensch sein will oder nicht sein will, was er sein kann. Darum, daß er sein will oder nicht will, was er sein soll: Gottes Ebenbild und Mitarbeiter, einem werthaften Schöpfertum geöffnet, das über jede bereits erreichte Verwirklichung hinausgreift, der Transzendenz seiner selbst ewig offen! Denn so ist er «Mensch», «nur» so. Darum soll er, soll er unbedingt. Und insofern ist diese Liebe «Leistung», die gesamte Skala männlicher Vollzugswerte ist in sie eingegangen, in die eine absolute Leistung, die unbedingt zählt.

Aber sie ist nicht mehr nur, was Leisten zuvor war. Und die entsprechende weibliche Wertskala ist ebenso nicht mehr nur, was sie allein war. «Du sollst dir schenken lassen», das bedeutet, daß Leisten und Rezeptivität nun auf jener höheren Ebene stehen, wo sie spannungsvolle Einheit sind. Und das besagt noch einmal, daß Jesu Agape ein Integrationsbegriff ist. Und darum ist Jesu Gottesbild ein «heiles» Gottesbild, in dem Männliches und Weibliches versöhnt ist, das erste heile Gottesbild der Religionsgeschichte – als solches selten verstanden, als solches immer neu zu entdecken. Denn um es zu entdecken und zu verstehen, muß der Mensch die wahre Möglichkeit seiner selbst entdecken und zu verstehen beginnen – daran hängt ja alles [20].

Der kollektive Schatten

Jesus steht wie er ist in seiner Umwelt. Damit sind das Drama aller Entwicklungen und die Tragik bis zum bitteren Ende bereits gesetzt. Es bedurfte keiner besonderen Aktion oder Zielsetzung mehr, um die Dinge in Bewegung zu setzen. Jesu Sein und Wesen bedingt alles, spontan, konsequent und unabwendbar.

So kommt es, daß er mit jedem Wort, mit jeder Geste und Miene, gewollt und öfters noch ungewollt, etwas für die Umwelt ganz Unerträgliches tut: Jesus deckt den kollektiven Schatten auf.

Jesu gesamtes Milieu spaltet den Schatten ab, es projiziert ihn nach außen in die Umwelt, auf Menschen, Beziehungen und Dinge. Diese werden jetzt Projektionsträger, Träger des eigenen inneren Schattens. Unter dem tiefenpsychologischen Terminus «Schatten» verstehen wir alles Nichtgelebte, Versunkene, Vergessene, Niedergehaltene, Verdrängte, kurz die «andere» Seite seiner selbst. Sie liegt nicht nur im Dunkeln des Unbewußten, sie ist zumeist auch die «dunklere» Seite der Psyche und der Person. Der Schatten muß im Integrationsprozeß sozusagen gepackt und gestellt werden, damit er nicht unkontrolliert sein Unwesen treibt, das heißt er muß kritisch bewußt gemacht werden. Damit wird es möglich, als Person verantwortlich zu ihm Stellung zu nehmen. Geschieht das nicht, dann wird der eigene Schatten naiv unkritisch, das heißt unbewußt, nach außen projiziert, wie alles Nichtbewußte in der Projektion gelebt wird. Dies tut Jesu Umwelt nahezu ausschließlich.

Sie lebt die Tora-Frömmigkeit, die das individuelle Leben wie die sozialen und rechtlichen Verhältnisse des Kollektivs bestimmt. Zunehmende Bewußtheit müßte erkennen, daß es prinzipiell unmöglich ist, einem Gesetz zu entsprechen, das den vollkommenen Gotteswillen zum Inhalt hat und seine Erfüllung fordert. Der «Gesetzeseifer» jedoch übertönt jedes Eingeständnis dieser Art. Zwar ahnt man, daß man nicht einmal «merken» kann, «wie oft man fehlt»[1]. Aber erneutes überpflichtiges Anhäufen von Werken erstickt den Zweifel an sich. Man lebt in jener vordergründigen Selbstvergewisserung des zum klassischen Typus gewordenen Pharisäers, der in der bekannten Perikope zusammen mit einem Zöllner zum Tempel hinaufgeht. Beide beten dann auf so verschiedene Weise. Mit dem bezeichnenden «Gott sei Dank, daß ich nicht bin wie andere!» ist die eigene Fehlsamkeit wieder zum Problem der anderen gemacht oder auf die anderen verschoben. Und so wird das Nichtgelebte, die nie ausgelebte eigene Problematik immer neu unterdrückt und überbrückt, und das Unterdrückte wird immer neu verdrängt. So ist diese Frömmigkeitsübung ein permanenter Verdrängungsprozeß gigantischen Ausmaßes. Diese permanente Verdrängung des eigenen Schattens entspricht grundsätzlich der relativ geringen Bewußtheit des konsequenten Patriarchats, sie ist nur auf dieser Ebene in solchem Ausmaß denkbar.

Was verdrängt wird, wird in der Projektion gelebt, so erinnern wir uns. Die Tora-Frömmigkeit ist darum gleichzeitig ein umfassender kollektiver Projektionsvorgang. Es sind immer die Dinge draußen, die tabu oder unrein sind, es sind die äußeren Berührungen, die beflecken. Die anderen, die nicht zur eigenen kollektiven «participation mystique» gehören, sind die verlorenen Sünder. Die Frau insbesondere wird ein ständig williger und bequemer Projektionsträger, wie wir schon sahen, über und über belastet. Alles Schwache und Wehrlose erleidet die gleiche peinsame Rolle, ebenso die offensichtlichen Übeltäter, die Huren und Zöllner, auf die man sich so leicht mit seinen Projektionen stürzen kann.

Jesus tut das Unerhörte: Er fordert sein Milieu auf, den gemeinsamen, den kollektiven Schatten aus der Projektion zurückzunehmen, als den je eigenen zu erkennen und verantwortlich zu akzeptieren.

Dieser signifikante Vorgang[2] zeichnet sich ganz besonders in dem Wort ab: «Nicht das macht den Menschen unrein, was er von außen in sich aufnimmt, sondern vielmehr das, was aus ihm selbst kommt. Wem das Verständnis gegeben ist, der merke auf!»[3] Das «von außen» ist in Wahrheit tatsächlich ein «aus ihm selbst». Was draußen als befleckend abgewiesen wird, gewinnt diesen Charakter nur, weil eine Schatten-kontaminierte, befleckende Gesinnung es subjektiv dazu macht. Dieses Wort formuliert das Prinzip der Schatten-Psychologie auf geradezu klassische Weise.

Um es vorwegzunehmen, das jüdische Kollektiv hat diese «therapeutische Maßnahme» Jesu nicht akzeptieren können. Die Frommen lehnen es ganz einfach ab, sich mit ihrem Schatten konfrontieren zu lassen – wie so mancher Patient in der Therapie! Sie wollen beharrlich in der Projektion weiterleben, der kollektive Schatten ist, anders gesagt, ein viel zu lastendes Verhängnis. Konsequent wird Jesus darum selbst zum Projektionsträger gemacht, nämlich des gemeinsamen oder kollektiven Schattens. So handelt ebenso verzweifelte wie blinde Selbstverteidigung, die Brutalität einer in der Schattensituation erstarrten Verstocktheit. Er ist nun der Verworfene und Gottlose, vor dem man sich schützen muß. Wie sollte man anders überleben? Mit ihm könnte man es nicht, darum muß er ausgeschieden werden. Pilatus ist die unwesentlichste Figur im gesamten Enddrama, faktisch ist er nur listig eingespannt. Jesu Kreuzigung ist die extremste und konsequente Abspaltung des kollektiven Schattens. Das ist Jesu Schicksalskonflikt.

Damit sind wir vorausgeeilt. Wie Jesus den Kollektivschatten aufzudecken unternimmt, um zu seiner verantwortlichen Annahme hinzuführen, darf zunächst an einigen Problemkreisen aufgezeigt werden.

An erster Stelle ist vielleicht der Bußreden an die Pharisäer zu gedenken, weil hier das Anliegen besonders kompakt zum Ausdruck kommt. Aber wahrscheinlich ist dies bereits eine Unterbewertung anderer Stellen, die nicht minder eindrücklich sind. Die permanenten Unterdrückungsversuche, das fortgesetzte Projektionsgebaren bringt es jedenfalls mit sich, daß die Dinge nie wirklich bei ihrem Namen genannt werden, daß man es vermeidet, aufs Wesen der Probleme zu kommen. In einer unerträglichen Veräußerlichung bleibt man an der Oberfläche wörtlicher Erfüllungen oder Entsprechungen. Jesus nennt diese Haltung schlicht und treffend «heucheln», um die für solche öffentliche *Heuchelei* Verantwortlichen zur klar begründeten Umkehr aufzurufen.

In der Überlieferung hört sich das so an: «Euch Gesetzeslehrern und Pharisäern wird es schlecht ergehen! Ihr Scheinheiligen, ihr fahrt um die halbe Welt, um auch nur einen einzigen Anhänger zu gewinnen, und wenn ihr einen habt, dann verderbt ihr ihn so, daß er eure Höllenstrafen doppelt verdient.»

«Euch Gesetzeslehrern und Pharisäern wird es schlecht ergehen! Ihr Scheinheiligen, ihr gebt Gott den zehnten Teil von allem, sogar von Gewürzen und Suppengrün, aber die wirklich entscheidenden Dinge: Recht, Barmherzigkeit und Treue, die kümmern euch nicht. Dies aber solltet ihr tun, ohne das andere zu vernachlässigen. Ihr wollt andere führen und seid selber blind. Eine Fliege, die euch ins Trinkglas gefallen ist, holt ihr heraus, aber dann schluckt ihr ganze Kamele hinunter.»

«Euch Gesetzeslehrern und Pharisäern wird es schlecht ergehen! Ihr Scheinheiligen, eure Teller und Tassen putzt ihr blitzblank, aber was ihr dann daraus eßt und trinkt, das habt ihr euch in eurer Gier zusammengestohlen.»

«Euch Gesetzeslehrern und Pharisäern wird es schlecht ergehen! Ihr Scheinheiligen, ihr seid wie schön geschmückte Gräber, die man gern ansieht, aber drinnen ist nichts als alte Knochen und Verwesung. So seid ihr, von außen hält man euch für ehrenwert und fromm, dabei steckt ihr voll Lüge und Schlechtigkeit.»[4]

Natürlich ist diese Überlieferung nachträgliche Komposition. Um so scharf geschliffene Diktionen, paragraphenähnlich gegliedert, vortragen zu können, müßte Jesus ja nach einem Manuskript gesprochen haben. Und doch gewinnen wir eine recht anschauliche Vorstellung.

Frömmigkeit und neutestamentliche Theologie nahmen daran immer wieder empfindlich Anstoß, daß Jesus so oder doch so ähnlich gesprochen haben sollte. Die einschlägigen Untersuchungen sind darum voll von Entschuldigungen und Zurechtrückungen bis hin zu der These, die diese Bußreden an die Pharisäer rundheraus für historisch unecht erklärt. Diese psychologisch außerordentlich aufschlußreichen Versuche zeigen fast überspitzt, wie wenig man selbst psychisch in der Lage ist, sich Jesus wirklich als Mann vorzustellen, der voll gerechten Zorns sein konnte. Weil es um gerechten Zorn geht, ist die für die Bußreden bekannte Bezeichnung «Schmähreden» abzulehnen. Schmähen setzt eine herabsetzende böswillige Absicht voraus, die man Jesus nicht gut unterstellen kann.

Zornige Reden jedoch sind es in der Tat. Dem Zorn kommt durchaus eine hohe ethische Qualität zu, im Gegensatz etwa zur Wut, die ein Ausbruch unkontrollierter Affekte ist. Um des Zornes überhaupt fähig zu sein, bedarf es einer Persönlichkeit von Volumen, der Durchschnitt ist für Zorn viel zu schwach und bescheiden. Im Zusammenhang mit dem Zornmotiv in Luthers Gottesanschauung hat der bedeutende Lutherforscher Ferdinand Kattenbusch Bemerkenswertes zum Begriff Zorn geäußert. Zorn Gottes heißt demnach, daß Gott wirklich «mit dem Herzen» das Tun des Menschen begleitet, daß er selbst zutiefst «beteiligt» ist, wenn er dessen falsches Tun mit ansehen soll. Zorn ist also ein ebenso ethisch positiver wie existentiell personaler Begriff. Und so sind die Zornreden Jesu wider die Gesetzeslehrer und Pharisäer zu interpretieren. Es sind männliche, mutige Reden von hohem ethischen Standard, die Bewunderung abnötigen, aber keiner Entschuldigung bedürfen.

Zugleich klingt in ihnen ein Motiv an, das doch erwähnt werden sollte, denn es ist psychologisch besonders charakterisierend. Wenn der Gesetzeseifer mit Suppengrün ironisiert wird, wenn Fliegen und Kamele in belustigenden Kontrast treten und diese dann verschluckt werden, dann spricht aus solchen Stellen doch deutlich

Humor. Es ist einer Theologin unserer Tage vorbehalten geblieben, sich Jesus als einen «glücklichen Menschen» vorzustellen. «Ich halte Jesus von Nazareth für den glücklichsten Menschen, der je gelebt hat.» «Jesus erscheint in den Evangelien als ein Mensch, der seine Umgebung mit Glück ansteckte.» Zu dieser seiner Grundbefindlichkeit rechnet Dorothee Sölle neben vielem auch den deutlich zum Ausdruck kommenden Humor, doch wohl mit Recht[5]. Diese innerlich freie, befreiende, über der Sache stehende Haltung hätte den mit schwerer Kritik Angesprochenen eine Brücke bauen können. Aber es war umsonst, die Schattensituation regiert.

Wird in den Bußreden an die Pharisäer besonders die Heuchelei aufgedeckt, das heißt die Verschlissenheit der Persona des «Gerechten», so legt ein anderer Problemkreis besonders die *Unbarmherzigkeit* bloß, die das Gefangensein in einer kollektiven Schattensituation gerade an den Schwachen bedenkenlos geschehen läßt. Zu diesen Schwachen gehören die Frauen, besonders die Witwen, die alten Eltern und die Kinder. Es geht um das in Regeln erstarrte Verhalten zum Mitmenschen überhaupt.

Die Frau war ja Schattenträgerin Nummer Eins, wie mehrfach gezeigt. Als die Ehebrecherin Jesus vorgeführt wird und die verfängliche Aufforderung zur Stellungnahme an ihn ergeht, da «schweigt» er zunächst, lange und beredt. Will er mit diesem mehrfach bezeugten Schweigen besseren Gefühlsregungen und Wertinstinkten Gelegenheit geben, sich in einer sprechenden Situation doch noch zu Wort zu melden, um die Schatten zu durchbrechen? Die Frau ist für Jesus nicht das Schwache, wie sie hingestellt und mißbraucht wird. Im Gegenteil, sie ist gleichberechtigt. Wenn in Ehefragen auf die Schrift zurückgegangen wird, dann weist Jesus ausnahmslos auf Genesis 1 hin. Der Mensch wird geschaffen «als Mann und als Frau»[6]: jeder in seinem Modus des Menschseins. Die gesamte patriarchalische Tradition hingegen bezieht sich ausschließlich auf Genesis 2, eine andere Quelle. In Genesis 2 entsteht die Frau aus Adams Rippe, nachträglich und untergeordnet, und zu Adams Gehilfin und Gespielin wird sie ernannt. Bis in die modernen Kommentare hinein ist man bemüht, zwischen Genesis 1 und 2 auszugleichen, bezeichnenderweise. Jesus hat nicht ausgeglichen, sondern mit ganz betonter Ausschließlichkeit sich auf Genesis 1 bezogen. Diesen Sachverhalt sollte man in der Tat theologisch meditieren. Dann aber käme doch wohl heraus: Es ist bereits elementare Unbarmherzigkeit, einen gleichberechtigten Menschen als schwach zu dekretieren und damit faktisch zur billigen Ausnutzung preiszugeben! Das war Jesu Stellungnahme mit seiner konsequenten Berufung auf Genesis 1.

Und so ist es selbstverständlich, daß er sich der Witwen annimmt, weil sie ausgebeutet und rechtlich benachteiligt werden.

«Sehet euch vor», vor denen nämlich, die «der Witwen Häuser fressen» und dabei «lange Gebete zum Vorwand machen»[7]. Auch die alten Eltern gehören zu den mißhandelten Schwachen. «Korbán!», sagt man, das heißt Gott gegeben!, und man schenkt dem Tempel, sprich der Priesterkaste, was den alten Eltern als Unterstützungsanteil zukommen müßte. Man glaubt, wiederum eine bedeutende fromme Tat getan zu haben. In Wahrheit hat man sich der Unbarmherzigkeit an Hilfsbedürftigen schuldig gemacht. «Wie geschickt bringt ihr es fertig, Gottes Gebote zu umgehen, damit ihr eure Vorschriften aufrecht erhalten könnt»[8], das heißt die wahren und echten inneren Verpflichtungen zu umgehen.

Zum Schwachen und Wehrlosen gehören auch die Kinder. Als Fortsetzer des Geschlechts sind sie ein steiler Stolz, vornehmlich die Söhne. Sonst aber werden sie wie Besitz eigentlich nur quantitativ geschätzt. «Kinder, Sklaven, Frauen» lautete, wie wir zuvor hörten, eine gängige Zusammenstellung. Ein sprechender soziologischer und ethischer Kommentar! Jesus tut etwas durchaus nicht Selbstverständliches, wenn er gerade ein Kind «in die Mitte» stellt und es zum Gleichnis und Symbol der fraglos zum Empfangen bereiten Rezeptivität macht, also der Grundhaltung, die er fordert. Oder wenn er erklärt: «Wer ein solches Kind in meinem Namen aufnimmt, der nimmt mich auf.»[9] Wie wenig das eine wie das andere selbstverständlich war, zeigt sodann die strikte Mahnung: «Sehet zu, daß ihr keinen von diesen Kleinen verachtet!»[10]

Besonders getrübt durch die Schattensituation ist die Art des Gebotehaltens. Den Ritualismus, die öffentliche Konvention verurteilt Jesus als *Formalismus,* der die wahren Werte tötet.

Der Blindgeborene ist zwar geheilt, aber erbost erklärt man, Jesus könne nicht «von Gott kommen», sonst würde er die Sabbathvorschriften einhalten. «Dieser Mann ist ein Sünder.»[11] Und genauso ist die Reaktion auf die Heilung des «krummen Weibes». «Die Woche hat sechs Tage zum Arbeiten!» Warum richtet er sich nicht danach? Aber auch Jesus reagiert: «Tut doch nicht so scheinheilig! Ein jeder bindet doch auch am Sabbath seine Ochsen oder Esel im Stall los und führt sie zur Tränke. Nun ist hier eine Frau, die von Abraham abstammt. Nicht weniger als achtzehn Jahre lang hat sie gelitten, und da sollte ihr am Sabbath nicht geholfen werden?»[12] Und ebenso geht es mit dem übrigens in einem Privathaus geheilten wassersüchtigen Mann. Jesus entgegnet: «Wenn euch ein Kind oder ein Ochse in den Brunnen fällt, holt ihr sie nicht auf der Stelle heraus, selbst am Sabbath?»[13] Gewiß, denn das Kind betrifft einen, und der Ochse oder Esel kosten Geld. Aber wenn man nicht betroffen ist, schweigt das Mitgefühl, selbst unter außerordentlichen Umständen. Wie können Menschen mit derart gesetzlicher Äußerlichkeit anderes Menschentum leiden lassen oder gar zugrunde richten, wie kann toter und ertötender Formalismus dergestalt Werte verletzen? Das ist Jesu Frage.

Oder die Jünger haben beim Gang durch ein Kornfeld, weil sie offenbar Hunger haben, ein paar Ähren abgerissen. «Da sieh dir an», heißt es, «was deine Schüler machen. Das ist nach dem Gesetz Gottes am Sabbath verboten», denn es wird als Erntearbeit klassifiziert. Jesus schlägt die Gegner, jedenfalls nach dem vorliegenden Bericht, mit Schriftworten, aber die Hauptsache bleibt: «Wenn ihr wirklich begreifen würdet, was die Schrift mit dem Satz meint: ‹Ich will keine Tieropfer, sondern Barmherzigkeit!›, dann würdet ihr nicht Leute verurteilen, die unschuldig sind.»[14] All solchem leblosen Formalismus stellt Jesus bekanntlich die Grundregel entgegen: Das Gebot nicht um des Gebotes willen, sondern um des Menschen willen! Zu solchem in Form erstarrten Verhalten gehört auch, was in Wahrheit Allerinnerlichstes sein sollte, das öffentliche Absolvieren von Gebeten. «Wenn du betest, dann tue es nicht wie die Scheinheiligen, die sich gern im Gemeindehaus und an den Straßenecken zum Beten aufstellen, damit sie nur ja gesehen werden. Die haben ihren Einsatz schon verspielt. Wenn du beten willst, dann geh in dein Zimmer und mach die Tür zu, und so bete zu deinem Vater.»[15] Solche Einkehr würde allerdings von dem äußerlichen Formalismus hinwegführen. Ernsthaft weitergeübt, müßte sie schließlich die Schattensituation auflockern, wenn nicht sprengen.

Noch einen vierten Umkreis müssen wir anführen, der von der kollektiven Schattensituation aufs schwerste betroffen ist. Es sind die «letzten» Bezüge, die metaphysischen. Die öffentliche oder offizielle Glaubenshaltung steht in Frage.

Die Glaubenshaltung bleibt am allerwenigsten von der allgemeinen Schattensituation ausgenommen. Hier manifestiert sie sich sogar am krassesten. Was daran im Sinne Jesu verbogen, korrumpiert und pervertiert ist, kann auf einen Nenner gebracht werden: Glauben ist ein *Rechtshandel* geworden. Tiefenpsychologisch heißt das, der unintegrierte Mensch mit seinem Verdrängungskrampf und seinem Projektionsgebaren will sich hartnäckig behaupten und sucht bis in das Gottesbild hinein Pseudolegitimationen. In diesem Zusammenhang fallen darum auch die eindrücklichsten Worte Jesu, gebraucht er die anschaulichsten Bilder, erzählt er die wirksamsten Gleichnisse. Sie alle fordern zur Aufgabe des Verdienst- und Anspruchsdenkens auf, wie in der Analyse des Gottesbildes schon klar wurde. Die großartige Eindrücklichkeit, mit der Jesus Gott und Glauben aus der kollektiven Verschattung retten will, bildet den stärksten Zug seines Denkens und Verhaltens, aber auch den markantesten Zug der erhaltenen Überlieferung.

Wenn der Vater im Gleichnis vom verlorenen und nun heimgekehrten Sohn ein großes Willkommensfest bereitet und selbst ganz außer sich vor Freuden ist, weil er den verloren Geglaubten wieder hat, dann muß jeder verstehen: Gerechtigkeitsstreben, Lohnrechnerei, Anspruchhegen und Verdiensterwartung sind total zusammengebrochen. Ein Glauben solcher Struktur hat keine Existenzmöglichkeit mehr. Der zweite rechtschaffen zu Hause gebliebene Sohn murrt, aber er ist total im Unrecht. Er steckt tief in all dem, das nun zusammengebrochen ist und bei Gott und Menschen eine totale Verkehrung darstellt. Diesen einen Skopus hat das Gleichnis. Die gesamte Literatur, die man Jahrhunderte hindurch der Rechtfertigung des zweiten Sohnes gewidmet hat, stellt wohl ein oft geistreiches, aber absolutes Mißverständnis des Textes dar[16].

Die Arbeiter im Weinberg regen sich umsonst auf, daß auch die, die zur Arbeit später antraten, den gleichen Lohn bekommen. Denn sie haben es, und damit müssen sie rechnen, mit einem Arbeitgeber zu tun, der sich grundsätzlich die Freiheit nimmt, dort reich zu beschenken, wo kein Anspruch besteht[17]. Vielleicht ist das Gleichnis absichtlich anstößig formuliert. Nie könnte ja neuzeitliche Lohnpolitik und modernes Wirtschaftsdenken hier direkt ein Vorbild finden wollen. Man soll wirklich darauf gestoßen werden, daß Glauben und Religion ganz und gar kein Rechtshandel sein dürfen. Selbst die christliche Tradition hat an diesem entscheidenden Punkt insgeheim kapituliert. Die eigene Kapitulation deckend legt sie Jesus das Wort in den Mund: «Glaubt mir, solange Himmel und Erde bestehen, wird nicht ein I-Punkt des Gesetzes aufgehoben werden bis zum Ende aller Dinge.»[18]

Dies kann eben gerade nicht gelten. Dann müßte Jesus das meiste, was er gesagt hat, nicht gesagt haben. Er müßte das meiste, was er getan hat, nicht getan haben. Die kritische Forschung hat in diesem Wort denn auch längst eine judenchristliche Retouche konservativer Tendenz erkannt. Das Rechtsdenken in Glauben und Religion aufgeben zu sollen, ist dem Falle eines Patienten in der therapeutischen Praxis vergleichbar. Er stößt plötzlich darauf, daß er, vielleicht ein Leben lang, in einer Projektionswelt gelebt und darum sich selber und die eigene Umwelt bislang nie wirklich gekannt hat. Diesem unerhörten Schock widersetzt man sich, widersetzt sich Jesu Umwelt, widersetzt sich die Tradition, psychologisch gesehen, verständlicherweise.

Wer jedoch in jenem Rechtshandel-Denken und Rechtfordern vor diesem Herrn, von dem Jesus spricht, beharrt, dem ergeht es ganz und gar nicht gut. An jenem Knecht ist es zu sehen, dem so viel erlassen und geschenkt wurde, der aber seinerseits nichts erläßt, sondern hartherzig eintreibt[19]. Wer andererseits wird Gott am meisten lieben und umgekehrt Gott ihn? «Doch wohl der, dem am meisten geschenkt ist.» – «Du hast recht», sagte Jesus[20]. Denn Schenken und Lieben und Geliebtzuwerden, das ist Gottes Freude und Ehre und

Majestät. Wer als Mensch in dieser ihn wandelnden Erfahrung steht, kann und soll sich selbst zu solcher Generosität Gottes begeistern. Das meint Jesu Gebot nicht nur der Freundes-, sondern auch der Feindesliebe, so gründlich mißverstanden von Nietzsche, von Freud und neuerdings mit Berufung auf Freud von Alexander Mitscherlich.

Viel wichtiger als die Häufung von Textbelegen ist dies: Jesus hat die Aufdeckung des kollektiven Schattens nicht nur mit Worten vollzogen, etwa harten, scharfen, nichts als verletzenden und darum erst recht verstockenden. Er hat die Entschattung der kollektiven Gesamtsituation vielmehr mit schöpferisch versöhnlichem, gewinnendem Verhalten vorgelebt. Zachäus[21], der gesellschaftlich boykottierte, sozial verachtete Zöllner, erhält Jesu Anrede und Besuch. Er wird mit unerwarteter Menschlichkeit und Freude überschüttet. Und dabei ist keine Rede davon, daß er zuallererst seine Sünden bekennen, die Rechnungen in Ordnung bringen und die Geschädigten entschädigen, also einem Schema der Rechtlichkeit entsprechen müßte. Die Szene mit Zachäus ereignet sich in der Öffentlichkeit wie so viele andere.

Sehr kritisch legt sich die Quellenforschung die Frage vor: «Können wir verläßlich wissen, ob Jesus wirklich so gelebt hat; ob dies sein Bild» in den Quellen «der historischen Wirklichkeit seines Lebens entspricht? Diese Frage muß man historisch bejahen. Denn das im Blick auf Jesus überlieferte Schimpfwort der Gegner – ‹siehe ein Fresser und Weintrinker, ein Freund von Zöllnern und Sündern›[22] – ist sicherlich keine Gemeindebildung, sondern alte Überlieferung. Jesus hat gelebt als der Freund der religiös und gesellschaftlich Deklassierten.» «Jesus predigte nicht nur, er übte die von ihm geforderte Offenheit und Liebe gegenüber den Mitmenschen, und zwar gerade denen gegenüber, deren Leben bedroht war und die keine Zukunft hatten.» Genauer noch, «Jesus lebte nicht nur vor, was er unter rechter Offenheit gegenüber dem Mitmenschen versteht. Sein Verhalten ermächtigte und ermutigte diejenigen, die sich selber aufzugeben drauf und dran waren.» «In dieser Weise predigte Jesus nicht bloß die Gnade, er betätigte sie.»[23] Das ist das ausgewogene Urteil eines sehr kritischen Historikers. Jesus hat faktisch, mit historisch gesicherter Tat, den Bann des Kollektivschattens durchbrochen. Wer sich gleichfalls dazu aufraffen wollte, konnte, wenn es ihm wirklich ernst damit war, auch die «Ermächtigung» dazu von ihm nehmen, das heißt schöpferischen Impuls von der höheren Bewußtseinsebene her.

Wir haben an ganz verschiedenen Problemkreisen – die vier Stichwörter waren *Heuchelei, Unbarmherzigkeit, Formalismus* und *Rechtshandel* – gezeigt, wie Jesus den Kollektivschatten seines Milieus aufdeckt und dazu auffordert, ihn aus der Projektion zurückzunehmen. Statt fremde Wesen, Dinge und Beziehungen damit zu belasten, ihn vielmehr als den eigenen zu erkennen und anzuerkennen, um sich mit einer schöpferischen existentiellen Wende der Selbstverantwortung zu stellen.

Der Abschnitt über das Rechtsgebaren hat besonders veranschaulicht, was auch sonst überall in die Augen springt. Jesus will jenen Kollektivschatten gewiß nicht nur mit Worten bewußt machen. Er ist ständig im Begriff, mit der eigenen Positivität ein neues Menschentum in jene Situation nicht nur hineinzureden, sondern hineinzuleben. Vergleichbar der Haltung des Therapeuten, der sich im analytischen Prozeß mit seinem Analysanden in eine Phalanx gemeinsamen Erleidens und Durchhaltens hineinstellt.

Daß Jesus und wie Jesus den Kollektivschatten angeht, haben wir bisher nur belegt, aber noch nicht hinreichend psychologisch interpretiert. Was sind die psychischen Vorgänge, die sich hier vollziehen?

Das Problem oder Phänomen Kollektivschatten bedeutet zunächst, daß Jesus sich mit Einzelnen auseinanderzusetzen hat. Wie weitreichend und intensiv diese Einzelnen am Kollektivschatten ihrer Gesellschaft partizipieren mögen, wie sehr dieser jeden Einzelnen zu einem «Man» und einer «Nummer» abschleifen mag, irgendwie sind sie alle dennoch Einzelne und damit selbstverantwortlich. Aus diesem Rest an Verantwortlichkeit entscheiden sie sich für oder gegen Jesus. Was bedeutet psychologisch das Ja, was bedeutet das Nein?

Das Ja sprechen die moralisch und sozial Deklassierten. Was geht dann in ihnen vor? Die beste Antwort gibt die Perikope vom Pharisäer und Zöllner. Jener verspielt alles, sein Beten ist umsonst, es ist ja nur eine selbstgefällige Gebärde. Eines will der Pharisäer nun und nimmer, nämlich seinen eigenen Schatten erkennen und anerkennen, diesen «häßlichsten Menschen» in ihm selbst, wie Nietzsche sagt. Der Pharisäer lebt weiter in seiner Lebenslüge. «Der Steuereintreiber aber stand ganz hinten und getraute sich nicht einmal aufzublicken. Er schlug sich nur an die Brust und sagte: Gott, hab Nachsicht mit mir, ich bin ein schlechter Mensch.»[24] Und damit hat er nach Jesu Urteil alle Chancen: Er anerkennt seinen Schatten!

Das ist der bedeutungsvolle innerpsychische Vorgang, an dem sich nicht nur für den inneren Menschen Schicksale entscheiden. Er gibt nach Jesu Versicherung selbst hinsichtlich der Stellung vor Gott den Ausschlag.

Kommt das wahre Wesen, kommt das Selbst zum Zuge, dann bedeutet das jedesmal eine Niederlage für das Ich, für seine Enge, Begrenztheit, Verstiegenheit oder extreme Starrheit. Diese Niederlage hat es einzustecken, wenn Licht werden soll, wo Schatten war, wie Freud sagt. Das ist bitter, und jede Analyse stößt auf diesen Punkt der Bitterkeit, die völlig unerträglich erscheint. Ja zur Analyse vermag nur der zu sagen, der seinen Schatten anerkennt. Für das Ja zu Jesus gilt der gleiche elementare Vorgang, das Ja zum eigenen Schatten.

Wir haben ebenso genauer zu fragen, was das Nein zu Jesus bedeutet. Es ist nicht immer dasselbe Nein, das fällt. Da ist zunächst die psychologische Gruppe, die aus Wesensschwäche Nein sagt. Der Bericht vom «reichen Jüngling» ist für diese Gruppe typisch. Er ist sympathisch mit seinem aufrichtigen Halten all dessen, was sich gehört. Aber dann kam plötzlich «nur noch eins», und dies eine war zuviel. «Er war betroffen und ging traurig weg.»[25] Dieser heute zur Masse gewordene Typ entspricht genau den «vielen allzuvielen» Nietzsches. Sie bilden den idealen Nährboden jeglicher Massenideologie und jedes Kollektivschattens. Ihre viel zitierte Unansprechbarkeit ist zum innerpsychischen Mechanismus geworden, zur eingeschliffenen Abwehrreaktion jedem höheren Anspruch gegenüber. Man könnte also von Ich- oder Willensschwäche reden. Allzuoft steht hinter solchem Versagen etwas Ernsteres, wofür ich den Begriff Wesensschwäche verwende.

Wesensschwäche meint die grundsätzliche Schwächung des wesenhaften Kernes einer Person, ihrer dynamischen Grundidentität. Funken zu Tausenden stieben aus dem einen absoluten Feuer Brahma auf, sagen die Upanishaden, manche leuchten wie Sonnen, manche glimmen nur. Nicht nur Goethe spricht von «großen» und «kleinen Entelechien», auch Aristoteles, der Schöpfer der Lehre von den Entelechien. Es gibt sie tatsächlich, sagen die Alchemisten, die den «Stein», Symbol des Wesensselbst, «in der Tasche haben können, ohne je Gold damit machen zu können»[26]. Es gibt die, so drückt es Jesus aus, die statt zehn oder fünf Einheiten nur eine empfangen haben, und noch die Neigung haben, auch diese eine brach liegen zu lassen, statt das äußerste daraus zu machen[27]. Damit rühren wir an letzte Rätsel, die Verschiedenheit der Menschen und das sie psychologisch wie metaphysisch bedingende Grundelement.

Psychologisch gesehen gilt aber von dieser gesamten Gruppe der Nein-Sager, die «traurig davongeht», daß ihre positiven Möglichkeiten ins Ungelebte, das aber heißt in ihren Schatten versinken. Und oft genug wird die Existenz so ärmlich, daß sie sich überhaupt nicht mehr mit ihrem Besten, sondern ganz und gar mit ihrem Schatten zu identifizieren beginnt.

Für Jesus ist diese Gruppe der Nein-Sager ungefährlich. Sie lachen und spotten, sie wenden sich ab. Gefährlich für Jesus ist aber die andere Gruppe von Nein-Sagern, die listigen, die gemeinen, die skrupellosen und bösen, die dämonisierten. Sie gehen nicht «still» davon. Denn den eigenen Schatten auf die Dauer niederhalten, dämonisiert die Gesamtperson, das ist die Grunderfahrung. Folglich projiziert diese Gruppe ihren eigenen inneren Dämon direkt auf Jesus: «Du hast den Teufel.»[28] Du bist «unsinnig»[29]. Er kann das Böse nur vertreiben, weil er mit dem Bösen im Bunde steht.»[30] Diese Nein-Sager sind schon angerührt von dem Numinosen, das Jesus prägt und umgibt. Das zeigt die Stärke des Affektes, mit dem sie reagieren. Aber dieses Numinose vermögen sie nicht mehr positiv aufzunehmen. Seine Wirkung schlägt vielmehr in das negative Gegenteil um, es dämonisiert vollends. Die Schrift spricht hier vom Teuflischen und von der Sünde wider den Heiligen Geist, die nicht vergeben werde. Die Alchemisten bezeichneten dasselbe Problem als Umschlagen des «göttlichen Selbstes» in das «schwarze Selbst». Dieses Umschlagen aber nannten sie «Todeszustand».

Aber ein Volk besteht nicht nur aus Einzelnen und Gruppen von Einzelnen. Und wenn vom kollektiven Schatten die Rede ist, dem Jesus entgegentritt, dann ist auch der Kollektivschatten größer und autonomer als der aller Einzelnen. Hier muß auf den «Bund» verwiesen werden, den Gott nach Auffassung Israels mit dem Volk geschlossen hat, den umgekehrt das Volk Gott in Treue zu halten hat. Das ist der Rahmen, in den die gesamte Frömmigkeit des Judaismus eingespannt ist. Diese Bundesvorstellung ist aber zugleich auch, was immer sie religiös positiv bedeuten mag, der überindividuelle lastende Kollektivschatten. Er lastet auf dem Ganzen, an dem jeder Einzelne teilhat. Zum Volk hat Gott gesprochen. Das Volk hat er gerettet. Ihm sind die großen Verheißungen zugesagt. Nur wer zum Volk gehört, hat am Bund teil. Die «draußen» sind die «Sünder», sie sind «verloren». Auf der Ebene dieses Bundes- oder Föderaldenkens ist also alle Zukunft die des Volkes. Der Einzelne ist psychologisch, metaphysisch und religiös als Selbstverantwortlicher noch gar nicht erwacht. Hier wird der Einzelne im «Man» festgehalten. Jesus aber fordert unüberhörbar zur verantwortlichen «Person» auf. Er kämpft also gegen einen Entwicklung hemmenden Kollektivschatten universellen Ausmaßes an.

Das Alte Testament ist ein dramatisches Buch. In ihm beobachten wir, wie es diese seine Begrenzungen zu sprengen versucht, den Durchbruch vom Partikularismus zum Universalismus zu vollziehen sucht. Dazu ein Beispiel: Das alte Israel kannte auch im religiösen Sinne nur ein diesseitiges oder volksgebundenes Leben, von einer individuellen Ewigkeit schon gar nicht zu reden. Der Gerechte wird hier auf Erden gewiß seinen Lohn haben, wenn er es nur ernstlich meint. Diese Schranke durchbricht das betende Ich, das hinter dem 73. Psalm steht. Die entscheidenden Worte lauten in Luthers Übersetzung: Wie groß Ungerechtigkeit und Widersinn auf dieser Welt auch sein mögen, «dennoch bleibe ich stets an dir, denn du hälst mich bei meiner rechten Hand, du leitest mich nach deinem

Rat und nimmst mich endlich mit Ehren an. Wenn ich nur dich habe, so frage ich nichts nach Himmel und Erde. Wenn mir gleich Leib und Seele verschmachten, so bist du doch, Gott, allzeit meines Herzens Trost und mein Teil.»[31]

Dies ist eine der großen Durchbruchstellen, wo das Alte Testament seine Einengungen hinter sich zu lassen versucht. Hier scheint der Fromme mit den Problemen des Lebens sich auseinanderzusetzen und seines Gottes zu getrösten. Sehen wir den Kontext näher an, in dem diese großen Worte stehen, wird es doch recht klar, unter welchem Himmel und als Angehöriger welchen Volkes hier ein Frommer betet. Nachdem jene Worte gesprochen sind, versichert er sich: «Die von dir abweichen, werden umkommen, du bringst um alle, die von dir abfallen.» Man muß sich nur genug Zeit lassen, man braucht nur «auf ihr Ende» zu merken, wie es kurz vorher hieß, dann werden die Gottlosen und Ungerechten doch ganz gewiß schon auf dieser Welt zu Schanden. Und das stimmt sicher nicht.

Ist die Begrenzung, die dem, der dem Gottesbund treu bleibt und gerecht lebt, den verdienten Lohn schon auf dieser Welt zuspricht, wirklich überwunden? Wir können höchstens sagen, daß das Alte Testament in einem bemerkenswerten Ansatz über sich hinaus zu denken versucht. Ein prinzipieller Universalismus ist nicht erreicht. Erst bei Jesus kommt es zu dem, was Rudolf Bultmann die «absolute Vereinzelung des Menschen vor Gott« nennt. Der Psychologe wird an dem Wort Vereinzelung sofort Anstoß nehmen und es im Sinne von Kontaktlosigkeit deuten. Darum sei erwähnt, daß Bultmann «Individualisierung des Gottesverhältnisses» meint[32].

Dieser absoluten Individualisierung widersetzt sich das gesamte Bundesdenken, das den Getreuen dieses Bundes unverbrüchlichen Gehorsam abverlangt und den Bewährten reichen Lohn verheißt. Diesen Partikularismus zu durchbrechen, werden außer dem kurz skizzierten Beispiel manche anderen Versuche unternommen; auch sie bleiben Ansätze, aber wohlgemerkt keineswegs der Gesamtheit, sondern Einzelner, denen oft genug von der Gesamtheit der Tod zugedacht oder ein schweres Schicksal bereitet wird.

Sperrt sich ein Einzelner den in seiner Entwicklung vorgezeichneten oder natürlichen nächsten Schritt zu tun, dann setzt ein rückläufiger Prozeß ein. Er regrediert. Schließlich wird er neurotisch. Verweigert ein ganzes Volk seinen vorgezeichneten und natürlichen Entwicklungsschritt, kommt es zur Massenneurose. Denn in beiden Fällen revoltieren Natur und Psyche gegen Verengung, Beraubung, Verkümmerung und Ausschluß von der Fülle der Werdemöglichkeiten, gegen «Verlust an Sein» und «ontische Einbuße»[33].

Bei dem Kollektiv, mit dem es Jesus zu tun hat, handelt es sich aber nicht nur um diese infantile Weigerung, den nächsten Entwicklungsschritt verantwortungswach zu tun. Wir haben gesehen: Hier sind es die höchsten kollektiven Werte und Glaubensinhalte selbst, die jenes verbieten. Die «heiligsten Güter» stehen auf dem Spiel, so muß man meinen, wenn man dem Anstoß Jesu Folge leisten würde. Im Namen des «Allerhöchsten» wird Jesu Anruf zurückgewiesen und Jesus verurteilt. Ein spezifisch frommes Kollektiv schlägt um in ein frevelndes Kollektiv. Im Namen des Absoluten vergeht man sich absolut. Die kollektive Schattensituation dämonisiert sich.

Und damit haben wir die Entsprechung zu der Aussage über die Schattensituation der Einzelnen. Sie dämonisierte sich zuletzt. Das «schwarze Selbst» trat an die Stelle des «göttlichen Selbst». Man identifizierte sich schließlich selbst mit dem Schatten. Das Entsprechende geschieht mit dem Kollektivschatten des damaligen Judentums. Es wäre nicht genug hinzuzufügen: Jesus wird ein Opfer dieser verschatteten Kollektivmacht. Nein, er fordert sie heraus, unbekümmert um die persönlichen Folgen. Er fordert sie heraus, weil er sie herausfordern muß[34].

Der persönliche Schatten

Vom kollektiven Schatten zu reden, gegen den Jesus angeht, von dem er sich abhebt, ist verhältnismäßig leicht. Verfänglich aber wird die Fragestellung, die sich nun unausweichlich ergibt, nach dem persönlichen Schatten Jesu. Gibt es Schatten auch bei Jesus? Kann und darf auch von seinem persönlichen Schatten gesprochen werden? Gibt es auch bei Jesus Unvollkommenes, Nichtgelebtes, Verfehltes, Unterdrücktes? Wer ihn nur in den Wolken einer menschenfernen Transzendenz zu sehen gewohnt ist, wird schon die Fragestellung als sakrileg und empörend ansehen. Aber die Frage nach dem persönlichen Schatten Jesu muß gestellt und bejaht werden.

Vor gar nicht so langer Zeit gab es eine blühende spekulative Christologie, die das Gegenteil behauptete: daß Jesus alle nur denkbaren Vollkommenheiten besaß. Auch in bezug auf jene Fähigkeiten, die im Zuge der menschlichen Entwicklung zu seiner Zeit noch gar nicht hervorgetreten waren. Jesus wäre demzufolge auch der beste Städte-Bauer, der fähigste Astronaut, der genialste Computer-Erfinder gewesen, wenn er gewollt hätte. Er wollte nur nicht. Prinzipiell und potentiell aber war er das, jedes nur Erdenkliche. Solche

Lehren stellen jedoch wild wuchernde Spekulation dar. Sie sind nicht nur unsinnig, sondern auch unmenschlich. Denn wo Menschliches ist, da ist auch Schatten. Soll das altkirchliche «wahrer Mensch» gelten, und selten galt es wirklich, dann ist auch vom persönlichen Schatten Jesu zu sprechen aus den folgenden drei psychologischen Erwägungen.

Ein Mensch ohne Schatten wäre kein Mensch. Er wäre irreal, er lebte ohne Wirklichkeitsbezug. Sein Bild wäre ohne Perspektive wie die frühe Malerei, es hätte keine Tiefendimension. Er gliche dem Peter Schlemiehl in Chamissos psychologisch relevanter Erzählung, der kontaktlos und beziehungsarm geworden ist, weil er seinen Schatten verkauft hat. Darum wird er als unheimlich schließlich von einem jeden gemieden. Nur in der Nacht noch, verborgen in seiner Kutsche, kann er sich überhaupt hinauswagen. Schattenloses Menschsein würde nicht nur unheimlich, es würde unmenschlich wirken. Schattenlose Christologie war jederzeit der Doketismus, der mit Recht als elementar verfehlt immer abgelehnt wurde. Denn zum Menschsein gehört die «andere», die «dunkle» Seite mit hinzu. Mensch ohne Schatten wäre irreales Phantom.

Ein Mensch, der seines persönlichen Schattens nicht ansichtig würde, wüßte ebenso von keiner Entwicklung, von keiner Integration. Jesus ohne Schattenkonfrontation, das heißt ohne die Austreibung aus dem Kindheitsparadies, wäre nie zum Manne geworden. Wer seines Schattens nicht ansichtig wird, bleibt naiv kindlich, infantil. Von einer so konzipierten Jesus-Figur könnte nichts von all dem ausgesagt werden, was wir an Anima-Integration festgestellt haben. Denn Anima-Integration setzt natürlich Entwicklung voraus, und Entwicklung setzt Schatten voraus, den Widerstand, gegen den die Entwicklung sich vollziehen muß, oder wie immer die Auseinandersetzung mit dem Schatten sich individualisieren mag. Bei Jesus muß ebenso von Entwicklung gesprochen werden, nicht nur im Sinne der Anima-Integration. Vielmehr sind die konkreten spezifischen Schattenphänomene zu benennen, durch deren teils gelungene, teils nicht gelungene Überwindung Jesu Entwicklung sich vollzog. Die Versuchungsgeschichte, festgehalten von allen drei Synoptikern, bietet die lebhafteste Erinnerung daran, daß Jesus dem Dunklen, dem Schatten, der Versuchung, dem «Teufel», sagt der Überlieferungstext, begegnete[1].

Ohne Konfrontation mit dem Schatten ist schließlich kein im tiefenpsychologischen Sinne bewußtes Leben möglich. Die Vorstellung aber, daß Jesus völlig unbewußt gelebt habe, ist, wie wir gezeigt haben, gänzlich abzuweisen. Wären die großen Worte Jesu nicht von einem selbstkritischen Bewußtsein gesprochen, wären sie voll und ganz dem Verdacht ausgesetzt, vielleicht doch nur Ausgeburt des naiv gelebten Schattens zu sein, Ausgeburt also einer größenwahnsinnigen Pervertierung. Wie in dem Märchen «Der Schatten» von Andersen könnte der Schatten längst der Herr geworden sein, der Herr aber vom Schatten längst abgesetzt und erdrückt. Jesu Überschreiten allen gewohnten Maßes wäre dann tatsächlich jene «Verrücktheit», die ihm feindliche Kreise Jesus schon im neutestamentlichen Bericht vorwerfen.

Diese drei Hinweise verstehen sich, psychologisch gesehen, eigentlich von selbst. Sie erinnern hier nur noch einmal daran, was dogmatische Kurzsichtigkeit Jesus eigentlich antut, wenn sie jedes Schatten- und Entwicklungsmoment ängstlich von ihm fernhält. Wenn also, psychologisch und menschlich gesehen, kein Zweifel daran bestehen kann, daß nach dem persönlichen Schatten Jesu gefragt werden muß, dann «scheint diese Frische eines unbefangenen Jesusbildes – allerdings – unter einer Schicht von Schutt zu liegen»[2], unter der es mit unbekümmertem Mut hervorzuziehen ist.

Für diesen Zusammenhang gibt es nun eine Stellungnahme Jesu, die so durchschlagend ist, daß jeder Streit geschlichtet und jede Unklarheit beseitigt sein sollte. Jesus hat die Frage nach seinem persönlichen Schatten ganz und gar nicht als sakrileg empfunden, er hat sie vielmehr selbstverständlich bejaht.

«Gerade als Jesus weiterwandern wollte, kam ein Mann zu ihm gelaufen, kniete vor ihn hin und fragte: Guter Meister, was muß ich tun, um das ewige Leben zu gewinnen? Jesus fragte ihn: Warum nennst du mich gut, nur Gott ist gut.»[3] Jesus hat also nichts dagegen, Meister genannt, also mit Rang zuerkennendem Titel angesprochen zu werden. Aber das Wort «gut» bricht er sofort aus der Anrede heraus. Er verwirft es im Blick auf sich selbst rundheraus. Der ihn anredende Bittsteller, der «Kniefällige», wird sich wahrscheinlich bei diesem Wort keine großen Gedanken gemacht haben. Trotzdem läßt Jesus es nicht passieren. Harmlos oder nicht, er verwirft das «gut» spontan und total. Ebenso spontan und total anerkennt er damit seinen persönlichen Schatten. Wieso?

Gut ist das einzige Adjektiv, das weder metaphysisch noch ethisch noch psychologisch eine Steigerung zuläßt. Der Kranke, dem es «besser» geht, ist gewiß nicht in so erfreulicher Verfassung wie der Mensch, dem es «gut» geht. Mit wem es, und das gilt nun in jedem Aspekt, «schon» oder «Gott-sei-Dank!» wieder «besser» steht, der ist gewiß noch ein Problem. Gut ist, jenseits von jedem quantitativen Denken nach Graden oder in Wertstufen, fraglos. Gut hat die Geltungsweise der Eindeutigkeit. Gut ist ein Ganzheitsbegriff, Reflex des Archetypus der Ganzheit. Gut wird immer irgendwie numinos erfahren. Prinzipiell gesprochen ist darum nur Gott gut. Jesus hat Recht[4].

Was das Humanum anlangt, so kann natürlich nur in relativen Termini von ihm gesprochen werden. Es gibt immer nur ein besseres oder schlechteres, nie ein absolutes. ‹Ich gehöre zum Humanum, folglich gebührt auch mir der fragliche Ganzheitstitel nicht›, sagt Jesus. Hätte er das «gut» akzeptiert, wäre er aus dem Schicksalsbereich des Humanum ausgestiegen. Tatsächlich hat sich Jesus gerade an der zitierten Stelle als Mensch und mit allem relativen Menschentum solidarisch bekannt, wenn er eben nicht einfach gut genannt werden wollte. Er hat auf diese Weise seinen menschlichen, seinen persönlichen Schatten anerkannt. Die beiden letzten Sätze sagen mit anderen Vokabeln nur dasselbe.

Wir hatten Jesus als introvertierten Gefühlstyp erkannt. Der introvertierte Einstellungstyp ist im Innen «zu Hause», nicht ohne weiteres im Draußen. Wenn der Introvertierte zur Extraversion schreitet, also zum Handeln kommt, dann gerät diese aktive Extraversion oft nur ungeschickt, unzweckmäßig, unbeholfen. Sie fällt ungenügend aus, gehemmt, mehr oder weniger unangepaßt, zumindest leicht getrübt.

Jesus war ein extrem introvertierter Gefühlstyp, der eigenen gottverbundenen Innenwelt ganz hingegeben. Darin lag seine exzeptionelle Stärke wie atemraubende Sicherheit. Es ist darum von vornherein nicht anzunehmen, daß sein Bewußtsein in gleich konzentrierter Weise auf alle Belange des Draußen gerichtet sein konnte. Es ist vielmehr normal und zu erwarten, daß gerade bei einem solchen Typ ein Teil der externen Bezüge in den Randzonen des Bewußtseins oder im Schatten verblieb. Von diesem Schattenmoment, das auch bei Jesus als einem wirklichen Menschen sich findet, soll im folgenden analytisch aufweisend die Rede sein. Dabei ist ständig zu bedenken, daß es sich nicht um die Bewußtseinsfunktionen überhaupt handelt, sondern speziell um ihre aktive Extraversion.

Ein Schatten ruht zunächst auf der *extravertierten Denkfunktion* Jesu. Ist er richtig als Fühltyp erkannt, dann wäre, dem Jungschen Koordinatenkreuz der Funktionen folgend, das Denken Jesu «inferiore» Funktion. Es wäre dem Gefühl am meisten entgegengesetzt. Es ist nun aber eine Eigentümlichkeit des Schattens, daß er sich vornehmlich mit der inferioren Funktion verbindet. Denn diese hat man am allerwenigsten unter bewußter Kontrolle, sie ist also am schwersten mit der Realität in Kontakt zu bringen. Sie «sitzt» einem keineswegs wie ein Maßanzug. Man ist ihrer darum am wenigsten sicher. Kann vom Denken Jesu eine deutlich sichtbare Spur solcher Inferiorität ausgesagt werden? Wohlgemerkt, vom Denken in der Extraversion ist die Rede.

Religionsgeschichtlich gesehen ist es zunächst immer aufgefallen, daß das Evangelium Jesu eine gewisse Einfachheit aufweist, was äußere Erscheinung und Gestalt anlangt. Von dem metaphysischen Reichtum der Upanishaden zB unterscheidet es sich deutlich, von ihrer poetischen Schönheit und ihrem wortmächtigen denkerischen Impuls sicherlich ebenso. Oder aber, die Reden des Buddha sind denkerische Leistungen ersten Ranges. Nichts derartiges ist von Jesus überliefert. Er ist demgegenüber offenbar der Mann des in der konkreten Situation hingeworfenen Einzelwortes.

Die in den Evangelien überlieferten längeren Reden sind ausnahmslos Kompositionen der Redaktoren oder Evangelisten, die reichlich Mühe haben, die überlieferten Stücke ihren Kompositionstendenzen anzupassen und für die eigenen Zwecke zurechtzubiegen. Darum entsteht oft der Eindruck der Holprigkeit, des forcierten Übergangs, der redaktionellen Schwäche. Da ist, rein vom Fluß der denkerischen Leistung her gesehen, ein Vergleich mit den in epischer Mächtigkeit dahinströmenden Reden des Buddha nicht gut möglich. Auch in Mohammeds originaler Überlieferung steckt zum Teil bedeutende denkerische Leistung. Nur die Übersetzungen, noch dazu, wenn sie möglichst wortgetreu sein wollen, lassen sie nicht erkennen.

Auf weitere Vergleiche verzichtend, erinnern wir daran, daß Albert Schweitzer das richtig gespürt hat. Er mahnte die in den Osten hinausgehenden Sendboten, der Tatsache eingedenk zu bleiben, daß sie gegenüber dem denkerischen Reichtum der Ostreligionen ein «schlichtes Evangelium» zu vertreten hätten, wenn auch gewiß «in der ganzen Tiefe seiner Schlichtheit»[5]. Diese von Schweitzer und anderen konstatierte Schlichtheit hat etwas mit der Schlichtheit der extravertierten Denkfunktion Jesu zu tun. Das darf gesagt werden und wird zu verstehen sein. Jesus tritt uns nicht als «Denker» entgegen, um den Gesichtspunkt artikuliert hervorzukehren. Zum Glück nicht, werden wir sofort versucht sein zu entgegnen. Aber wir werden auch daran denken dürfen, daß die Reformatoren ein vom heiligen Geist erleuchtetes Denken, die «ratio spiritu sancto illuminata», als eine ganz besonders wertvolle Gottesgabe gepriesen haben.

Was kann konkret über Jesu extravertierte Denkfunktion als inferiore Funktion ausgesagt werden? Stände die neutestamentliche Forschung noch auf der Ebene von Albert Schweitzers Geschichte der Leben-Jesu-Forschung, dann wäre sehr viel vorzubringen. Meinte er es doch als Fazit buchen zu können, daß der durch die Dogmatik erstarrte, aber durch die neuere historische Forschung wieder verlebendigte Jesus etwas ganz Unerwartetes getan habe. «Er blieb – nämlich – nicht stehen, sondern ging an unserer Zeit vorüber und kehrte in die seinige zurück», lautete Schweitzers berühmte Formulierung. Das Fremde und Rätselhafte, das Eschatologische und Apokalyptische bis hin zu der Vorstellung eines dereinst in den Wolken des Himmels zum Gericht wiederkehrenden Menschensohnes haftet der Jesusgestalt dermaßen an, so meint Schweitzer, daß Jesus wegen der Masse des zeitbedingten Materials wohl «nicht eine Autorität des Denkens» für uns sein kann. Wohl aber, wie im Schlußabschnitt jenes großen Werkes versichert wird, eine «Autorität des Willens», nämlich eines Existenz gestaltenden ethischen Willens. Hätte diese Konzeption ausschließlich Recht, dann bliebe Jesus einem magisch apokalyptischen Weltbild so sehr verhaftet, daß sein Denken sich in hohem Maße als zeitbedingt und unoriginell oder als Produkt einer inferioren Denkfunktion herausstellen würde[6].

Jedoch, die Situation ist gegenwärtig wesentlich anders. Mit einem Bild Stauffers zu reden: Heute wissen wir, Schweitzer war nur «der Columbus der Evangelienforschung». Wie Columbus bereits in Indien zu sein glaubte, aber nur in Kuba gelandet war, so ist auch Schweitzer nur auf Vorland gestoßen, speziell auf die apokalyptischen Vorstellungen des Matthäus, nicht aber schon auf jesuanisches Festland[7]. Nach diesem jesuanischen Urgestein zu graben, ist aber der entscheidende Impuls der neuen neutestamentlichen Forschung. In deren Vollzug beginnt nun überraschenderweise ein Jesusbild sich abzuheben, das von jenem zeitbedingten Weltanschauungsrahmen entscheidend unabhängig ist, sich also dem Vorwurf des inferioren Denkens viel weniger aussetzt. Daß Jesus aus dem Weltanschauungsrahmen seiner Umwelt herausfällt, gerade auch was das Apokalyptische anlangt, darüber sind sich heutzutage alle progressiven Forscher des In- und Auslands und auch wohl der größere Teil der katholischen Neutestamentler grundsätzlich einig.

In der Interpretation spezieller Traditionszusammenhänge und einzelner Überlieferungsworte ist die Streuweite der Auffassungen so groß wie die Zahl der neutestamentlichen Forscher, obwohl auch hier sich ein beträchtlicher Konsensus herausgebildet hat. Dafür Beispiele in größerer Breite zu geben, ist im Blick auf unseren übergeordneten psychologischen Gesichtspunkt wohl kaum geboten. Zumindest dürfen wir ein Beispiel zitieren und wählen dafür die Arbeiten *Norman Perrins,* des im deutschen wie englischen und amerikanischen Forschungsbereich gleich versierten Neutestamentlers. Nach Perrin hat sich Jesus ganz gewiß nicht als den auf den Wolken des Himmels zum Endgericht wiederkommenden Menschensohn bezeichnet. Er konnte sich überhaupt nicht so bezeichnen, weil es eine so feste oder ausgeprägte Menschensohnapokalyptik zur Zeit Jesu, wie sie im allgemeinen vorausgesetzt wird, auf die Jesus sich entsprechend hätte beziehen können, gar nicht gegeben hat. Er erhärtet weiterhin, daß alle Traditionselemente, die der Zukunftserwartung in der Verkündigung Jesu eine «feste Form» geben, zB «noch zur Zeit dieses Geschlechtes», sich als unecht erweisen. Ebenso halten all die Logien, die eine

Naherwartung zum Ausdruck bringen, wie das «nahe vor der Tür» von Markus 13, 29, ernsthafterer Prüfung nicht stand. Der Zukunftsaspekt bei Jesus hat also weder «eine spezifische Form» noch enthält er ein «spezifisches Zeitelement», ohne daß der Gedanke einer endgültigen Bestätigung wie der des Gerichts von Jesus überhaupt ausgeschlossen würden. «Die Elemente», die auf Jesus zurückgehen, sind – also – sehr allgemeiner Natur, das heißt hier hinsichtlich des Zukunftsaspekts.

Was aber ist demgegenüber das Entscheidende bei Jesus? Das ist die Qualifizierung des Jetzt durch die Gegenwart Gottes. Gegenwart Gottes ist aber grundsätzlich eine Sache der Erfahrung. Diese entscheidende Erfahrung weckt Jesus. Zu solcher Erfahrung sich bereit zu machen, das ist der Sinn seines Anrufs. «In der Verkündigung Jesu liegt der Ton nicht auf einer Zukunft, für die die Menschen sich vorbereiten müssen, und sei es mit Gottes Hilfe; der Ton liegt vielmehr auf einer Gegenwart, die die Zusicherung der Zukunft mit sich bringt. Die Gegenwart, die zur Gegenwart Gottes geworden ist, garantiert, daß alle Zukunft Gottes Zukunft sein wird.»[8] Es bleibt also dabei, so fassen wir zusammen: «Niemand weiß Tag und Stunde»[9], und jetzt «ist das angenehme Jahr des Herrn»[10].

In dieser Interpretation, die auf Tatsachen der Forschung und nicht auf Spekulation beruht, sind die Verständniszugänge für den modernen Menschen jedenfalls weit aufgetan. Hier ist Jesus nicht an unserer Zeit vorbeigegangen und in die seine zurückgekehrt, hier ist er voll und ganz in Anspruch und Verheißung gegenwärtig.

Der nur skizzierte Aufriß von Perrin stellt das tiefenpsychologische Problem, auf das es uns ankommt, ganz zentral heraus. Wir hörten, daß sich hinsichtlich des Zukunftsproblems nur Andeutungen «sehr allgemeiner Art» als urjesuanisch herausstellen, und das unterstreichen auch andere Forscher. Im übrigen stimmt die moderne Forschung, trotz aller Streuweite, in folgenden drei Punkten so ziemlich überein: Erstens, Jesus hat die Botschaft vom hereinbrechenden Gottesreich in den Mittelpunkt seiner Verkündigung gestellt. Zweitens, fordernd und einladend ruft er dazu auf, sich an der Wirklichkeit des Gottesreiches jetzt zu entscheiden. Drittens, die Erfahrung des Gottesreiches oder des Willens Gottes ist an Jesu eigene Person geknüpft, ein Vollmachtsbewußtsein dieser Art muß ihn zweifelsohne bestimmt haben.

Wenn es so ist, dann bleibt es recht unverständlich, daß Jesus diese seine zentrale Botschaft vom hereinbrechenden Gottesreich nicht deutlicher, nicht eindeutig und unmißverständlich von Magie und Apokalyptik abgegrenzt hat. Warum bleibt es hinsichtlich des Zukunftsaspektes bei jenen vagen Andeutungen? Zumal es doch sonst nicht Jesu Art ist, im Allgemeinen stecken zu bleiben.

Den von ihm verkündeten Gotteswillen grenzt er unmißverständlich gegen den jüdischen Legalismus ab. Wo die Armen und Entrechteten, die Zöllner und Sünder, die Kinder und Frauen überfahren werden, reagiert sein verletztes Wertgefühl spontan und unübersehbar. Er ließ nicht den geringsten Zweifel, daß er sich in eigener Souveränität an wichtigen Punkten über Moses und Tora hinwegsetzte. Warum dann diese Unbestimmtheit hinsichtlich des Zukunftsproblems? Natürlich können wir keine Prophetie von ihm verlangen, die nicht in seiner Absicht lag. Aber wir dürfen mit Recht nach der Abgrenzung fragen. Zumal die Botschaft vom jetzt hereinbrechenden Gottesreich zur Verwechslung mit der allgemeinen apokalyptischen Zeittendenz und ihren futuristischen Spekulationen ja geradezu einlud!

Tiefenpsychologisch gesehen, handelt es sich um Jesu Gefühl in Aktion, wesenhafte Werte setzend und erfahrend. Hier, mit seiner integrierten Hauptfunktion, ist er ganz er selbst, darum klar und eindeutig, stark und verpflichtend. Die Zukunft jedoch ist kein Problem wie die vor meinen Augen gedemütigte oder mißhandelte Frau, der vor meinen Augen mit hohler Berufung auf Moses sündigende Schriftgelehrte. Da wird nicht der Wille Gottes repräsentiert, der hier und jetzt zu tun ist. Die Zukunft ist viel mehr ein Problem des Denkens und der Spekulation. Beides «liegt» aber Jesus nicht recht, denn seine Hauptfunktion, das Gefühl, hat es mit Werten zu tun, die Macht und Gegenwart sind. Sie fordern praktische und existentielle Stellungnahme heraus. Und darum bleibt er in Zukunftserwägungen «sehr allgemein». Das Allgemeine, das Vage und Schweifende ist hier ganz offensichtlich das Verschattete, also das nicht zentral im Bewußtseinsfeld Liegende. Die Haltung Jesu ist: Wenn Gott die Gegenwart so total qualifiziert, wenn dieser Gott jederzeit erfüllte Gegenwart schenkt, was braucht besonders über die Zukunft gesagt zu werden? Das ist gewiß schlüssig und einsichtig. Aber wer eine solche Haltung einnimmt, bei dem steht Denken nicht im bestimmenden Mittelpunkt, vielmehr im Beiläufigen, im Schatten.

Wir haben hier eine subtile, keine grobe Schattensituation. Aber es ist eine Schattensituation. Das wird besonders an den negativen Konsequenzen deutlich, die sich nicht von ungefähr einstellen. Im vollen Zuge strömt nun in die Jesus-Tradition all das grob Apokalyptische und Magische hinein, das Jesus so nie geteilt hat, wie wir heute sehen. Daß er selbst zur endgeschichtlichen Menschensohn-Richter-Gestalt hypostasiert wird, ist überflüssig zu unterstreichen. In den Evangelien ist dieser Prozeß der überschwemmenden Verfremdung, die man ebenso eine Nivellierung auf der Ebene des Kollektivgeistes nennen kann, nicht nur bereits abgeschlossen. Wir nehmen sogar die Abwehr bereits wahr. Matthäus und Markus können noch unbeschwert vom nahen Ende reden. Lukas erklärt bereits, daß in Jesus selbst, in seinem Tun und Reden die Heilszeit da und angebrochen sei[11]. Und Johannes führt mit der einfachen Größe der ihm eigenen Kategorien aus: In Jesus unmittelbar, dem Auferstandenen, ist der Kairos in Gericht und Gnade da, an ihm direkt entscheidet sich das Schicksal eines jeden.

Aber dann erzeugte solch Abstandnehmen von der Parusieerwartung, solch Entspannen der Endhoffnung wie der Gerichtsbereitschaft immer wieder ein schlechtes Gewissen. Das Sicheinrichten in der Welt, auch wenn die Parusie sich noch so sehr verzögerte, wurde doch als Schwinden der ersten Liebe, als Untreue dem Herrn gegenüber empfunden. Darum kam es die Jahrhunderte hindurch immer neu zum Aufbegehren der chiliastischen Bewegungen, der schwärmerischen Aufbrüche, der Bußbewegungen im Namen des nahenden Richters, der unmittelbar jetzt sich ereignenden Zeitenwende. Bis hin zu Billy Graham, den Jesus-People und ihren Massenbewegungen spielt das apokalyptische Element: Der Herr kommt! eine so zentrale Rolle. Man weiß nicht, daß man so nicht dem wahren Herrn die Treue hält, sondern in den Schatten Jesu und einer zwei Jahrtausende alten Tradition fällt und schwerste Verwirrung stiftet.

Aber muß nicht auch auf die Kirche verwiesen werden? Der Schatten Jesu war ihr eigentlich immer teurer als der genuine Jesus Christus, so lautet die schmerzliche Wahrheit. Wer aus dem Banne dieser durch lange Entwicklung so starr fixierten Schattensituation ausbrechen und zum originalen Jesus hindurchdringen will, der muß auch heute mit Verurteilung als Ketzer rechnen. Die Massenkundgebung in der Westfalenhalle in Dortmund, vornehmlich gegen Bultmann und seine Schule gerichtet, bewies es noch im Jahre 1966. Im Grunde bleiben die neutestamentlichen Forscher, die so Umstürzendes über den der Kirche doch längst bekannten Jesus zu sagen wissen, dieser Kirche doch immer recht unheimlich. Zu lange hat sie den Schatten Jesu als die wahre Orthodoxie verteidigt.

Der subtile Denkschatten bei Jesus wurde, in der kirchlichen Entwicklung viele Male intensiviert, zu einem lastenden und groben Schatten, in dessen zwielichtigem Bereich widerchristliche Elemente ihr Unwesen treiben konnten. Und so hat sie denn mit Jesus dem Richter und dem Weltende gedroht, die Seelen erschreckt und wahre Kollektivneurosen erzeugt, besonders im 15. Jahrhundert. Volkspredigt und Bettelorden kündigten Tod, Gericht und Weltende an, so daß solche «Ermahnung zu einem drohenden Chor anschwoll, der mit der Heftigkeit einer Fuge die Welt durchschallte»[12]. Schließlich war die Apokalyptik nicht nur im Credo der Kirche verankert, jedwedes Dogma wurde eschatologisiert und das

Kirchenjahr entsprechend thematisiert. Selbst die evangelische Kirche hat Prozesse und Dienstentlassungen wegen Ungläubigkeit in endgeschichtlichen Fragen durchgeführt.

Warum, so wird man fragen, konnte das alles geschehen? Warum fällt die wahre Nachfolge mit Herz und Charakter immer wieder so schwer, aber die mit Lehrsatz und Spekulation so leicht? Nicht nur, weil Lehrsatz und Spekulation echtem existentiellen Ernst leichter ausweichen können. Psychologisch und damit grundlegend gesehen aus einem sehr eindeutigen und machtvollen Grunde. Was nämlich die Apokalyptik mit ihren Feuer- und Schwefelkatastrophen auf grobe Weise, die endgeschichtliche Eschatologie auf sublimere Weise tut, ist gleichwohl dasselbe. Sie projizieren nach außen und erwarten entsprechend von außen her, was in Antwort auf den Anspruch Jesu längst innerlich geleistet werden müßte. Die Lösung aller Probleme von einem externen Mirakulum zu erwarten, das ist nur eine spezifische Form der so schwer abzustreifenden Infantilität, der Verantwortungsscheu.

Wenden wir uns der Untersuchung einer anderen, der *Empfindungsfunktion*, zu. Diese Bewußtseinsfunktion ist sozusagen identisch mit «Tatsachensinn». Sie ist ganz und gar im Wirklichen, Tatsächlichen, im Gegebenen zu Hause. Sie atmet erst auf, wenn sie «tastbare Wirklichkeit» vor sich hat[13]. Typen mit Empfindungsfunktion als Hauptfunktion finden wir besonders unter Kaufleuten, Technikern, Ingenieuren. Natürlich hat Jesus auch in der für ihn problematischeren Extraversion der Wirklichkeit, mit der er zu rechnen hatte, Rechnung getragen. Wir sehen das vielfach im neutestamentlichen Bericht. Aber wie? Liegt auch auf der extravertierten Empfindungsfunktion Jesu ein persönliches Schattenmoment? Die Frage ist sicher zu bejahen.

Ernst Bloch verneint sie entschieden. Bloch hat den für diesen Zusammenhang so interessanten Versuch unternommen, Jesus als politisch-sozialen Glücksbringer zu schildern. Als ob, in unserer Sprache geredet, die Empfindungsfunktion Jesu Hauptfunktion gewesen wäre. Auch bei Bloch darf Jesus «heimkehren», diesmal in den marxistischen Humanismus. Er würdigt Jesus in bestechenden Farben als Mann des Wirklichkeitssinnes. Bloch hält mit Recht gar nichts von einem «Inwendigen», das nichts anderes als inwendig bleibt. Das überhaupt nicht «wendend» aktiv auf den Plan tritt, «wozu es doch da ist», wenn es genuines «Inwendiges» ist. Innerlichkeit, die nicht aktiv ist oder wird, bleibt «bloßes Ofensitzen». «Lediglich inneres Licht ist bald eine karge Leuchte.»

Niemals war Jesus ein Mann solcher stagnierenden, faulen und toten Innerlichkeit, davon ist Bloch überzeugt. «Nein, er setzte sich durchaus als Neuer durch», das heißt als Erneuerer in humaner wie sozialer Hinsicht. «Jesus hat sein Amt nie als ein abgeschwächtes, nämlich unweltliches aufgefaßt.» Drastisch erklärt Bloch: «Am wenigsten ist Jesus als Drückeberger in unerscheinender Innerlichkeit oder auch als Quartiermacher für ein völlig transzendentes Himmelreich aufgetreten.» Er war «der adventhafte Umwerter der vorhandenen Welt» in eine Welt, in der es vor allem keine «Unterdrückung» gibt. Evangelium war darum, recht verstanden, von Anfang an «Wunderheilung auf der ganzen Erde». Evangelium kam als «politisch-soziales Glückswort»[14].

Bloch hat Recht. Jesus war gewiß kein Mann der stagnierenden Innerlichkeit. Viele der Blochschen Thesen sind einfach aufblitzende Wahrheiten. Aber das Gesamtbild ist eine totale Verzeichnung. Bloch will seiner zweckgerichteten Ideologie zuliebe aus einem Introvertierten einen Extravertierten, aus einem Fühltyp einen Empfindungstyp machen. Das trifft in jeder grundsätzlichen Beziehung genau daneben. Bloch sucht einen Typ, von dem er möchte, daß auch Jesus ihn darstellt. Das tut er aber nicht.

Jedoch muß das folgende sehr klar gesehen werden, und damit gewinnen wir auch noch dem Blochschen Anliegen eine weitere Wahrheitsnuance ab. Sofern es sich um die «introvertierte» Empfindungsfunktion handelt, darf geradezu von einer exemplarischen Empfindung oder einem potenzierten Wirklichkeitssinn bei Jesus gesprochen werden. Er sieht wirklich, er nimmt genauestens wahr, er beobachtet scharf. Jesus hat der Frau, die Brot backt, dem Hirten, der ein Lamm sucht, dem Beamten an der Zollschranke zugeschaut. Kurz, er «beobachtet» die Menschen wie die Natur. Und zwar ist er ein genialer Beobachter, denn er beobachtet überall nicht nur das Vorkommende, sondern Wesentliche, die archetypischen Geschehnisse oder Hintergründe. Aber diese introvertierte Empfindungsfunktion steht immer und stets im Dienst der Hauptfunktion, des wertbezogenen Gefühls. Das ist entscheidend zu sehen. Und diesen Gesichtspunkt macht das Gleichnis von der «selbstwachsenden Saat» deutlich, ein Beispiel für viele. Hier ist ein Naturvorgang intensiv beobachtet, vertiefend überdacht, zu einer Chiffre der Transzendenz ausgeweitet. Auf den Naturvorgang allein kommt es nun nicht mehr an, nicht mehr auf den realen Bezug als solchen. Aber «daß» der reale Bezug es ist, der zum Träger jener Bedeutsamkeit wird, spricht für die introvertierte Empfindungsfunktion Jesu.

In der Extraversion jedoch verhält es sich wesentlich anders. Die Blinden und Lahmen werden nicht en masse herbeigeordert. Die Aussätzigen werden nicht im Großeinsatz geheilt. Es wird mit den Zöllnern kein Programm zur sozialen Rehabilitierung ihres Standes diskutiert. Also, die realen Bezüge sind es gerade nicht, die Jesu Haltung bestimmen. Und darum ist er kein sozialer Reformer und kein wirtschaftspolitischer Revolutionär, mag auch seine Botschaft in allen diesen Bezügen mehr ausgerichtet haben als aller Reformer Programme zusammengenommen, die sich die Jahrhunderte hindurch immer wieder auf ihn bezogen haben.

Es ist diese Empfindungsfunktion in der Extraversion, von der wir sagen, daß ein deutliches Schattenmoment auf ihr ruht. Die Extraversion ist jeweils das Problem. In diesem Zusammenhang nur ein Hinweis: Ein kleiner Kreis wird zu einer Art Missionsfahrt ausgesendet. Die Richtlinien, die sie erhalten, lauten: «Tragt kein Gold-, kein Silber- und kein Kupfergeld im Gürtel bei euch. Auch sollt ihr keinen Bettelsack haben, auch keine zwei Röcke, auch keinen Stecken. Denn der Arbeiter ist seines Lohnes wert.»[15] Grundsätzlich ebenso lauten die Marschregeln bei der Aussendung eines größeren Kreises, der Siebzig: «Tragt nicht Beutel noch Bettelsack noch Schuhe.»[16] Gewiß, jeder Arbeiter ist seines Lohnes wert. Die extravertierte Empfindungsfunktion jedoch fragt: Bekommt er ihn auch? Und weil ihr das keineswegs hundertprozentig gewiß sein kann, trifft sie Vorkehrungen. Wäre es darum nicht weit angemessener gewesen, wenn angesichts eines solchen Unternehmens die Anweisung gelautet hätte: ‹Vergeßt auch Tasche und Beutel nicht. Achtet darauf, daß die Ration wenigstens für einen Tag niemals ausgeht. Seid nicht unbesonnen gegen euch selber.›

Das Schattenmoment, das auf diesen Aussendungsreden liegt, ist jederzeit gespürt worden, wenn auch nicht von den gleichen Gesichtspunkten her. Viele Forscher haben erklärt, daß sie nicht nur nicht als Reden komponiert sind, was für unseren Gesichtspunkt nicht allzuviel verschlägt, daß sie vielmehr überhaupt nie gehalten wurden und Reden wie angebliche Aussendungen unhistorisch sind. Diese Meinung schießt sicher weit übers Ziel hinaus, wie von anderer Seite betont wird. Gerade weil der erwartete Erfolg ausbleibt, soll eine Peinlichkeit hinwegerklärt werden. Aber diese «Peinlichkeit» spricht stärker für den historischen Kern. Darum meine Frage: Dienten solche Unternehmungen und diese oder ähnliche Anweisungen wirklich der Sache Jesu? Und diese Frage enthüllt das Schattenmoment, das auf Jesu extravertierten Empfindungsfunktion ruht, recht prägnant, meine ich.

Pietistisch gerichtete Missionen haben dann dieses Schattenmoment als pures Evangelium genommen. Sie haben jenen Regeln wörtlich entsprechend ihre Sendboten mit Gottvertrauen und sonst nichts oder kaum etwas ausgerüstet. Und so kam es zu einem besonderen Schattenkapitel der neueren Kirchengeschichte. Man studiert es an den langen Gräberreihen junger Missionare, ihrer Frauen und Kinder in Indien, Japan oder Afrika. An diesen Gräberreihen versteht man, daß auch der Schatten auf der extravertierten Empfindungsfunktion Jesu geschichtliche Folgen gehabt hat, die nicht leicht zu nehmen und hier auch nur angedeutet sind.

Drittens die *Intuition*. Sie ist diejenige Bewußtseinsfunktion, die die Möglichkeiten erfaßt. Auch bei verbauter Aussicht entdeckt sie noch Wege, die zu einer Lösung führen können. Sie ist die die nahsten wie die fernsten Möglichkeiten witternde Genialität, die «um die Ecken gucken kann». Künstler, Dichter, kurz alle sich spezifisch schöpferisch betätigenden Menschen haben sie zumeist als Hauptfunktion.

Jesus wußte von der Intuition reichen Gebrauch zu machen. So zeigen uns die Quellen. Sie war für ihn eine hochentwickelte, differenzierte Funktion. Sie war sicherlich neben der Fühlfunktion als Hauptfunktion seine erste Hilfsfunktion. Für diesen psychischen Sachverhalt sei als ein Beispiel für viele das Gleichnis vom Senfkorn genannt: «Das Gottesreich ist wie ein Senfsamen, den ein Mann auf den Acker sät. Man kann sich kaum einen kleineren Samen denken. Wenn er aber aufgeht, wird er größer als alles andere auf dem Feld, so daß die Vögel in seinen Zweigen nisten können.»[17] Was setzte Jesus instand, in einer kargen, wenig versprechenden, feindlichen Umwelt eine derart kühne Schau zu entwickeln? Offensichtlich nur eine ebenso starke wie echte, eine ungewöhnliche Intuition, die trotz allem nicht irre wird, wie sie nicht in die Irre geht. Dabei sind die Schutz suchenden Vögel, die Jesus nennt – er hätte ja auch die Herden und Hirten nennen können, die in jedem Fetzen Schatten vor der Sonnenglut Schutz suchen –, als das das Geisteswehen symbolisierende Moment von besonderer Wichtigkeit. So ist dieses Gleichnis ein globaler Futurismus. Völker und Generationen, Philosophien und Soziallehren, das Wollen und Hoffen der Menschen, ihre Angst und ihre Not nahmen und nehmen so oder so Zuflucht bei diesem Kerygma, bei diesem hominen Anruf, diesem exemplarischen Existenzvollzug.

Derart exzeptionelle Intuition steckt aber in den meisten Gleichnissen Jesu. Darum ist hier vom tiefenpsychologischen Aspekt her ein kurzes Wort zu ihrem grundsätzlichen Verständnis zu sagen. Sie sind keine Parabeln und keine Allegorien. Wo sie solche Züge aufweisen, stammen sie von den Bearbeitern. Sie sind keine bloßen Veranschaulichungen und Einkleidungen nur. Sind sie erdacht, gedichtet, sind sie nach Plan entworfen? Im Osten spricht jeder Mensch bildreich. Jeder Rabbi sprach gelegentlich in Gleichnisreden. Trotzdem fehlt die Literaturgattung, der man sie nahtlos zurechnen könnte. Jesu Gleichnisse sind «aktive Imaginationen»[18]. Das ist unsere These. Als solche sind sie «erschaut». Jeder Gedanke an Vulgärvorstellungen von sogenannter Mystik oder ähnlichen Verschwommenheiten liegt natürlich völlig fern.

Zunächst, warum «Imagination»? Lesen oder hören wir die Gleichnisse Jesu, dann «sehen» wir sie. Sie rollen vor uns ab, wie ein Film abläuft. Sie haben die seltene Eigenart, nie nur gedrucktes

Wort bleiben zu können. Sie werden sofort Geschehen und Handlung. Warum ist das so? Weil sie für Jesus original auch Geschehen und Handlung waren. Er erzählte, was er «sah» und «schaute». Die Handlung rollte vor seinem inneren Auge ab. Das ist Imagination. Von jeder bloßen Phantasie, die es mit Irrealem zu tun hat, durch die konzentrierte Unmittelbarkeit des gerichteten Sinnbezugs unterschieden.

Neben den Träumen gibt es bekanntlich viele andere Weisen der Selbstkundgabe des Unbewußten. Zu diesen anderen Weisen gehört vor allem die von Jung hoch angeschlagene sogenannte Imagination. Sie steht an Unmittelbarkeit zum Unbewußten hin den Träumen am nächsten. Bei wachem, aber konzentriert nach innen gerichteten Bewußtsein rollt die Handlung der Tiefe vor unserem «sehenden Auge» ab. Wir brauchen sie dann nur noch nachzusprechen. Solch «Nachsprechen» sind die Gleichnisse Jesu. In ihnen spricht die schöpferische Tiefe selbst. Darum die Unmittelbarkeit ihrer Wirkung, denn sie sprechen ohne Umwege von Gefühl zu Gefühl. Darum ihre Prägnanz, denn sie reden mit der schlagenden Knappheit des Unbewußten. Darum auch das durchweg Archetypische ihrer bedeutungsvollen Bilder und Vorgänge, vor allem ihr Ereignischarakter. Sie «geschehen», ebenso wie die Träume.

Züge der Einkleidung können sich natürlich aus Umwelt und Erlebtem als sogenannter Tagesrest nahelegen. Ansonsten aber sind sie spontan wie autonom. Dieser ihr spontaner Ereignischarakter ist ein kritisches Prinzip. Er unterscheidet sie deutlich von aller fremden Zutat oder sonstigen reflektierenden Bearbeitung. So also sind jene Gleichnisse vor Jesu innerem Auge geschehen, und so geschehen sie immer weiter. Weil sie aus numinoser Tiefe stammen, eignet ihnen, wo immer sie aufmerksam gehört werden, dieser numinose Ereignischarakter der Tiefe.

Warum aber «aktive» Imagination? Einmal wegen des Momentes der eingesetzten Konzentration. Allerdings, gequälte Anspannung verdirbt alles. Es handelt sich um jene Aufmerksamkeit, die bestimmte Gerichtetheit und Sichtragenlassen in einem ist. Nicht um «verkrampfte Konzentration», sondern um solche von «mehr flexibler» Art. Sie ist es, die tatsächlich in die «Tiefe» oder den «Hintergrund» greift. «Man befruchtet den Hintergrund, indem man die Aufmerksamkeit auf ihn richtet und ihn so schwanger macht.»[19]

Aktiv ist diese Imagination zweitens deswegen zu nennen, weil der Imaginierende in ihr Geschehen selbst als handelnde Figur aktiv eingreift oder sozusagen mitspielt. So wie wir im Traum zusehen, wie wir selbst mit dabei sind. Der Imaginierende greift selbst ein. Er redet die handelnden Figuren an, sie antworten. Er handelt, sie reagieren und umgekehrt. Der Vergleich mit dem Traumgeschehen macht die Dinge so klar, wie sie in der Kürze klar werden können[20]. So ist Jesus als der Imaginierende oder Gleichniserzähler ganz offensichtlich selbst in diesem Gleichnisgeschehen mit darin. Er ist der gute Hirte. Er ist der Sämann. Er ist aber auch die Frau, die die fortgerollte Münze sucht.

Diese grundsätzliche Charakterisierung der Gleichnisse, die so viel mit der Intuitionsfunktion zu tun haben, macht gewiß, daß auch diese Funktion Jesus in ungewöhnlich differenzierter Weise zu Gebote stand. Trotzdem ruht auch auf dieser Funktion ein Schattenmoment, von dem sogar etwas ausführlicher zu reden ist. Dabei geht es, so sei ausdrücklich noch einmal erinnert, um die Intuition, sofern sie in der Extraversion erscheint. Auch sie wird, wie bei einem Introvertierten nicht anders zu erwarten, nur sekundär auf die Außenwelt bezogen sein[21], oder doch ihre besonderen Schwierigkeiten haben, sich in ihr durchzusetzen. Ich beschränke mich auf zwei wesentliche Punkte. Es soll die Rede sein von einem von Jesus selbst überwundenen Schattenmoment und zweitens von einem Schattenmoment, dessen Überwindung nicht gelungen ist.

Was das erste Problem anlangt, so nehmen wir einen anfänglichen Partikularismus wahr, der sich der universellen Gesamttendenz nicht einfügt. Die kleinere Gruppe wie die Siebzig, die auf Missionsreise geschickt werden, sollen «der Heiden Straße» wie «die Städte der Samariter» meiden. Ausschließlich für die «verlorenen Schafe des Hauses Israel» sei er da, so muß die Kanaaniterin hören. Und in diesem Zusammenhang fallen sogar die scharfen Worte von den Kindern, denen man das Brot nicht nehmen dürfe, um es vor die Hunde zu werfen[22].

Bibelkritisch hat man versucht, alle diese Stücke als Eintragungen judenchristlicher Tendenz anzusehen. Haben wir zuvor in den verschiedenen Aussendungen einen historischen Kern erkannt, so ist auch diese zunächst partikularistische Tendenz, die sich wesentlich in gleichen Zusammenhängen kundtut, ein historischer Reflex. Eine gewisse historische Erinnerung muß dahinter gelegen haben. Dies uns vorzustellen, fällt dann nicht schwer, wenn wir nicht einen dogmatischem Christus im Hintergrund denken, der nach fertigem Programm handelt. Wenn wir vielmehr verstehen, wie Jesus in einem höchst dramatischen lebendigen Entwicklungsprozeß steht und wie seine Extraversion Schranke um Schranke durchbricht.

Das Ergebnis des Durchbrechens jeglicher partikularistischen Schranke haben wir dann in einem Wort wie: «Es kommt die Zeit, und tatsächlich hat sie jetzt schon begonnen, da die wahren Anbeter den Vater im Geist und in der Wahrheit anbeten werden», «weder auf diesem Berg noch in Jerusalem», sondern überall ohne Unterschied, «denn Gott ist Geist, und die ihn anbeten, müssen ihn wirklich im Geist und in der Wahrheit anbeten.»[23] Aber wem dieses bei Johannes berichtete Wort zu unsicher erscheint, der sei auf zwei unumstößliche Zeugnisse gewiesen. Das eine ist das Gleichnis vom barmherzigen Samariter, «das» große Gleichnis im Osten, für den Osten identisch mit Evangelium schlechthin. Denn hier begegnet ihm eine neue Kategorie menschheitlichen Bewußtseins, die alle und jedermann umfaßt. Eine Kategorie, die dem Osten in Konfrontation mit dem Evangelium doch offenbar deswegen so durchschlagenden Eindruck macht, weil sie ihm in dieser Form ursprünglich fehlt. Und zweitens weisen wir auf den jesuanischen Begriff des «Nächsten», der mit dem genannten Gleichnis eng verbunden ist, aber keineswegs nur mit ihm. Die Geltung des Begriffes Nächster hört für Jesus an der Grenze des eigenen Volks nicht mehr auf. Sie schließt sogar den Feind ein. Nächster ist jedermann für mich, gleichgültig wie er sich stellt. Die gesamte Forschung ist sich in der Auffassung einig, daß diese universalistische Konzeption des Nächsten urjesuanisch ist.

In diesem Zusammenhang hat übrigens die Tradition ein Detail «festgehalten» oder erinnerungsbestimmt im Geiste Jesu mit «historischer Paraphrase», wie ich es nennen möchte, eingefügt. Zweimal geschieht es, daß nach diesen Berichten ein sachlich ernstes, ein zwingendes Gespräch gerade mit Frauen zum universellen Durchbruch führt. Im Gespräch mit der zunächst zurückgewiesenen Kanaaniterin überwindet sich Jesus. Und so heißt es schließlich: «Du hast ein großes Vertrauen, es soll geschehen, um was du gebeten hast.»[24] Und wiederum im Gespräch mit einer Frau, der Frau aus Samarien, fällt das große Wort vom Anbeten im Geist und in der Wahrheit, das nur an Aufrichtigkeit und sonst gar nichts gebunden ist[25]. Das sind großartige Zeugnisse der Anima-Entwicklung des Mannes Jesus. Anima-integriertes Verhalten wird und ist schließlich elastisch, der Situation offen und ihr entsprechend. Es kennt die höhere Freiheit des Seins in der lebendigen Wahrheit. Die entgegengesetzte Haltung klebt autoritär, prinzipienhaft und unbeweglich am Gesetz, wie das klassische Symbol des Pharisäers zeigt. Sie führt in die Enge, Anima-Entwicklung hingegen in die Weite. In diesem Detail steckt mithin unbewußte Genialität der psychologischen Beobachtung.

Damit aber kommen wir zu dem nicht überwundenen Schattenmoment, das auf der extravertierten Intuition Jesu verbleibt. In den Begriff des Nächsten schließt er, so hörten wir, jedermann ein, alle Mitmenschen. Aber auch, so fragen wir, alle Mitwesen? Damit ist das Problem, ein umfassendes religionsgeschichtliches und auch menschheitliches Problem genannt.

Fällt das Wort «Mitwesen», denken wir sofort an einen ganz

anderen geistigen wie psychologischen Zusammenhang, an die Welt des Buddhas vornehmlich. In Buddhas vielen Tiergeschichten sind die Tiere keineswegs nur Statisten in einer Handlung, die sie letztlich nicht selbst betrifft. Sie sind nicht nur Mittel zum Zweck, die gebraucht werden, um frommen Gehorsam zu exemplifizieren, um Gott zu preisen oder um die göttliche Wundermacht preisen zu lassen, wie es in so vielen Tier- oder Wundererzählungen christlicher Heiliger der Fall ist. Der «kosmischen Sympathie» Buddhas – von Mitleid sollte nach dem Stand der Forschung nicht mehr die Rede sein – entspricht es vielmehr, daß hier die Tiere eigenen metaphysischen Status gewinnen. Menschen wie alle Mitwesen sind in derselben karmischen Schicksalsverflochtenheit, diese wie jene sind daraus zu befreien. Man braucht in diese Atmosphäre nur einzutreten, um zu spüren, daß bei Jesus in dieser Beziehung eine bleibende schattenhafte Begrenzung vorliegt.

Und was hätte ein Wort Jesu die Mitwesen, die «stummen Brüder» betreffend, nicht bedeuten können, zumal in der Gegenwart! Leben wir doch in einer Zeit, da die Ökologie unser ausbeuterisches Umgehen mit unserer Umwelt mit einem verantwortungslosen «Selbstmordprogramm» vergleicht, das auf uns selbst mit der fürchterlichen Bedrohung «Kein Platz mehr für Menschen» zurückfällt[26]. Was würde in dieser Situation nicht ein akzentuiertes Wort Jesu zugunsten der stummen Kreatur bedeuten. Es würde wenigstens die Gewissen nicht zur Ruhe kommen lassen, wenn wir im Interesse kleinlicher Profitgier bedenkenlos ganze Arten ausrotten.

Aber vielleicht wird man widersprechen hinsichtlich des Sachverhaltes in der Jesus-Tradition. Man wird auf die Sperlinge der Bergpredigt hinweisen, die in den Augen der Menschen so gut wie nichts wert sind, von denen Jesus jedoch sagt, daß Gott auch über sie wache[27]. Dieser Hinweis ist treffend, aber er bleibt auch der einzige. Die Wendung «er war bei den Tieren» aus der Versuchungsgeschichte[28], auf die manchmal hingewiesen wird, gibt wirklich nichts für unseren Gesichtspunkt her. Sie ist reine Situationsschilderung, die Jesu Einsamkeit und wohl auch Verlassenheit unterstreicht. Selbstverständlich wird dem mit Recht entgegengehalten, Jesus habe den Schöpfungsglauben des Alten Testamentes geteilt. Aber dieser an sich richtige Hinweis ist gerade das Eingeständnis, daß es nichts Spezifisches auszusagen gibt.

Was die Mitwesen anlangt, stoßen wir vielmehr auf einen so schwer zu handhabenden Text wie dem vom Ersäufen einer ganzen Schweineherde[29]. Ausgetriebene Teufel flehen, ihnen gleichsam eine andere Wohnstatt anzuweisen. Ihnen wird erlaubt in eine Herde Säue zu fahren, was der gesamten Herde zum Untergang gereicht. Dieser Bericht ist im Osten, der geistigen Heimat der Gewaltlosigkeit, ein ebenso ständiger wie unüberwindlicher Anstoß, einer der wichtigsten Hinweise, um Buddha oder gar Ramakrishna höher zu stellen als Jesus. Wie immer man zu diesem Bericht kritisch Stellung beziehen mag, daß die Tradition ihn Jesus zuschieben konnte, ist gewiß kein Beweis dafür, daß Jesus sich in der fraglichen Beziehung wie ein Franz von Assisi dem Gedächtnis eingegraben hätte.

Die spätere Tradition hat sich denn auch bezeichnenderweise so verhalten, als ob sie hier eine Lücke ausfüllen müßte. Nicht aus den kanonischen, aber aus den apokryphen, nicht ins Neue Testament aufgenommenen Evangelien erfahren wir, daß Ochs und Esel bereits bei der Krippe gestanden haben. Und es ist wiederum bezeichnend, mit welcher Liebe die Überlieferung dieses Motiv aufgenommen und gepflegt hat bis hin zu unseren Weihnachtskrippen. Wobei der Ochse auf den Mithraskult, der Esel auf den Dionysos-Kult zurückzuführen ist. Das Kindheitsevangelium des Thomas redet sodann vielfach von Jesu Umgang mit den Tieren. Es läßt ihn Vögelchen aus Lehm formen und dann davonfliegen. Diese Geschichten des Thomasevangeliums haben die Dichterin Selma Lagerlöf zu ihren Christuslegenden inspiriert, in denen eine ins Kosmische gehende Liebe zu Tier und Pflanze sichtbar gemacht wird.

Auch sonst werden von den apokryphen Schriftstellern mancherlei Tiergeschichten erzählt. Man denkt an die Wanzengeschichte in den Thomas-Akten. Auf das Wort des Johannes hin ziehen hier die Wanzen gehorsam eine Nacht aus den Bettgestellen der Herberge aus, um nicht lästig zu fallen. Der Gehorsam gegen Gott selbst bei der niederen Kreatur wird gepriesen, den Menschen zum Vorbild. Im Laufe der Entwicklung werden dann auch den einzelnen Evangelisten Symboltiere beigegeben, dem Lukas der Stier, dem Johannes der Adler, dem Markus der geflügelte Löwe, während Matthäus zumeist mit dem ihm Offenbarungen zuraunenden Engel erscheint. Diese Beispiele, die um andere aus Legende und Literatur reichlich vermehrt werden könnten, bestätigen alle nur, daß hier etwas nachzuholen war, wie man deutlich spürte.

Wir haben vom Schatten Jesu gesprochen, genauer von dem Schattenmoment, das auf seinen Bewußtseinsfunktionen liegt, sofern sie in der Extraversion erscheinen. Wir haben das getan, nicht ohne bei einer jeden Funktion zuerst das exzeptionell Positive oder Differenzierte herauszustellen. Überflüssig zu sagen, daß nicht die doch vorhandene Unzulänglichkeit Jesu gezeigt werden sollte. Es sollte vielmehr gezeigt werden, daß das «ecce homo» zu Recht besteht, daß er wahrhaft Mensch war. Aber einen wahren Menschen ohne Schatten gibt es nicht. Wer diesen psychologischen Satz leugnen wollte, verfällt theologisch kenotischer Spekulation.

Ein kenotisches Moment ist in der gesamten christologischen Entwicklung der Jahrhunderte gewißlich enthalten. Gestehen wir es uns ein! Denn Jesus war nur gut und vollkommen, nur göttlich und erhaben. Wie konnte denn da das «wahrer Mensch» noch zu seinem Recht kommen? Jesus immer weiter in transzendente Übergöttlichkeit zu erheben, und möglichst noch alle, die unmittelbar um Jesus herum waren, das würde weder dem Verständnis und der Wirksamkeit der Gestalt Jesu noch unserer, wie wir anfangs gesehen haben, gerade nach dem Menschen Jesus fragenden Zeit nützen. In genau diesem Zusammenhang ist das Wort Adolf Holls zu sehen und berechtigt: «Der Vergottungsprozeß Jesu neigt sich heute seinem Ende zu, er ist Geschichte geworden. Ob Jesus in einer neuen Gestalt eine müde gewordene Christenheit wird beschwingen können, kann kaum vorausgesagt werden, allenfalls gehofft werden.»[30] Die Zurückhaltung im letzten Satz teile ich nicht. Es gibt einen überzeugten Marxisten, der Jesus «den» homininen Anruf nannte und ihn als solchen heute erlebt. Über Jesus und seine künftige Wirksamkeit prophezeit man, meine ich, besser nicht.

Man tue es um so weniger, als wir dieses erstaunliche gegenwärtige Interesse an «Jesus, dem Menschen» sehen, so daß wir diese drei Worte geradezu ein lebendiges, wirkendes Symbol der Gegenwart nennen durften. Dieses Engagiertsein stellt sich Jesus freilich nicht so absolut vollkommen vor wie das orthodoxe oder supranaturale Denken, das abgewirtschaftet hat, sondern eben mehr als Menschen. Hinzuzusetzen ist aber, daß sich die lebendige Tradition Jesus niemals wirklich als absolut, als unnahbar vollkommen gedacht hat. Das rationale Dogma hat das jederzeit gekonnt, die lebendige Frömmigkeit eigentlich nie. Für die lebendige Frömmigkeit gehörte mehr oder weniger immer ein Stück Schatten zu dem Menschen Jesus dazu. Und weil sie ihn nicht finden konnte, sei es in Kirche, Predigt oder Dogma, dichtete sie ihn einfach dazu. Sie tut das auf ihre, zumeist schelmenhafte Weise. Es ist ein vorsichtiger, gleichsam zarter Schattenhintergrund, den man der Jesusgestalt gibt, indem man ihr einen Schatten in der Form des «Schelms» oder des «trickster» zugesellt[31].

Der «göttliche Schelm» ist eine aus der Mythologie wie Literatur der Völker wohl bekannte und typische Schattengestalt. Eigentlich beginnt das Kindheitsevangelium des Thomas bereits mit dieser Entwicklung, wenn es die Schelmenstreiche des Knaben Jesus, die er mit seinen Lehrern anstellt, berichtet. Mittelalter wie Neuzeit, Erzählung wie Poesie malen dann gerade diese «Schwänke» und «Schelmenstückchen» des Jesus aus, ja sie berichten «listenreichen» Humor. Die Schattengebung fällt also durchgehend zurückhaltend aus, auch wo der Schwank derb ist. Meist ist in solchen Stücken Petrus der Geweisnaste. Immer wieder muß er sich nach einer Kirsche bücken, weil er zu faul war, sich nach der Münze zu bücken, die Jesus aufnahm und für sie die Kirschen kaufte. Oder er ist es, der die Tracht Prügel von den in die Herberge eindringenden Dieben bekommt, weil er als erster gefaßt wird. An der Wand zu liegen, war ihm nämlich zu unbequem gewesen. Dort liegt nun unbelästigt Jesus, der natürlich das Ende der Geschichte voraussah. Derartige Schwänke fanden an besonderen Narrentagen sogar Eingang in die Kirche und Messe. Man könnte sie «Schattenstücke» nennen. Damit sind aber nur Andeutungen der Entwicklung schöpferischer Frömmigkeit gegeben, die immer wieder Jesus den Schatten gab, den die Dogmatik ihm nahm.

Wenn wir nach dem Schatten bei Jesus als Mensch gefragt haben, haben wir also gar nicht etwas empörend Neues getan. Wir haben es nur auf neue tiefenpsychologisch bedingte Weise getan. Das Schattenproblem dürfte überleiten zu der Frage nach einer etwaigen Vater- oder Mutterbindung bei Jesus. Diese Fragestellung wäre sozusagen eine kritische Gegenprobe zu dem bisher über die Integriertheit und Anima-Entwicklung Jesu Gesagten.

Zuvor sei betont: Wenn wir vom persönlichen Schatten Jesu gesprochen haben, dann haben wir keiner Dogmatik, die Anstoß nehmen könnte oder möchte, widersprochen. Weder «Absolutheit» oder «Vollkommenheit» oder «Gottessohnschaft» sind im geringsten angetastet. Denn die Psychologie hat es grundsätzlich nicht mit metaphysischen Kategorien zu tun. Sie redet nicht von Vollkommenheit oder ewigen Bezügen, sondern von der «Vollständigkeit» einer psychischen Entwicklung. Zu solcher Entwicklung verblieb Jesus im übrigen ganz wenig Zeit nur. Absolutheit aber und psychische Vollständigkeit bedingen sich ebensowenig wie sie sich nicht widersprechen. Im Gegenteil! muß man sagen. Denn «nur verborgen im Gegensatz» haben wir die Wahrheit, so bekennt die Reformation. Nur im Bruchstückhaften das Heil. In den Windeln liegt das göttliche Kind, singt und sagt Luther. Nur im Menschlichen wird das Göttliche offenbar. Das gilt auch für Jesus, den Menschen. Er hat es ja ausdrücklich gesagt, daß er davon keine Ausnahme sein will!

Vater-Mutterbindung Jesu?

Auch über das Vater- und Mutterverhältnis Jesu werden heutzutage Betrachtungen angestellt, sowohl historisch wie psychologisch. Es handelt sich dabei um vorliegende Literatur, mehr aber noch um Entwürfe, die mir zum Teil bekannt geworden sind. Diese Untersuchungen oder Analysen laufen ziemlich übereinstimmend auf die Konstatierung einer guten Vaterbeziehung und eines belasteten Verhältnisses zur Mutter hinaus. Beständen solche Schlüsse zu Recht, dann würden sich für das Gesamtbild einschneidende Konsequenzen ergeben, die unsere eigenen, hier vorgetragenen Analysen beeinträchtigen könnten.

Auf das Problem: Vater-Mutterbindung Jesu? gehen wir aber nicht nur aus apologetischen Gründen ein. Vielmehr wird sich zeigen, daß diese Fragestellung das von uns gezeichnete Bild der Anima-Integration Jesu positiv abrundet. Gerade weil die referierten Diagnosen unbegründetes psychologisches Mutmaßen darstellen, tragen sie ungewollt erhellende Gesichtspunkte bei.

Da es hier um konkrete Personen geht, dient es notwendiger Klärung, sich zuerst zu fragen, was wir wirklich von ihnen wissen. Das ist beim Vater Jesu besonders wenig. Drei recht allgemeine Daten stehen uns mit einiger Sicherheit zur Verfügung. Einmal ist uns sein Name Josef überliefert, ferner hören wir über die Ehe mit Maria, und drittens ist die Angabe des Berufes Zimmermann wohl zutreffend. Die entsprechende Vokabel kann aber auch eine allgemeinere Bedeutung haben, Bauarbeiter etwa. Was darüber hinaus sich als Überlieferung um seine Gestalt gerankt hat, ist samt und sonders Legende.

Was Maria angeht, so stehen uns mit Sicherheit auch nur vier Daten zur Verfügung. Der Name, sodann die Tatsache, daß sie mit Josef verheiratet war und aus dieser Ehe eine Anzahl Kinder hervorgegangen sind, Knaben wie Mädchen. Wir haben ferner die Nachricht, daß die Mutter sich an die Spitze der Familie stellte, um Jesus von seinem vermeintlichen Irrweg abzubringen und ihn in aller Stille nach Hause zu bringen. Schließlich vernehmen wir, daß Maria nach Jesu Tod eine gewisse Rolle in der kleinen Schar der Anhänger gespielt hat. Man versammelte sich in ihrem Hause. Über diese vier Angaben hinaus besteht auch die Marientradition nur aus üppig sprießenden Legenden. Nicht einmal die Nachricht, daß sie zusammen mit anderen Frauen unter dem Kreuz gestanden hätte, eine uns traditionsgemäß so selbstverständliche Szene, kann als verbürgt angesehen werden. Keins der drei synoptischen Evangelien berichtet davon. Nur Johannes, der viel spätere, hat einen solchen Bericht.

Die Historie überfahrend, setzte schnell der vielschichtige Projektionsprozeß ein, vor allem in dreifacher Hinsicht. Alle jüdisch apokalyptischen Messias- und Enderwartungen bemächtigten sich der Jesusgestalt. In dem Augenblick, da die Verkündigung in die weitere griechisch bestimmte Welt hinaustrat, strömten alle Tendenzen hellenistisch gnostischer oder mystischer Heilandsspekulation in das gleiche Bett. Und mit dem allen und darüber hinaus richteten sich die allgemein menschlichen Tendenzen der Heroenvorstellung, der Erlöser- und Heilbringererwartung auf diese Gestalt.

Zur Stilisierung einer solchen überirdischen Figur gehört seit alters die übernatürliche Zeugung und Geburt. Diese entsprechende Legendenbildung traf zunächst Josef als einen gänzlich Überflüssigen. Seine störende Gegenwart hat die Legende auf viele Arten verharmlosen wollen. Die Dogmatik mit ihrem Satz von der Jungfrauengeburt und der Zeugung durch den heiligen Geist wirkte in die gleiche Richtung. Jedenfalls unterlag die Josefsgestalt von Anfang an einem intensiven historischen Schrumpfungsprozeß, so daß bald nur ein Schatten von Figur übrig blieb. Sie steht nur freundlich lächelnd, wohlwollend überrascht, wie in unseren Weihnachtskrippen «dabei». Wir wissen also über jene drei Daten hinaus gar nichts Zuverlässiges über Josef. Wir können mithin auch nichts Zuverlässiges aussagen. Die spezielle Natur des Legendenmaterials bringt es andererseits mit sich, daß wir auch nichts Greifbares psychologisch erschließen können. Unter diesen Umständen eine positive historische Vaterbeziehung herauszuinterpretieren, ist darum ein Versuch, der völlig in der Luft hängt.

Der Gestalt der Maria nahm sich die Legenden- und Dogmenbildung so außerordentlich positiv an, wie eine Gottesmutter es erwarten darf. Das heißt, sie versuchte es. Aber die Reste der Josefsüberlieferung waren nun einmal da. So blieb es schwierig, Ehe und vaterlose Erzeugung in Einklang zu bringen. Immer wieder tauchte das anrüchige Motiv des Ehebruchs auf, den Maria, natürlich zur größeren Ehre Gottes, begangen haben sollte. Und mit diesem Motiv war der entsetzte Josef da, der nach einer Lesart sogar beschloß, Maria heimlich umzubringen. Diese außerordentlich üppig ins Kraut schießende Legendenbildung wurde ebenso für alle Feinde des Christentums zu einer willkommenen Fundgrube herabsetzender Tendenzen und Motive. Sehr treffend urteilt darum Marcello Craveri in seinem neuen Jesusbuch: «Anstatt ganz einfach anzuerkennen, daß die gesamte Überlieferung über die Geburt Jesu Legende ist und daß nie ein Schatten ehelicher Untreue den Lebensbund zwischen Josef und Maria getrübt hat, gehen diese Kritiker von dem

Ehebruch des Mädchens aus und mühen sich ab, nicht selten unter Zuhilfenahme von gemeinen, tendenziösen Unterstellungen, Beleidigungen und törichten Schmähungen, den hierfür Verantwortlichen ausfindig zu machen.»[1]

Bei dieser Sachlage der Überlieferung können wir kein Bild des tatsächlichen Verhältnisses rekonstruieren, das Jesu Eltern zu ihm gehabt haben oder er zu ihnen. Zahlreiche Versuche alter und neuer Zeit wollen zwar wissen, daß Jesu Mutterbeziehung von Anfang an eine «gespannte» oder «gestörte» war[2], eben wegen der «unehelichen Abstammung»[3]. Solche Versuche weben ungeschichtliches legendäres Material oft zweifelhafter Natur zu einer haltlosen Karikatur zusammen. Sie sind insgesamt abzulehnen.

Ist damit, wenn auch nur in kurzen Sätzen, eine gewisse Aufräumungsarbeit getan und einige freie Sicht geschaffen, kann nun ein anderer relevanter Satz mit selbstkritischer psychologischer Verantwortung ausgesprochen werden: Es liegt keinerlei Symptom im Neuen Testament dafür vor, daß eine Vater- oder Mutterbindung Jesu bestanden haben könnte. Für die gegenteilige Annahme aber liegt verhältnismäßig reiches und eindeutiges Belegmaterial vor.

Infantile Elternbindung, das heißt nicht überwundene Abhängigkeit und nicht erreichte Selbständigkeit können da nicht bestanden haben, wo folgendes berichtet wird: «Es kamen seine Mutter und seine Brüder, sie standen draußen vor dem Haus und schickten Nachricht zu ihm hinein, um ihn zu rufen.» Wegen der versammelten Menge können sie nicht sogleich zu ihm vordringen, meint der Kontext. Aus der Menge wird Jesus also berichtet: «Deine Mutter und deine Brüder und deine Schwestern sind draußen und suchen dich.»[4] Suchen heißt hier nicht besuchen, sondern aufspüren, wie man hinter dem Verlorenen her ist. «Jesus antwortete ihnen, indem er sagte: Wer ist meine Mutter und wer sind meine Brüder? Er sah auf die Leute, die um ihn herum saßen und sagte: Da ist meine Mutter und da sind meine Brüder. Wer tut, was Gott will, der ist mein Bruder, meine Schwester und meine Mutter.» «Als er das sagte», so heißt es an anderer Stelle, «ertönte die Stimme einer Frau aus der Menge: Wie glücklich ist die Mutter, die dich geboren und aufgezogen hat! Jesus aber meinte dazu: Sag lieber, wie glücklich sind alle die, die Gottes Wort hören und befolgen.»[5]

Hinzuzunehmen ist das folgende Wort, auf dessen sinnkorrekte Übersetzung allerdings viel ankommt: «Ich bin gekommen, den Sohn von seinem Vater, die Tochter von ihrer Mutter und die Schwiegertochter von ihrer Schwiegermutter zu trennen. Des Menschen eigentliche Feinde werden seine Hausgenossen sein.»[6] Das hier vorliegende Verbum «trennen», «lösen», «zerteilen» wird von Luther mit «erregen wider» übersetzt, in neueren Wiedergaben mit «aufbringen gegen» oder gar «veruneinigen». Das alles klingt nach

Zwietracht säen und gibt somit überhaupt keinen Sinn. Ich glaube kaum, daß jemand diese Stelle je ganz richtig verstanden hat. So anmaßend es klingen mag, nur der tiefenpsychologisch geschärfte Blick kann sie voll verstehen. In der Tat, Jesus «löst von», «trennt vom» Familienkollektiv. Er «zerteilt» die naive «participation mystique», so daß Einzelne, selbständige und verantwortliche Individuen entstehen können! Nun ist evident, unvermeidlicherweise muß der Punkt der inneren Trennung vom Vater kommen, will der Sohn nicht der ewig Vatergebundene bleiben. Und die in der damaligen Kultur getretene und degradierte Schwiegertochter, Symbol devoter Hörigkeit, muß sich einmal der Schwiegermutter gegenüber aufrichten. Für Sohn wie für Tochter muß die «zweite Abnabelung» erfolgen, um der wirklich selbständigen Personwerdung willen. Jesu «lösen von» und die moderne psychische zweite Abnabelung sind identisch, im Grunde genommen sind sie es auch wörtlich. Daß im übrigen die Meisterung und Überwindung dieses Entwicklungsknotens mit den größten Widerständen gerade seitens des Familienkollektivs zu rechnen hat, das ist eine allgemeine und fast regelmäßige Erfahrung der Therapie.

Von einer möglichen Vater- oder Mutterbindung kann also nicht nur nicht die Rede sein. Jesus im Gegenteil war der erste «Therapeut», der Vater- und Mutterbindung anzugehen, aufzuarbeiten, definitiv zu überwinden zur unerläßlichen Aufgabe gemacht hat. Denn Jesus wollte bindungsfreie, voll entscheidungsfähige, selbstverantwortliche Männer und Frauen. Er wollte nicht halbe Kinder, er wollte wahr und wahrhaftige Erwachsene zu seinen Nachfolgern und zu Trägern seiner Ideen.

Das aber hat man sehr bald nicht mehr verstanden. Daß zur Individuation Trennung vom äußeren wie inneren Kollektiv gehört, daß es wirklich gilt, Einzelner zu werden, daß anderenfalls Animus- oder Animaintegration unmöglich ist, das alles war bald genug wieder verlorene Einsicht. Unintegrierte Männer und Frauen starrten ins Neue Testament. Gelehrte und Ungelehrte mit Vater- und Mutterbindung wurden die Interpreten. Sie verstanden Jesus nicht mehr. Folgerichtig entdeckten sie nun Jesu eigene Vater- und Mutterbindung bis auf den heutigen Tag. Dabei sind es die Protestanten, die regelmäßig die Vaterbindung ins Neue Testament eintragen, und es sind typischerweise die Katholiken, die ihre Mutterbindung das Neue Testament überfremden lassen.

Der vulgäre Protestantismus ist Rückfall in die Vaterbindung. Jetzt ist der Vater ein und alles. Frömmigkeit wird Vaterreligion. Weislich regiert der Vater, auch wenn man es oft nicht verstehen kann. Dann schreibt man eine Theodizee und beweist den Gebildeteren, daß der Vater trotz allem Recht hat und recht tut. Die einfacheren Seelen brechen in den typischen Klageruf aus: Wie kann

Gott das zulassen? Vom Vaterregiment hätte man eben anderes erwartet. Zugleich aber hat man die billige Entlastung, die Verantwortung für jede Sinnwidrigkeit Gott in die Schuhe schieben zu können. Die forensische Rechtfertigungslehre, in der das Opfer dargebracht, die Schuld für alle bezahlt ist, alles von anderer Seite für den Menschen getan wird und der Mensch überdies ausdrücklich gewarnt wird, seinen Glauben oder seine Annahme um keinen Preis als ein «Tun» oder «Werk» oder «Leistung» seinerseits mißzuverstehen, diese forensische Rechtfertigungslehre ist Dogmatik gewordene Vaterbindung. Die Verantwortung hat er getragen, sie ist sein, Christi, sie ist nicht mehr die deinige! Hier wird der Mensch nie Partner Gottes, was er nach Paulus doch sein soll. Dieser Vulgärprotestantismus ist Rückfall ins religiös geistige und ins psychologische Patriarchat. Er ist die Denkreligion der Vaterbindung. Und so werden hier gegen Ende unserer Analyse notwendig Aussagen noch einmal angedeutet, die in der Auseinandersetzung mit dem patriarchalischen Jesusbild bereits ausgeführt waren.

Der Vulgärkatholizismus verfügt über Bibel und gesamte Tradition mit der Psychologie der Mutterbindung. Wie die dominierende große Mutter, die weiß, was sich für die Ihren gehört, und die die Mittel kennt, es durchzusetzen. Hier wird infantile Geborgenheitssehnsucht bewußt genährt. Hier wird Heil, intra muros ecclesiae, nichts weniger als garantiert. Zwar nicht ohne weiteres die ewige Seligkeit, aber schlechthin verloren gehen kann keines der Kinder dieser großen Mutter. Höchstens ins Fegefeuer kann es kommen und halt ein bißchen mehr büßen. Niemand wird hier ernsthaft in die Entscheidung gestellt, denn im Prinzip kann es ja immer nur um die Entscheidung für die allvermögende Mutter gehen.

Der heutige Aufstand gegen den Zölibat ist nicht in erster Linie sittlich zu verdächtigen, sondern als der Protest gegen die bewußt erhaltene Mutterbindung zu verstehen. Man wehrt sich gegen das Nicht-erwachsen-werden-Sollen. Psychologisch recht verstanden, handelt es sich nach allem Vorigen also um eine Aktion im Geiste Jesu. Damit aber sind wir notwendigerweise wieder dabei, Aussagen neu zu formulieren, die zu Anfang, in Auseinandersetzung mit dem Jesusbild des Matriarchats bereits begründeter zum Austrag gekommen waren. Und so schließt sich immanent ein Kreis psychologischer Zusammenhänge.

Könnt ihr den Kelch trinken, den ich getrunken habe?, fragt Jesus. So wie er sein Kreuz getragen hat, so soll jeder, der ihm folgen will, sein eigenes Kreuz auf sich nehmen. Ohne Ausreden und Bemäntelung, tapfer vielmehr, unbeirrbar, selbstverständlich und bewußt. Wer so fragen und anweisen kann, jenseits aller herabmindernden Bindungen, der ist wirklich Mensch, der ist wahrer Mann geworden.

Das heile Menschenbild

Was kann zur Kennzeichnung dieses wahren Menschen, des integrierten im Sinne Jesu abschließend hinzugesetzt werden? Mit welchem Existenzgefühl steht dieser Mensch in Kosmos und Welt, im Kreis von Mitmenschen und Mitwesen? Dem «heilen Gottesbild», das zuvor entfaltet war, entspricht das «heile Menschenbild».

Jesus hat das heile Menschenbild sehr konkret gezeichnet. Was er dazu sagt, gehört zum Kostbarsten, das von ihm vernommen und genommen werden kann. Es gehört zum Sublimsten der Psychologie und Metaphysik aller Völker und Zeiten.

«Ich sage euch, machet euch keine Sorge um Essen und Trinken und um eure Kleidung. Das Leben ist mehr als Essen und Trinken und der Körper mehr als die Kleidung.

Seht euch die Vögel unter dem Himmel an, sie säen nicht, sie ernten nicht, sie sammeln keine Vorräte, aber der Vater in der Höhe sorgt für sie. Und ihr seid doch viel mehr als Vögel!

Wer von euch kann denn mit Sorgen sein Leben auch nur einen Tag verlängern?

Warum macht ihr euch unnötige Sorgen zB um das, was ihr anziehen sollt? Denkt an die Blumen, sie arbeiten nicht, und sie machen sich keine Kleider. Aber ich meine, nicht einmal Salomo war bei all seinem Reichtum so prächtig gekleidet wie sie. Wenn Gott sogar das Unkraut so ausstattet, das heute blüht und morgen verbrannt wird, wird er sich nicht erst recht darum kümmern, was ihr anzuziehen habt?

Ihr habt zu wenig Gottvertrauen! Macht euch keine Sorgen, was ihr essen und trinken und anziehen werdet. Damit plagen sich die anderen schon genug herum. Euer Vater in der Höhe weiß, daß ihr das alles braucht. Kümmert euch zuerst um sein Reich und seinen Willen, so wird er euch mit allem anderen versorgen.

Denkt nicht an morgen, der morgige Tag wird für sich selber sorgen. Es genügt, wenn jeder Tag seine eigene Last hat.»[1]

«Bitte, und du wirst bekommen. Suche, und du wirst finden. Klopfe an, und die Tür wird aufgehen. Denn wer bittet, wird bekommen. Wer sucht, wird finden. Und wer anklopft, dem wird geöffnet. Wer von euch Vätern würde seinem Sohn einen Stein geben, wenn er um Brot bittet? Oder eine Schlange, wenn er um Fisch bittet? Ihr seid doch nur schlechte Menschen, und ihr wißt doch, was euren Kindern gut tut. Wieviel mehr wird euer Vater in der Höhe denen Gutes tun, die ihn darum bitten?»[2]

«Man kauft zwei Spatzen für ein paar Pfennige, und doch fällt kein Spatz ohne den Willen eures Vaters vom Himmel. So ist es auch mit euch, sogar die Haare auf eurem Kopf sind gezählt. Ihr seid viel mehr wert als ein ganzer Schwarm Spatzen, also habt keine Angst.»[3]

Wie sollen diese Worte der Bergpredigt interpretiert werden? Je intensiver man die Auslegungen früherer und neuerer Zeit ansieht, um so mehr findet man sich vor ihr Problem gestellt, weniger vor ihre Lösung. Diese Worte stellen zunächst keine Daseinsinterpretation dar. Sie würden dann meinen: Wenn man nur richtig hinsieht, dann ist es eigentlich doch so! Jede realistische Daseinserfahrung könnte einer solchen Auffassung nur Hohn sprechen. Darum fährt man fort und sagt, es handle sich ja nicht um allgemeine Erfahrung, sondern um die spezielle Erfahrungsweise des Glaubens. Der Glaube sieht eben recht hin, und da bestätigen sich ihm die Dinge und ihr Ablauf eben so! Jedoch kann auch die These der speziellen Glaubenserfahrung als Deutungsschlüssel wenig überzeugen.

Auch der Glaube muß anerkennen, daß tatsächlich nicht nur Spatzen von Dächern und Haare von Häuptern fallen. Es werden Millionen von Menschen destruktiven Ideologien geopfert, Tausende von Verbrechen an unschuldigen Kindern begangen. Das Versagen moderner Technik mäht jeweils Leben im großen Stil dahin, gnadenlos und sinnlos. Dann ist in solchen Zusammenhängen gern vom «schlichten» oder «höheren Kindersinn» die Rede, der sich seine «Einfalt» nicht rauben lasse. Aber das sind Ausdrücke der Verlegenheit, ebenso irreal wie trivial. Psychologisch grenzen sie an verharmlosende Unreife, an Infantilismus.

Darum ist zunächst eindeutig festzustellen, daß diese Worte ganz und gar nicht auf das zielen, «was in der Welt passiert». Sie sind keine Daseinserklärung und keine Daseinsdeutung, weder von der Vernunft noch vom Glauben her. Jesus weist es nachdrücklich weit von sich, Unglück, das einen befällt, etwa mit der Sünde der Betroffenen ursächlich zu erklären, Im Rahmen des alttestamentlichen Vergeltungsgedankens hätte das nur zu nahe gelegen. Im Gegenteil: «Damals waren ein paar Leute zu Jesus gekommen und erzählten ihm, wie Pilatus einige Männer aus Galiläa töten ließ, als sie gerade im Tempel opferten. Da sagte Jesus zu ihnen: Glaubt ihr denn, daß sie größere Sünder gewesen sind als die anderen Leute in Galiläa und deshalb so grausam ermordet wurden? Oder die achtzehn Toten, als in Siloah der Turm einstürzte! Damit ist noch lange nicht bewiesen, daß sie schlechter waren als die übrigen Einwohner von Jerusalem.»[4] Gottvertrauen oder Glaube sind also definitiv kein Prinzip der Welterklärung und der Geschichtsdeutung. Gott schaut nicht auf das Sichtbare. Der Glaube auch nicht, er «sieht in das Verborgene»[5]. Mit kühner Wendung dürfen wir dieses Wort vielleicht auch so übertragen: Er sieht ins Unbewußte.

Wie also sind jene bedeutsamen Worte Jesu zu verstehen? Jenes jesuanische «Sorget nicht!», «Habt keine Angst!», «Klopfet an!»?

«Sorget nicht!» Aber unsere Zeit hat gerade die Sorge zum Grundexistential des Lebens erklärt. «Habt keine Angst!» Aber die gesamte Literatur von Kafka über Camus und Satre hat nur so einschlagen können, weil sie «un-heim-lich» in ihrem Grundcharakter ist. Der ver-unheim-lichte Mensch, also der um seine letzte Beheimatung im Sein gebrachte Wurzellose, erkennt sich in jener Literatur nur zu gut wieder, wie jene die unbeheimatete Daseinsangst ihrerseits weiterreicht und steigert. «Klopfet an und euch wird aufgetan!» Aber die Bilder aus dem Unbewußten moderner Menschen sind randvoll von Blockierungen, die sich nicht öffnen wollen und empfangend nichts einzulassen vermögen. Gleichwohl aber hat unsere Zeit ein sicheres Gespür für das heile Menschenbild bei Jesus, um danach wie nach einer unerhört notwendigen Kompensation zu greifen. Denn jene drei Imperative sind die markantesten Selbstcharakterisierungen dessen, was ich das «heile Menschenbild» bei Jesus nenne, das dem heilen Gottesbild korrespondiert.

Jene drei Imperative zeugen von einer Existenzbestimmtheit oder einem totalen Existenzgefühl, die nur aus Integration heraus möglich sind. Der Mensch, der mit sich selbst innerlich uneins ist, in dem ein innerpsychischer Krieg tobt, könnte nur höhnen und ablehnen, wenn diese Imperative ihn treffen. Bei Jesus, dem Mann, spricht aus jenen Imperativen, die ja zugleich Selbstbekenntnisse sind, die Anima-Integriertheit, die nun Wirklichkeit bestimmende Funktionalität geworden ist.

Recht nahe kommt dieser Existenzgestimmtheit, was die moderne Psychologie des Kindes über «Grundvertrauen» und «Urgeborgenheit» herausgearbeitet hat. Wenn solch umfassendes Vertrauen dem Kind in den ersten Lebensjahren in einer Atmosphäre der Nestwärme vermittelt wird, dann prägen sich positive psychische Grundmöglichkeiten. Es wird eine potente seelische Dynamik erweckt, die positive Lebensbewältigung ermöglicht.

Ähnliches steht hinter jenen drei Imperativen Jesu, nämlich etwas Letztbestimmendes oder Urphänomenales, das nicht aus dem Sein als Schlußfolgerung abgeleitet ist – was ja ganz und gar unmöglich wäre. Es geht aller konkreter Seinserfahrung voraus, bestimmt und prägt diese Erfahrung aber entscheidend. Ein solcher Mensch wird gewiß nicht die Sorge zum Grundexistential allen Seins erklären. Er wird nicht aus der Angst literarisches oder philosophisches Kapital schlagen, um so die vorhandene Angst noch immer mehr zu ängstigen. Und er wird auch nicht neurotische Verschlossenheit als normal und zeitgemäß verkennen. Er wird vielmehr so vom Sein sprechen und in ihm sich bewegen, daß sofort zu erkennen ist: Hier redet ein ganzer, ein heiler Mensch, dem eine heile Welt aufgegangen ist! So redet Jesus, so redet er überall, speziell in den Selbstbekenntnissen jener drei Imperative. Er redet als heiler Mensch von einer oder seiner heilen Welt mit schlichten, das aber heißt, mit großen, unvergänglichen Symbolen, indem er die Bilder der Lilien auf dem Felde, der Vögel auf dem Dach, der Haare auf dem Kopf, oder der sich auftuenden Tür und viele andere als lebendige, sprechende Symbole vor uns erstehen läßt.

Aber nun kommt sicherlich der Einwand: Das alles ist Subjektivismus, vielleicht unverantwortlicher. Denn es «gibt» keine solche heile Welt. Und sie, die sie verkünden, sind Phantasten und Verführer. Und als Phantast und Verführer ist denn auch Jesus durch die Jahrhunderte hindurch immer wieder verworfen worden, in der neuesten Jesus-Literatur wiederum ausdrücklich.

Andererseits hat die denkende Menschheit es niemals unterlassen können, nach einer solchen heilen Welt zu fragen, mochten ihr noch so viele Sinnwidrigkeiten, Unbegreifliches und Brutales ins Gesicht starren. Für die Primitiven war es einst in ihrer magischen Welt gewiß, daß alle ihre Riten, Begehungen, Initiationen oder Beschwörungsakte die wirkliche Welt, die konkreten Dinge und Menschen beeinflußten. Die Welt kommt hier der eigenen Psyche offen entgegen, sie ist ansprechbar.

Aber auch das neuere philosophische Denken widmet der subjektiv-objektiven Entsprechung ernsthafte Erwägungen. Alles Denken, das Entsprechungen zwischen dem Makrokosmos des Universums und dem Mikrokosmos, der der Mensch ist, auffindet, gehört hierher. Selbst der Pessimist Schopenhauer sprach davon, daß dasselbe Phänomen Glied der einen und gleichzeitig noch einer ganz anderen Ordnung sein könne aufgrund einer zwischen Sein und Seele «vorgeordneten wundersamsten Harmonie». Dies sind herausgegriffene Hinweise, die damit beendet sein mögen, daß wir auf die moderne Physik verweisen, deren Universum geistnah geworden ist, jenen schroffen alten Dualismus zwischen Ich und Objekt völlig hinter sich lassend.

Jung hat demselben Grundproblem unter dem Stichwort «Synchronizität als ein Prinzip akausaler Zusammenhänge»[6] innerhalb der Psychologie nachgeforscht. Bei bestimmten psychischen Vorgängen entstehen sinnentsprechende Vorgänge in der Außenwelt. Diese können nicht kausal auf die psychische Einstellung zurückgeführt werden. Sie sind aber so offensichtlich sinngemäße Parallelen, daß das Wort Zufall offenbar keine Erklärung mehr ist. Darum wird von «a-kausalen Zusammenhängen», aber eben von Zusammenhängen gesprochen.

Zu diesen theoretischen Darlegungen möchte ich ein illustrierendes Beispiel aus meiner Praxis geben. Es handelt sich um ein junges Mädchen, das Selbstmordtendenzen in eine schwere Lebenskrise gebracht hatten. Diese suizidalen Tendenzen hatten sie in meine Analyse geführt. Sie träumt nun von einem Opalstein. Im Traum ist es ein Bischof, der ihr in einem feierlichen Kirchenakt den Ring mit dem Opal selbst an den Finger steckt. Sie spricht von einem «feierlichen Traum», der sie nachhaltig beeindruckt.

In der Analyse vernimmt sie nun, daß alter Volksüberlieferung nach der Opal tatsächlich kein gewöhnlicher Stein ist. Er soll seinem Träger vielmehr in Gefahren beistehen. Besonders berührt sie natürlich die weiter hinzugetragene Erklärung oder Amplifikation, daß der Opal vor selbstmörderischen Absichten bewahren kann, ebenso alter Überlieferung nach. Dabei wird entdeckt, daß der Opal ihr Monatsstein ist. Gerade den im Oktober Geborenen wird dieser letzte Schutz verheißen. Unterdessen rückt der Oktober und damit ihr Geburtstag heran. Eine mütterliche Freundin, die weit weg wohnt, die sie unterdessen nicht gesprochen oder ihr geschrieben hat, hat ihres Geburtstags gedacht. Sie besucht sie und steckt ihr eigenhändig, wie der Bischof im Traum, einen schönen Opalring an den Finger. Natürlich ist das Mädchen überwältigt von dem Zusammentreffen innerer und äußerer Abläufe. Die Hauptsache aber, die Suizidtendenzen sind verschwunden. Das Mädchen war und blieb geheilt.

Warum schenkte jene Frau gerade einen Opal, dem Traum des Mädchens und den weiteren analytischen Vorgängen entsprechend? Und warum war das schwer kranke oder gestörte Mädchen nun tatsächlich geheilt? Hier handelt es sich offenbar um Zusammenhänge, wenn wir auch nicht behaupten können, daß der Opal des Traumes und die Analyse desselben Geschenk und Heilung kausal bewirkt hätten. Aber es bestehen doch offenbar sinnvolle «Zusammenhänge» zwischen innerem und äußerem Geschehen, die wir vorläufig einen «akausalen Zusammenhang» nennen.

Um der Wichtigkeit des Problems willen darf ein zweites Beispiel aus der Psychiatrischen Klinik der Universität Tübingen angeführt werden. In diesem Fall handelt es sich um einen zwölfjährigen Jungen, der von Mordphobie heimgesucht ist. Er wurde während des Russeneinmarsches in Berlin geboren und kam dann als ein völlig neurotischer Junge in diesem Alter in den Westen. Die Mutter gab ihn sofort in der Klinik ab und suchte sich eine Stellung. Der Junge, der überall einen geheimen Feind witterte, der ihn ermorden wollte, befolgte auch in der Klinik sein altes Ritual. Er verbarrikadierte die Tür von innen mit einer komplizierten Konstruktion von aufgestellten Dingen und besonders von Fäden, die so genau gelegt waren, daß er die geringste Berührung entdecken konnte. Von Zeit zu Zeit überzeugte er sich durch eingehende Prüfung, daß niemand etwas berührt habe, daß kein Mörder eingedrungen sei.

Es kam zum ersten Besuch der Mutter, von dem der Arzt dem Jungen aus Vorsicht keinerlei Mitteilung machte, die Mutter den Jungen auch nicht sehen ließ. Die eindringlichsten Nachforschungen bei der Mutter, ob es je eine Gefahrensituation im Leben des Jungen gegeben habe, die jene Mordangst entstehen lassen konnte, ergaben rein gar nichts. Unter dem Druck des eindringlichen Gespräches brach die Mutter schließlich zusammen und gestand: Es werde ihr jetzt klar, daß sie selbst seinerzeit der Anlaß zu der Erkrankung des Jungen gewesen sein könne. Inmitten jener maßlos bedrückenden Umstände beim Russeneinmarsch, zudem mit der Nachricht in Händen, daß ihr Mann vermißt sei – er blieb verschollen –, habe sie mit allen möglichen aber untauglichen Mitteln mehrfach versucht, eine Abtreibung herbeizuführen. Sie bereue das jetzt aufrichtig, entsetzt über die Folgen, die sie selbst angerichtet habe, sie werde sich des Jungen jetzt liebevoll annehmen.

Anschließend machte der Arzt bei dem Jungen Visite. Zu seinem größten Erstaunen war der gesamte Sicherungsapparat abgebaut und der Junge damit beschäftigt, seinen Koffer zu packen. Er erklärte: Ich bin gesund, ich habe keine Angst mehr, ich will nach Hause.

Hier bestehen doch offenbar Zusammenhänge, herbeigeführt vom oder doch parallel zum Bekenntnis der Mutter. Der Wende bei ihr lief parallel die Wende oder Gesundung des Jungen. Psyche und Umwelt stehen offenbar in dynamischer Relation.

Jung zitiert in solchen Zusammenhängen ein so charakteristisches Wort von Albertus Magnus, daß einige Sätze daraus angeführt werden dürfen: «Wenn die Seele eines Menschen in einen großen Exzeß von irgendeiner Leidenschaft gerät, so kann man experimentell feststellen, daß er – der Exzeß – die Dinge bindet und sie in eben die Richtung hin verändert, wonach er strebt.» «Die Seele ist dann so begierig nach der Sache, die sie bewirken will, daß sie von sich aus auch die bedeutendere und bessere Sternstunde ergreift, die auch über den Dingen waltet.» Zusammenfassend heißt es: «Alles, was sie – die Seele – treibt, hat Bewegungskraft und Wirksamkeit nach dem hin, was die Seele ersehnt.»[7]

Der größte «psychische Exzeß», mit Albertus Magnus zu reden, ist der Glaube, von dem Jesus redet. So jedenfalls spiegelt sich der Glaube in seinem psychologischen Ablauf. Damit soll aber durchaus nicht gesagt sein, daß beide ihrem spezifischen Wesen nach dasselbe seien, was ihren bewirkenden Hintergrund anlangt. Jesus jedenfalls sagt: «Merkt es euch gut! Wenn euer Glaube nur so groß wie ein Senfkorn ist, dann könnt ihr zum Berg sagen: Weg von hier, da hin! Und er wird es tun! Alles könnt ihr dann tun.»[8] Wie Albertus Magnus vom Verändern und Ergreifen, von Bewegungskraft und

Wirksamkeit, von der gleichen Sternstunde redet, die über Psyche wie Außenwelt waltet, so hat zuvor Jesus vom Glauben als einer bewirkenden Dynamik gesprochen, die alles vermag, nicht nur innerlich. Das «Berge-Versetzen» macht deutlich genug, daß nicht nur von subjektiver Überwindungskraft, von Gleichnis oder Symbol die Rede ist, daß vielmehr an eine reale dynamische Relation zwischen Innen und Außen gedacht ist. Dieselbe Relation meint moderne Naturwissenschaft oder Psychologie, wenn sie von «psychophysischen Parallelen», von «sinnhaften Koinzidenzen», von «sinnbezogener Synchronizität» reden.

An dieser Stelle darf ein Hinweis auf die moderne Parapsychologie nicht fehlen. Sie erforscht unsere über die fünf bekannten Sinne hinausgehenden Fähigkeiten außersinnlicher Wahrnehmung und ist zu einem großen internationalen Forschungszweig geworden. Daß der Mensch die Fähigkeit der Präkognition oder der Vorschau in die Zukunft hat, die Fähigkeit der Postkognition oder der Rückschau in die Vergangenheit, der Psychokinese oder der direkten Einwirkung auf Dinge, indem Dinge gehoben, verändert oder geworfen werden, daß die menschliche Psyche über solche Energie verfügt, auf die Umwelt einzuwirken, das und vieles anderes ist heute experimentell erwiesen. Der bekannte Parapsychologe der Tschechoslowakei, Milan Ryzl, summiert diese Forschung dahin: «Die Ergebnisse der parapsychologischen Forschung weisen darauf hin, daß es eine höhere Realität geben muß, die über unserem materiellen Leben liegt.»[9] Oder etwas ausführlicher: «Mit der Parapsychologie, dem bedeutendsten Forschungsgebiet, das der menschliche Geist jemals in Angriff genommen hat, bahnt sich etwas unerhört Beglückendes an: Die Wiederherstellung eines verlorengegangenen, mit dem Aufkommen einseitig rationalistisch-materialistischer Einstellung mutwillig und gewaltsam zerstörten Gleichgewichtes. Erste Schritte sind getan auf einem Weg, der es ermöglichen wird, Welt und Leben wieder einen Sinn zu geben, uns aus der trostlos düsteren Sackgasse wieder herauszuführen, in die ein großer Teil der Menschheit im vergangenen Jahrhundert durch den Materialismus geriet, der auch das philosophische Weltbild prägte und jedwedes wissenschaftliche Denken infizierte.»[10] Und über die Tatsache einer solchen Wende kann kein neuzeitlicher Positivismus hinwegtäuschen.

Alle beigebrachten Parallelen wollen, so sei ausdrücklich noch einmal gewarnt, keine Identität mit Jesus und seiner Welt aussagen. Hinter dem parapsychologischen, naturwissenschaftlichen oder philosophischen Phänomen mag ja ein von persönlichen Problemen zerrissener, verwundeter, ganz und gar unheiler Forscher stehen. Identität auszusagen, wäre also Kurzsichtigkeit sondergleichen. Aber diesen einen methodischen Gesichtspunkt erhärten die beigebrachten Hinweise: Jede innerpsychische Bewußtseinslage steht in dynamischer Relation zu Menschen und Dingen der Umwelt. Das weiß die Tiefenpsychologie oder Analyse, die überdies den zusätzlichen energetischen Kontakt mit dem Unbewußten herstellt oder festigt, tatsächlich am durchschlagendsten.

«Sorget nicht!», «Habt keine Angst!», «Klopfet an!» – hinter diesen Imperativen jedoch steht ein heiler Mensch, der erste integrierte und darum heile Mann. Und dieser heile Mann war also doch kein Schwärmer oder weltabgewandter Jenseitiger. Er war Realist, denn der heile Mensch sorgt nicht, er hat keine Lebensangst, er ist rezeptiv geöffnet oder klopft an. So lebt dieser heile Mensch in seiner heilen Welt.

Verkennen und Verstehen

Die beiden umfangreichsten Jesusbücher, die in den letzten Jahren erschienen sind, sind von Marcello Craveri und von Rudolf Augstein. Nach Craveri war Jesus ein für sein Vorhaben nicht genügend begabter sozialer Rebell. Eigentlich verdient er nicht einmal den Namen eines ernsthaften Reformers. So überrascht es nicht, daß er tragisch scheitert. Seine berühmte Bergpredigt ist ja nichts als ein «irrationaler Gefühlserguß», mit dem in dieser Welt der harten Tatsachen doch nichts auszurichten ist. Und er selbst ist letztlich nur der phantastische Verfechter einer «Utopie»[1].

Anders Augstein, er will den Kirchen zeigen, daß sie sich ständig auf einen zum Erlösergott erhöhten Jesus berufen, den es so niemals gegeben hat. Die Kirchen stapeln hoch. Die Schecks, die sie fortlaufend ausstellen, sind ungedeckt. Denn die neuzeitliche Forschung hat zusammenfassend gezeigt, «Jesus-Josua ist als Kultgestalt nur noch ein Abziehbild». Und darum ist es unausweichlich, diese verblichenen «Lebensformen, aus denen das Leben längst entwichen ist, müssen zerfallen». Unsere Zukunft bleibt ungedeckt, «du sollst nicht wissen können, wer du bist und was aus dir werden soll»[2]. Das ist das Fazit der Jesusgeschichte.

Beide Werke, auch das zweite, sind mit der großen Forschung wohlvertraut und verarbeiten sie umsichtig. Beide sind Werke, nicht etwa Gelegenheitsschriften. Trotzdem, diese umfangreichsten neuesten Jesusbücher bringen die Gestalt Jesu unserem Verständnis nicht einen Deut näher. Im Gegenteil, sie stoßen ihn in eine unverstandene Vergangenheit zurück. Warum ist das so? Die Antwort könnte lauten, weil Marcello Craveri einer die Objektivität verfälschenden linksgerichteten Ideologie folgt und weil Rudolf Augstein von einer entlarven wollenden Aggression erfüllt ist. Aber mit der Feststellung solcher Tendenzen, die sich trotz so viel Wissen und gegründeter Wissenschaft beherrschend durchsetzen, ist es natürlich nicht getan. Psychologisch gesehen, müssen wir natürlich weiterfragen: Wie ist das möglich? Ausgerechnet diesem Gegenstande gegenüber ein so tendenziöses Vorgehen?

Die entscheidende Antwort lautet: Solches Maß von Verkennen ist möglich, weil in beiden Werken un-integriertes Denken am Werke ist. Weil beiden Autoren in eklatanter Weise Anima-Integration fehlt. Weil infolgedessen die Gefühlsfunktion, die Werte wahrnimmt, unausgebildet ist. Darum, wo solche Werte in Sicht treten, werden sie konsequenter- und logischerweise verkannt. Ja, die Fühlfunktion ist, psychologisch gesprochen, so primitiv geblieben, daß man von letzten Menschheitswerten als einem «sentimentalen Gefühlserguß» faseln oder im Blick auf Jesus von verblichenen «Abziehbildern» höhnen kann. Es bleibt dabei, immer ist das Jesusbild verräterisch, nämlich für seinen Autor. Jene beiden neuesten Bücher sind also nur zwei besonders krasse, für unseren Zeittrend allerdings symptomatische Beispiele für sachliche Inkompetenz. Diese Inkompetenz begründet sich ganz gewiß nicht in einem Mangel an intellektuellen Gütern. Sie ist vielmehr nahezu identisch mit Wert-Inkompetenz.

Es ist darum eine wissenschaftsmethodologische These oder Forderung aufzustellen, die wir in unserem dritten Abschnitt, in dem wir zur grundsätzlichen Bedeutung des tiefenpsychologischen Aspektes sprachen, bereits vorbereitet haben. Dort hatten wir geklärt, daß es seit dem Aufkommen der Tiefenpsychologie nur zwei Arten des Verstehens gibt, un-integriertes und integriertes Verstehen. In sehr peripheren, formal theoretischen Zusammenhängen mag ein nichtintegriertes Denken verhältnismäßig ungeschoren seinen bescheidenen Platz behaupten. Im übrigen aber ist diese wissenschaftstheoretische oder methodologische Forderung einzuprägen: *Angesichts jeder ernsthaften Problematik, Sinn und Wert, Psyche und Wesen des Menschen, Schicksal und Geschichte, Natur und Entwicklung, Gott und Welt angehend, muß integriertes Verstehen gefordert werden. Und das Gegenteil ist einfach ein inkompetentes oder unsachliches Erkenntnisinstrument. Das, und entscheidend das ist «die» moderne erkenntnismethodologische Forderung.*

Das bedeutet, wie genügend deutlich gemacht, seitens des Mannes insbesondere tathafte Integration der Anima, des gegengeschlechtlichen Seelenanteils. Das Thema brachte es mit sich, daß von dem entsprechenden Integrationsproblem der Frau hier nicht ausführlich gesprochen werden konnte.

Die Sache Jesu geht offenbar die Theologen sonderlich an, darum seien sie besonders daran erinnert, daß die Forderung nach einem integrierten Verstehen nicht nur das Wie, sondern ganz entscheidend das Was der von ihnen erwarteten Aussagen betrifft. Theologen begrüßen heute die Tiefenpsychologie, insbesondere Jungscher Prägung. Man hat von einem «Jung – boom» unter den Theologen gesprochen. Sie glauben offenbar, die Tiefenpsychologie helfe ihrer eigenen Sache auf. Sie wollen sie zu ihrem Alliierten machen. Steht es wirklich so, oder sind die freudig gehegten Hoffnungen nicht doch ein wenig naiv? Daß gerade dies weithin der Fall ist, geht schon aus der Tatsache hervor, daß die Bezugnahme auf die Tiefenpsychologie der Teildisziplin der Praktischen Theologie als Aufgabe zugewiesen ist. Die Tiefenpsychologie wird zu einer neuen Methode, das Kerygma existentiell nahe zu bringen.

Diese Fachzuweisung ist jedoch bereits ein verhängnisvoller Irrtum und eine völlige Verkennung der Tragweite der Tiefenpsychologie. Die Tiefenpsychologie geht alle Disziplinen an, die theologischen Systematiker oder Dogmatiker insbesondere. Sie hilft schon, aber sie hilft, indem sie Dynamit unter abgelebten hergebrachten Formeln bedeutet. Sie bringt ein neues Menschenbild, sie zwingt damit zu einem Neu- und Umdenken so prinzipiellen Stiles, daß die meisten Theologen wohl abgründig erschrecken würden, könnten sie sich das ganze Ausmaß der Problematik vergegenwärtigen, auf das sich einzulassen sie im Begriff stehen.

Das sei an einem zentralen Beispiel belegt. Der einzige Theologe, der prinzipiell, aber doch vorsichtig genug, die Tiefenpsychologie in sein Denken einbezogen hat, ist Paul Tillich mit seiner «Systematischen Theologie». Ihn paraphrasierend erklärt Heinz Zahrnt: Was heißt Gnade, jenes «sola fide» auf dem die Reformation fußt? «Nimm nur dies an, daß du bejaht bist. Wenn das geschieht, dann erfahren wir die Gnade. Bedingungsloser, radikaler und universaler kann man die Gnade nicht verkündigen. Vom Menschen wird hier nichts verlangt: keine sittliche Anstrengung, keine intellektuelle Leistung, nicht einmal die Anerkennung eines religiösen Inhaltes, nicht einmal die Kenntnis der Voraussetzung der göttlichen Gnade.»[3] Die Allmacht und Alleinmacht der Gnade wird mit eindringlichen Worten gepriesen. Der Verdacht des Synergismus, eines Mitwirkens des Menschen hinsichtlich letzter Heilsbelange, was Werkgerechtigkeit wäre, ist wirklich ausgeschlossen. Die Gnade tut alles. Und der Mensch unter dieser Gnade? «Vom Menschen wird hier nichts verlangt!»

Mit dieser Auskunft fällt aber die gesamte Konstruktion in sich zusammen, sie ist nicht mehr Gnadenlehre, sondern konsequente

Anleitung zum Verharren im Infantilismus, in unreifer Kindlichkeit. Wo nichts an sittlichem Einsatz, an ernsthaft konzentriertem Wollen, an höchstem metaphysischem Verlangen, wo nicht der gesamte Lebensimpuls in einspitziger Gerichtetheit in die Schranken gefordert wird, nun, da redet man von einer Sache, die unter dem Entwicklungsniveau von erwachsenen Männern und Frauen steht. Das ist Befriedigung auf oraler Stufe, das ist Infantilismus. Theologisch wissenschaftlich gewendet handelt es sich um eine extreme Unklarheit in zentralen Sachproblemen. Hinter der zitierten Paraphrase steht nämlich, erkennbar genug, das alte unüberwundene patriarchalische Weltbild, das Erwachsene wie Kinder ewig «unmündig» behandeln zu können glaubt.

Darum die These: *Die Theologie müßte sich entschließen, wirklich die Sache, unbeirrbar die Sache, mit einem integrierten Verstehen neu zu sagen, dem radikalen Novum entsprechend, das das durch die Tiefenpsychologie heraufgeführte moderne Menschenbild in der Tat repräsentiert. Das und nur das allein wäre eine Auferstehung aus theologischem und kirchlichem Tod.*

Denn mit der ständigen theologischen Fassadenarbeit ist es nicht getan. Die entnimmt eifrig der Zeitströmung neue Etiketten und heftet sie alten Vorstellungen an. Das ist nicht genug gewagt. Wissen tun wir alle schon genug. Aber wir sind nicht genug, um das Große, das uns begegnet, schöpferische Macht werden zu lassen.

Wir haben destruktive, ihren Affekten maßlos hingegebene Männer, die Menschen zu Millionen skrupellos opferten, die Umwelt ausbeuteten und die gesamte menschliche Zukunft als echte Möglichkeit in Frage stellen, herausgestellt und gepriesen. Wir haben sie Heroen und Helden genannt. Wir haben ihr Auftreten für die großen Wendepunkte der Weltgeschichte gehalten. Das heißt, wir beten eine rohe, maßlose, affektgetriebene Männlichkeit an, oder aber eine im Intellektuellen und Formalen verkrüppelte und andere verkrüppelnde Männlichkeit. Und Frauen tun zu oft ihr äußerstes, wenn sie Position und Rang erobert haben, sie darin möglichst noch zu übertreffen.

Jesus hingegen war ein wahrer Mann, ein Mann von hochentwickelter Anima, von exzeptioneller Integration oder Individuation. Er war ein Mann mit schöpferischem, gültige Werte setzendem Gefühl. Er stellt alle inflatorische Scheinmännlichkeit durch sein bloßes Selbstsein bloß. Er ist exemplarisch für alle Zeit, der hominine Anruf zur nicht destruktiven, sondern schöpferischen Männlichkeit jeder Zukunft.

Warum versuchen die Männer es nicht einmal ernstlich mit dieser Möglichkeit einer überlegenen Männlichkeit? Warum versuchen die Frauen ihr Leitbild von Männlichkeit nicht ernstlich an der großen, echten, schöpferischen Männlichkeit Jesu neu zu formen?

Anmerkungen

zu «Jesus der Mensch – heute» (S 7 bis 17)

1 *Gespräche über Jesus,* Evang. Zentralstelle für Weltanschauungsfragen, Information 35, Stuttgart 1968
2 H. J. Geppert, *Wir Gotteskinder,* Die Jesus-people-Bewegung, Gütersloh 1972, S 168
3 A. Läpple, *Jesus von Nazareth,* Kritische Reflexionen, München 1972, S 28
4 H. Zahrnt, *Gott kann nicht sterben.* Wider falsche Alternativen in Theologie und Gesellschaft, 2. Aufl. München 1970, S 193
5 J. Blank, Jesus *von Nazareth,* Geschichte und Relevanz, Freiburg 1972, S 78
6 Information 35, aaO
7 vgl W. Kroll, Hrg, *Jesus-Generation – auch in Europa?,* Wuppertal 1972
8 vgl G. Adler, *Die Jesus-Bewegung,* Aufbruch der enttäuschten Jugend, Düsseldorf 1972
9 vgl W. Kroll, aaO
10 H. J. Geppert, S 106
11 *Jesus people report,* Der aktuelle Bericht, 2. Aufl. Wuppertal 1972, bes. S 3, 10, 14 ff, 22, 30, 41, 45, 51, 54; vgl dazu auch G. Klempnauer, *Christentum ist Brandstiftung,* Die Jesus people im Kreuzfeuer, Wuppertal 1972
12 V. Gardavský, *Gott ist nicht ganz tot,* München 1968, S 46 ff, 142 ff, 221 ff
13 M. Machoveč, *Jesus für Atheisten,* Stuttgart 1972, bes. S 22 f, 266 f, 269
14 R. Garaudy, *Marxismus im 20. Jahrhundert,* rowohlt aktuell, Hamburg 1969, S 179
15 J. J. Altizer, *... daß Gott tot sei,* Versuch eines christlichen Atheismus, Zürich 1968, S 8
16 H. Cox, *Stadt ohne Gott?* 4. Aufl., Stuttgart 1968
17 Peerman, Dean, Hrg, *Theologie im Umbruch,* Der Beitrag Amerikas zur gegenwärtigen Theologie, München 1968, S 76 f, 86, 157
18 H. Zahrnt, *Die Sache mit Gott,* Die protestantische Theologie im 20. Jahrhundert, München 1968, S 10
19 A. Läpple, aaO S 24
20 K. Niederwimmer, *Jesus,* Göttingen 1968, S 19
21 E. Käsemann, Die Gegenwart Christi, Das Kreuz, in: *Christus unter uns,* Vorträge in der Arbeitsgruppe Bibel und Gemeinde des 13. Deutschen Ev. Kirchentags, Hannover 1967, S 7
22 zB auch auf den neuerlichen Band: *Jesus und Freud,* Hrg H. Zahrnt, München 1972; auf die wirklichen Probleme, die eine solche Gegenüberstellung aufreißen würde, geht er überhaupt nicht ein.
23 C. G. Jung, *Psychologische Typen,* Ges. Werke, Bd 6, Zürich 1960, S 515 ff
24 vgl zum ganzen Abschnitt auch: H. Aichelin, *Religion – Thema von morgen,* Stuttgart 1972; aufgrund der Analyse naturwissenschaftlicher, philosophi-

scher und psychologischer Gegenwartstrends kommt Aichelin zu folgender für unseren Zusammenhang wichtigen Beurteilung: An historischer Form werden wir heute viel fallen lassen müssen. Was aber den «Kern» der Sache Jesu anlange, so wird sie «in dem, was mit Jesus begann, ihre Tragfähigkeit und ihre Wahrheit erweisen, weil es in ihr um menschliche Wirklichkeit geht.» S 107

zu «Der unbekannte Mann Jesus» (S 18 bis 22)

1 A. Läpple, aaO S 29; hier wird auch hingewiesen auf: G. Bichlmair, *Der Mann Jesus*, 2. Aufl. Luzern 1947; B. aber meint das Thema nicht in unserem Sinne, was genügend daraus schon klar wird, daß er ausführlich den priesterlichen Zölibat behandelt

2 Friedr. Schleiermacher, *Sämmtliche Werke*, Dritte Abt, Erster Bd, Berlin 1946, S 430

3 vgl hierzu bes. das in vieler Hinsicht aufschlußreiche und mutige Buch von G. Barczay, *Revolution der Moral?* Die Wandlung der Sexualnormen als Frage an die evangelische Ethik, Stuttgart 1967

4 F. J. J. Buytendijk, *Die Frau*, Natur – Erscheinung – Dasein, Köln 1953, bes. S 246 f, 264, 282 f, 286 f

5 K. C. Sen, *Lectures in India*, Neuausgabe Calcutta 1954, allenthalben, bes. S 477

6 vgl die Keshab-Monographie in: O. Wolff, *Christus unter den Hindus*, Raja Ram Mohan Roy – Keshab Candra Sen – Protap Candra Mozoomdar – Dayanand Sarasvati – Svami Vivekananda – Mahatma Gandhi – Sarvapalli Radhnakrishnan – Svani Akhilananda, Gütersloh 1965, S 48 ff

7 P. C. Mozoomdar, *The Oriental Christ*, Boston 1883, Neudruck Calcutta 1933

8 P. C. Mozoomdar, aaO S 138

9 Schalom Ben-Chorin, *Bruder Jesus*, Der Nazarener in jüdischer Sicht, 2. Aufl. München 1969, S 127 f

10 Mt 19, 11–12

11 Strack-Billerbeck, *Kommentar zum Neuen Testament aus Talmud und Midrasch*, Bd II, München 1956, S 375

12 G. Barczay, aaO S 58 ff

13 Man könnte der allzu optimistischen Auffassung sein, daß jene antiquierten sexualfeindlichen Tendenzen «der Vergangenheit» doch heute nichts mehr bedeuteten, daß man also selbstverständlich von «dem Mann Jesus» reden könne, ohne Beanstandungen zu vergegenwärtigen. Eines anderen belehrt die folgende aktuelle Veröffentlichung: H. Schwenger, *Antisexuelle Propaganda*, Sexualpolitik in der Kirche, rororo sexologie, Hamburg 1969; S 7 f: «Wenn heute Sexualangst dennoch so häufig anzutreffen ist, so liegt die Ursache in der Existenz gesellschaftlicher Kräfte, die an der Aufrechterhaltung des vorwissenschaftlichen Bewußtseinsstandes der Massen interessiert sind. Es gibt eine Literatur, die alle Erkenntnisse der Sexualwissenschaft – wie der modernen Anthropologie – planvoll verschweigt, bekämpft, entstellt: Die populäre Aufklärungsliteratur der Kirchen, wie sie als Kleinschrift-

tum an den kirchlichen Schriftenständen und in christlichen Buchhandlungen vertrieben wird.»

zu «Der tiefenpsychologische Gesichtspunkt» (S 23 bis 28)

1 Jung selbst hat, trotz seiner vielfältigen christologischen Betrachtungen, die Frage nach der Anima Jesu nicht gestellt. Von der «Anima Christi», wohlgemerkt Christi, nicht Jesu, ist indes an zwei Stellen die Rede, einmal in einem Brief an Victor White, vgl C. G. Jung, *Briefe* II, hrg von Aniela Jaffé, Olten 1972, S 128, und zweitens in einem alten Kirchengebet, das mit den Worten «Anima Christi» beginnt und daher seinen Namen hat, vgl C. G. Jung, *Modern Psychology,* Vol 3/4 ‚Notes on Lectures given at the Eidgenössische Hochschule Zürich, Second Edition, Zürich 1959, S 184 ff. An beiden Stellen aber ist die Bezeichnung Anima in der allgemeinen Bedeutung der Vokabel = Seele genommen. Von Anima als terminus technicus im Sinne der Jungschen Anima-Animus-Konzeption ist keine Rede. Auch ihrem sonstigen Inhalt nach kommen diese beiden Stellen für unser Problem hier nicht in Betracht. Von einer Briefstelle, die eine Sonderstellung einnimmt, ist später die Rede

2 C. G. Jung, *Ges. Werke,* Bd 6, Zürich 1960, S 9

3 E. Spranger, *Der Sinn der Voraussetzungslosigkeit in den Geisteswissenschaften,* Sitzungsbericht der Akademie der Wissenschaften, Berlin 1929, I, bes. S 11, 19, 21

4 K. Niederwimmer, aaO S 21; zum Ganzen vgl besonders: K. Niederwimmer: *Tiefenpsychologie und Exegese,* in: *Perspektiven der Pastoralpsychologie,* Hrg R. Riess, Göttingen 1974, S 63 ff; seine methodologische, von mir völlig geteilte Einstellung spricht sich bereits in seiner ersten These grundsätzlich so aus: «Die Verwendung tiefenpsychologischer Methoden innerhalb der Exegese steht nicht im Gegensatz zur traditionellen historisch-kritischen Methode; sie ist vielmehr – wenn sie sachgemäß geschieht – ein Teil dieser Methode und setzt ihre bisherigen Ergebnisse bzw Problemstellungen voraus.»

5 vgl bes. E. Neumann, *Ursprungsgeschichte des Bewußtseins,* Zürich 1949

6 G. Hummel, *Theologische Anthropologie und die Wirklichkeit der Psyche,* Darmstadt 1972, bes. S 272–545

7 Mt 5, 39

8 S. Radhakrishnan, bes. in: *Eeastern Religions and Western Thought,* London 1940; deutsch mit dem sachlich nicht recht entsprechenden Titel: *Die Gemeinschaft des Geistes,* Darmstadt 1952, 2. Aufl. Baden-Baden 1961

9 vgl O. Wolff, *Mahatma und Christus,* Eine Charakterstudie Mahatma Gandhis und des modernen Hinduismus: Berlin 1955; ders *Mahatma Gandhi,* Politik und Gewaltlosigkeit, Reihe Persönlichkeit und Geschichte Bd 51, Göttingen 1963

10 Mt 23, 1 ff

11 Mt 21, 12 ff

12 G. Brunnert, *Glaubenserfahrung und Psychotherapie,* Predigten

eines Analytikers, München 1973, ist ein neuestes Beispiel jener von uns abgelehnten Methodenverwirrung, die in diesem Falle natürlich wiederum zu einer durchgehenden Relativierung der Botschaft des Neuen Testamentes führt. Glaube, Liebe, Hoffnung zB, im Neuen Testament Charismata pneumatischen Charakters, werden bei Brunnert allgemeine «rationale Ich-Funktionen», oder noch platter zu «Tugenden». Gott ist das Symbol der Eigenkräfte des Menschen. Was Gott entgegensteht, ist nicht mehr Sünde, sondern sind lediglich neurotische Erkrankungen, Versöhnung ist deren Heilung. Solche Behandlung des Neuen Testamentes hat Karl Barth seinerzeit als die Überreste aus dem Abfalleimer des Liberalismus des 19. Jahrhunderts bezeichnet.

zu «Das patriarchalische Mißverständnis Jesu» (S 28 bis 39)

1 vgl zu diesem und dem nächsten Abschnitt das zu den hier behandelten Fragen heute belangvollste Buch: Derrick Sherrin Baily, *Mann und Frau im christlichen Denken,* Stuttgart 1967; als für tiefenpsychologische und therapeutische Stellungnahme zu den gleichen Themen bezeichnend: *Krisis und Zukunft der Frau,* Ein Tagungsbericht, Hrg W. Bitter, Stuttgart 1962

2 E. Neumann, aaO S 364, 108

3 Nikos Kazantzakis, *The Last Temptation of Christ,* aus dem Griechischen zuerst Englisch New York 1960, seitdem in vielen Übersetzungen und verschiedenen Taschenbuchausgaben

4 Enzyklika *Humanae Vitae,* 5. Aufl. Luzern 1968, S 133 ff

5 vgl die eingehende und von umfassenden Gesichtspunkten her geführte Auseinandersetzung F. J. J. Buytendijks mit Freuds Anschauungen und die Begründung seines Urteils, daß Freud «an der Erkenntnis des vollen Menschseins der Frau vorbeigeht»: *Die Frau,* S 133 ff, 143 ff, 155 ff

6 C. G. Jung, *Ges. Werke,* Bd 6, S. 480

7 Jh 8, 1–11

8 K. Stern, *Die Flucht vor dem Weibe,* Zur Pathologie des Zeitgeistes, Salzburg 1968

9 G. Zacharias, *Satanskult und Schwarze Messe,* Wiesbaden 1964, bes. S 143 ff; seitdem die vielen Berichte über Satanskulte und Schwarze Messen besonders aus Amerika und England

10 Dora Lent, *Gott ist anders – aber wie?* Wege zum Menschen, 1968, Heft 7/8, S 281 ff, 286

11 über «Prinzipien für eine künftige Lehre von der Versöhnung», siehe P. Tillich, *Systematische Theologie,* Bd II, Stuttgart 1958, S 178–194; hier auch eine treffende Kritik der Haupttypen geschichtlicher Versöhnungslehren

12 vgl auch: J. Leipoldt, *Die Frau in der antiken Welt und im Christentum,* Gütersloh 1962 – Für diesen wie den nächsten Abschnitt darf auch auf die Stimme eines großen Zeitgenossen hingewiesen werden, nämlich auf die des genialen psychologischen Praktikers und weltberühmten Pädagogen Ale-

xander Sutherland Neill. Von dem ideologisch politischen Mißbrauch, der mit seinem Namen getrieben wird, kann leicht abgesehen werden. A. S. Neill spricht in seiner umfangreichen Selbstbiographie vom «Paternalismus», der «Lebensfeindlichkeit» und dem «Sadismus», der in der Institution Kirche sich auswirke. Er meint zuerst die katholische Kirche und den Calvinismus, wie er sie erfahren hat. Hier geschehe systematische Degradierung zu «Untermenschentum», vor allem natürlich wegen der ständig, offen oder unterschwellig sich auswirkenden Leibfeindlichkeit und Sexscheu. Mit Christentum könne er ein solches Kirchentum nicht mehr in Verbindung bringen; A. S. Neill, *Neill! Neill! Orange Peel*, An Autobiography, New York 1972, S 249 ff, 252 f – Zum Problem des Patriarchats liegt unterdessen das umfangreiche Standardwerk von E. Bornemann vor: *Das Patriarchat*, Frankfurt 1975. Wie Karl Marx den Unterdrückten «Das Kapital» in die Hand gegeben habe, so soll das «Patriarchat» dieselbe Funktion speziell im Freiheitskampf der Frau erfüllen, das ist die Gesamtperspektive, und der Kernsatz lautet: «Der klassenlosen Gesellschaft der Zukunft entspricht die geschlechtslose Zukunft unserer Spezies. Die eine ist nicht ohne die andere erzielbar» (S 21). Jedoch, mit Menstruation, Schwangerschaft und Verletzlichkeit der Mammae sind speziell der Frau Nachteile erwachsen, die keine wirkliche Befreiung ermöglichen. Darum schwebt Bornemann eine Angleichung der Geschlechter vor. Das ist ein altes gnostisches Unterfangen, das utopisch ist und bleiben muß. Ideologisch befangen mündet das Werk also trotz seiner Materialanmassung in unrealistische Spekulation. Demgegenüber ist wiederum die Aktualität der Realitätsnähe Jesu erstaunlich.

13 Wenck, Inge, Gott ist im Mann zu kurz gekommen, Gütersloh 1982, S 126

14 Friedan, Betty, Der zweite Schritt, Reinbek bei Hamburg 1982, S 334

15 Rinser, Luise, Unterentwickeltes Land Frau, 2. Aufl. Würzburg 1970, S 62, 96f, 100

zu «Das Jesusbild in der Konstellation des Mutter-Archetyps» (S 40–49)

1 zum ganzen dieses Abschnittes vornehmlich: E. Neumann, *Die Große Mutter*, Der Archetyp des Großen Weiblichen, Zürich 1956; ders *Zur Psychologie des Weiblichen*, Zürich 1953; sodann: Margaret Mead, *Mann und Weib*, Das Verhältnis der Geschlechter in einer sich wandelnden Welt, rde 69/70, Hamburg 1958; Ruth Benedict, *Urformen der Kultur*, rde 7, Hamburg 1955; zur Gegenwartserfahrung des Mutterarchetyp: F. Schottländer, *Die Mutter als Schicksal*, Erfahrungen eines Psychotherapeuten, Hamburg 1967; C. G. Jung, *Von den Wurzeln des Bewußtseins*, Studien über den Archetypus, Zürich 1954, S 1–211

2 Simone de Beauvoir, *Das an-*

dere Geschlecht, Eine Deutung der Frau, rde 99, Hamburg 1960

3 Cornelia Brunner, *Die Anima als Lebensproblem des Mannes*, Zürich 1963

4 vgl Emma Jung, *Die Anima als Naturwesen*, Studien zur analytischen Psychologie C. G. Jungs, 2 Bde, Zürich 1955, S 78 ff

5 C. G. Jung, aaO S 99 f

6 vgl auch: *Jesusbilder in Theologischer Sicht*, Hrg Karlheinz Deschner, München 1966

7 J. Evola, *Metaphysik des Sexus*, Stuttgart 1962, S 325 ff, bedeutend für unseren Zusammenhang das ganze treffliche Kapitel «Evokationen in der höfischen Liebe des Mittelalters», S 323 ff

8 C. G. Jung, aaO S 103, 105

9 siehe zum ganzen dieses Abschnittes auch: *Psychopathologie der Sexualität*, bearbeitet v. H. Giese, in Verb. mit V. E. von Gebsattel, 1. Hälfte Stuttgart 1959, darin: F. Herrmann, Im Wandel der Kulturen, S 10 ff; Fr. Arnold, Grundsätze der (katholischen) christlichen Kirche, S 116 ff; A. Köberle, Evangelische Theologie und Kirche (dh zu den Problemen: Mann und Frau in der Entwicklung ihrer Gegensatzbeziehung), S 150 ff

10 McLaughlin, Mary Martin, Überlebende und Stellvertreter: Kinder und Eltern zwischen dem neunten und dreizehnten Jahrhundert, in: Hört ihr die Kinder weinen, eine psychogenetische Geschichte der Kindheit, Hrg de Mause, Lloyd, Frankfurt 1977, S 192ff

zu «Das androgyne Jesusbild» (S 50 bis 62)

1 Auch die moderne Sexologie verwendet neben hermaphroditisch die Vokabel androgyn. Demgegenüber sind beide Benennungen für unseren Zusammenhang spezifisch psychologische Chiffren, so daß die breite sexologische Literatur hier nicht eigentlich hineinspielt.

2 zu diesem Abschnitt besonders wichtig: C. G. Jung, *Psychologie und Alchemie*, Zürich 1943; ders, *Mysterium Conjunctionis*, 2 Bde, Zürich 1955/6; ders, *Psychologie der Übertragung*, in: *Ges. Werke* Bd 16, Zürich 1958, S 137–345; von der geisteswissenschaftlichen Seite her: E. Benz, *Adam*, Der Mythos des Urmenschen, München 1955

3 zu Bildern aus dem Unbewußten das umfangreiche Werk: Jolande Jacobi, *Vom Bilderreich der Seele*, Wege und Umwege zu sich selbst, Olten 1969

4 Fr. Seifert und Rotraut Seifert-Helwig, *Bilder und Urbilder*, Erscheinungsformen des Archetypus, München 1965, S 60

5 C. G. Jung, *Ges. Werke* Bd 16, S 340

6 siehe E. Benz, *Adam*, S 34

7 Leone Ebreo, *Dialoghi d'Amore*, Hrg Santino Caramella, in: *Scritori d'Italia*, Bari 1929; hier nach den übersetzten Auszügen von E. Benz, aaO, S 31–49

8 Jacob Boehme, *Sämtliche Schriften*, 11 Bde, hrg W. Peuckert, Stuttgart 1955–60

9 Dora Lent, aaO, S 289

10 C. G. Jung, *Mysterium Conjunctionis*, Bd II, S 165

11 C. G. Jung, *Psychologie und Alchemie*, 2. Aufl., Zürich 1953; Analysen alchemistischer Symbole und Psychologismen auch sonst überall im Werk Jungs; bes. auch in: *Mysterium Conjunctionis* I/II

12 C. G. Carus, *Vorlesungen über Psychologie,* Neuausgabe Darmstadt 1958; ders *Psyche,* Zur Entwicklungsgeschichte der Seele, Stuttgart 1946, S 284, 297, 288, 298, 312, 294, 66

13 E. Przywara, *Theologie der Exerzitien,* Vol I, Freiburg 1938

14 C. G. Jung, *Modern Psychology,* Vol 3/4, S 185

15 C. G. Jung, *Aion,* Untersuchungen zur Symbolgeschichte, Zürich 1951, S 296 ff

16 G. Koepken, *Gnosis des Christentums,* 2. Aufl. 1939, S 316 ff

zu «C. G. Jungs Beitrag» (S 63 bis 73)

1 V. White, *Gott und das Unbewußte,* Zürich 1956

2 C. G. Jung, *Symbole der Wandlung,* Zürich 1912

3 Wilfred C. Smith, *Mankind's Religiously Divided History Approaches Self-Conciousness,* nach: O. Wolff, *Anders an Gott glauben,* Die Weltreligionen als Partner des Christentums, Stuttgart 1969, S 20

4 E. E. Evans-Pritchard, *Religion,* in: *The Institutions of Primitive Society,* ed by E. E. Evans-Pritchard, Oxford 1963, S 7,9

5 C. G. Jung, *Ges. Werke,* Bd 11, Zürich 1963, S 167 f

6 C. G. Jung, *Briefe* II, S 304

7 vgl auch die Würdigung der Gedanken Jungs zur christlichen Tradition bei: W. Bitter, *Der Verlust der Seele,* Ein Psychotherapeut analysiert die moderne Gesellschaft, Freiburg 1969, S 212 ff

8 C. G. Jung, *Aion,* S 160, 261, 263

9 M. Eliade, *Das Heilige und das Profane,* Hamburg 1957, S 98

10 C. G. Jung, aaO, S 261, 262 f

11 C. G. Jung, aaO, S 254 f

12 C. G. Jung, aaO, S 184 ff, 202 ff, 332 ff; natürlich können auch diese Symbole nicht als völlig unzweideutig übernommen werden, sie bedürfen der durchaus kritischen Durchdringung seitens des vernünftigen Bewußtseins. An diesem Punkt, also dem der kritischen Rezeption durch die Vernunft, sind neuerdings seitens der Theologie erhebliche Unklarheiten entstanden. G. Hummel bemängelt es grundsätzlich, daß das Unbewußte bei Jung zum Bewußtsein in einem «kompensatorischen» Verhältnis steht. Im Grunde genommen führe damit das Unbewußte das Wort, das Bewußtsein nehme eine nur «funktionalistische» Rolle ein, es sei «minderrangig», es «ordne» nur. Hier bedürfe es entschieden einer «kritischen Korrektur», um «das Selbständig-Eigene des Bewußtseins» besser zu wahren. Zu diesem Zweck fordert er eine «komplementäre Betrachtung». – Dies ist ein empfindliches prinzipielles Mißverständnis. Das Kompensatorische bei Jung meint die unverrückbare kritische Überordnung des Bewußtseins, die Hummel mit seiner bloß komplementären Beziehung gerade aufgibt. Gibt das kritische Bewußtsein die Führung aus der Hand, werden die Kundgaben des Unbewußten nach Jung zu «Irrlichtern». Diese Kundgaben wollen nämlich nicht «konkretisiert» werden, das heißt einfach rezipiert und als solche befolgt oder aufgenommen. Sie wollen vielmehr

grundsätzlich «realisiert» werden, und das heißt in ihrer Symbolbedeutung kritisch gedeutet werden, auf ihren Stellenwert im augenblicklichen Existenzvollzug der betreffenden Person untersucht, um schließlich nach einem vielschichtigen Verstehensprozeß rezipiert und dem Bewußtsein integriert zu werden. Immer behält das kritische Bewußtsein die entschiedene Führung. Läßt es sich vom Unbewußten her unkritisch «überfluten», zB durch einfache komplementäre Angliederung, dann endet der analytische Prozeß unausweichlich in psychischer Desorientierung, schließlich in der Psychose, endgültig im Irrenhaus. Dahin weist Hummels «Korrektur», die Dominanz des kritischen vernünftigen Bewußtseins untergrabend, direkt den Weg; G. Hummel, aaO, S 310 ff

13 A. Schweitzer, *Die psychiatrische Beurteilung Jesu*, Tübingen 1913

14 Walter E. Bundy, *Die Persönlichkeit Jesu in psychopathologischer Sicht*, in: *Wer war Jesus von Nazareth?* Die Erforschung einer historischen Gestalt, hrg G. Strube, München 1972, S 105 ff

15 C. G. Jung, *Briefe* II, S 219 – Zu diesem Jung-Abschnitt wie meinem Entwurf überhaupt, hat Ulrich Mann kritisch gemeint, daß ich mich unbedingt mit seinem Buch: *Theogonische Tage*, Stuttgart 1970, hätte auseinandersetzen müssen. Dazu sehe ich wenig Anlaß. Mann folgt Jung unkritisch da, wo wir uns wohl eher kritisch zu distanzieren haben; siehe speziell Jungs Schrift *Antwort auf Hiob*. Entsprechend überwiegt bei Mann der Archetyp, spielt der historische Jesus keine entscheidende Rolle, entfaltet sich vielmehr eine umfassende Spekulation über das innere «Werden Gottes». Andererseits, wo Jung in eminenter Weise wegweisende Gedanken entfaltet, mißversteht Mann ihn. Wir hören zB, «der Archetypus Christus muß zum Animus der Frau werden», beim Manne soll er sich mit dessen Bewußtsein verbinden (S 600). Das ist einfach absurd. Der Archetyp bleibt immer transzendental, intelligibel, Idee, bedingend aber nie erscheinend. Vor derartigen Identifizierungen, wie Mann sie empfiehlt, hat Jung immer wieder gewarnt. Sie führen zu Identitätsverlust, direkt in psychische Inflation oder Psychose.

zu «Der Unverwechselbare (S 74 bis 78)

1 E. Stauffer, *Jesus war ganz anders*, Hamburg 1967

2 H. Raschke, *Der ungeschichtliche Jesus*, in: *Jesusbilder* aaO S 343 ff

3 Schalom Ben-Chorin, aaO S 16 f, 22, 101; wie nicht anders zu erwarten, hat dieses Kapitel «Der Unverwechselbare», von vielen Christen «als erstes» gelesen, den besonderen Widerspruch der intensiv apologetischen neueren Theologie des Judentums hervorgerufen (Schalom Ben-Chorin, David Flusser, Pinchas Lapide usw). Dieser sog. christlich-jüdische Dialog ist jüdischerseits von den folgenden drei Tendenzen bestimmt: Die alten Juden waren es nicht, die für Jesu Tod verantwortlich sind, auch nicht indirekt als et-

waige Instigatoren. Sie hätten dazu auch keinerlei Grund gehabt, denn Jesu Lehre enthält nichts, was nicht jeder Rabbi jener Zeit ebenso gelehrt hätte. Das Jesusbild der Christen entbehrt darum der historischen wie ideellen Grundlagen. – Alle drei Thesen sind wissenschaftlich gänzlich unhaltbar. Jedoch, der christliche Dialog-Partner entdeckt die in jenen Grundthesen enthaltene massive Aggressivität nicht, nicht die tendenziöse Auswahl der Quellen, nicht die laufenden minutiösen Entstellungen. Warum ist das so? Dieser gesamte «sachliche Glaubensdialog» (Lapide) steht nämlich, psychologisch gesehen, im Banne zweier massiver Kollektivkomplexe. Pointiert formuliert: Die Juden werden ihren Jesus-Komplex nicht los, die Christen vermögen ihren Auschwitz-Komplex nicht zu verarbeiten. Nur aus dieser Sachlage ist es erklärlich, daß sogenannte Toleranz sich zu dem Rat versteigen kann: Die Christen müssen Jesus mit den Juden heute eben «teilen», «er wird zum großen ‹feed back›, zur Rückkoppelung der Kirche an das Judentum» (Franz Mussner). Auf dieser neurotischen Basis ist überhaupt kein weiterer Dialog möglich, nur eins hilft: wirkliche Klärung des je eigenen Bewußtseins (vgl oben S 25 ff) und dann sachliches Studium des «Unverwechselbaren».

4 E. Troeltsch, *Die Absolutheit des Christentums,* Siebenstern, München 1969, S 141, 161

5 K. Niederwimmer, aaO S 21

6 vgl neuestens: Marie-Louise von Franz, *C. G. Jung,* Wirkung und Gestalt, Sein Mythos in unserer Zeit, Frauenfeld 1972. Nach v. Franz ist «die eine Wurzel unserer heutigen Kultur die griechisch-römische Welt», «die andere Wurzel liegt im Bereich des Judentums». Eine dritte christliche Tradition kennt v. Franz nicht, Jesus wird mit dem Judentum, dh dem Judaismus, zusammengenommen. Wo ist hier der Unterschied zwischen Schalom Ben-Chorin und der Tiefenpsychologin? Beider Wertgefühl reicht nicht aus, den Unverwechselbaren als solchen zu erkennen und zu werten. Im übrigen wird zwar fleißig am Christentum Kritik geübt, aber die moderne Jesusforschung bleibt restlos unbekannt. So unwissenschaftlich kann man nicht vorgehen, und mit solcher Willkür erweist man auch der Jung-Forschung durchaus keinen Dienst.

7 Selbst der exponierte Vertreter des Judaismus kommt nicht umhin anzuerkennen, daß Jesus «als bestimmter Typus einer religiösen Persönlichkeit sich nicht festlegen läßt.» Er sieht sich gezwungen, von der «Uneinreihbarkeit» Jesu in die zeitgenössische Umwelt zu sprechen; E. Ehrlich, *Ist Jesus einzigartig?,* Radius Stuttgart 1973, Heft 4, S 19; Edward Schillebeeckx, *Jesus,* Die Geschichte von einem Lebenden, Freiburg 1975, betont deutlich in seiner großangelegten Untersuchung das, was sich bei Jesus «nicht aus jüdisch vorgegebenen Modellen» verstehen läßt, was «schlechthin unjüdisch» oder «grundlegend unjüdisch» ist; S 185, 195, 204, 211 u. a.

zu «Die Frau im zeitgenössischen Judentum» (S 78 bis 82)

1 Die neueste und umfassendste Untersuchung zu dem Problemkreis Frau im Judentum und Alten Testament: Clarence J. Vos, *Woman in Old Testament Worship,* oJ, Delft 1968; hier auch eine ausgewählte, umfangreiche, internationale Bibliographie zum Thema; aus der neueren Literatur sei besonders erwähnt: J. Leipoldt, *Die Frau in der antiken Welt und im Urchristentum,* Gütersloh 1962; R. Loewe, *The Position of Women in Judaism,* London 1966; D. R. Mace, Hebrew Marriage, London 1953
2 Strack-Billerbeck, aaO Bd III, S 611
3 C. J. Vos, aaO S 200, 198
4 Strack-Billerbeck, aaO Bd III, S 611, 613
5 Strack-Billerbeck, aaO Bd II, S 577, 99; Bd III, S 251, 377, 611 f
6 Strack-Billerbeck, aaO Bd II, S 767; Bd III, S 611 f
7 Strack-Billerbeck, aaO Bd III, S 562, 435, 468
8 Römer 2, 17–24; wir folgen hier: *Gute Nachricht für Sie,* NT 68, Die Berichte, Briefe und Zeugnisse des Neuen Testamentes in heutigem Deutsch, Stuttgart 1967; auf diese zT recht gelungene Übersetzung wird auch im folgenden gelegentlich Bezug genommen
9 Tacitus, *Historien* 5,5
10 Exodus 20, 17
11 so M. Weingarten, *Life in a Kibbutz,* New York 1955
12 B. Bettelheim, *Die Kinder der Zukunft,* Gemeinschaftserziehung als Weg einer neuen Pädagogik, Wien – München – Zürich 1969, S 36 f

zu «Jesus, der nicht-animose Mann» (S 83 bis 92)

1 zB R. Bultmann, *Jesus,* 2. Aufl. München 1965; auch hier bleibt Jesus zu sehr ein Rabbi, und so entsteht in Bultmanns *Theologie des Neuen Testamentes,* 5. Aufl. Tübingen 1965, der problematische Eindruck, daß die große Thematik eigentlich erst mit Paulus zum Zuge kommt. Bultmann erklärt: «Als historische Gestalt steht er – Jesus – innerhalb des Judentums» (ders, *Das Verhältnis der urchristlichen Christusbotschaft zum historischen Jesus,* Heidelberg 1961, S 8) natürlich, aber wie? Er teilt diesen Rahmen in allem Entscheidenden nicht. Die weitere und breitere Forschung nimmt Bultmann den zuletzt zitierten Satz so denn auch nicht mehr ab
2 Mt 7, 28
3 H. Braun, *Jesus,* Stuttgart 1969, S 102 f
4 E. Stauffer, aaO S 193 ff, 197
5 Schalom Ben-Chorin, aaO S 123
6 Lk 23, 55
7 Mk 15, 40 f
8 Lk 23, 49
9 Lk 8, 1 ff
10 Lk 24, 22
11 Lk 8, 3
12 Mk 15, 41
13 Jh 4, 27
14 Mt 26, 8
15 Mt 15, 23
16 Mk 10, 13 ff
17 Lk 24, 11
18 Jh 8, 1 ff; zwei namhafte Neutestamentler haben mir als «phantastisch» verdacht, daß ich die Perikope von der Ehebrecherin «für historisch» erkläre. Der

eine fügt überdies hinzu, daß es sich hier ja nur um eine «sentimentale» Szene handle. Darum sind beide Kritiker geradezu ein exemplarischer Beleg für die Richtigkeit unserer Thesen. Erstens, man hat mit unintegriertem Verstehenwollen einen derart blinden Fleck, daß man nicht einmal genau sehen kann, was dasteht. Denn ich habe ja ausdrücklich und mit wiederholten Wendungen die Perikope so, wie sie dasteht, jeder literarhistorischen Kritik preisgegeben. Ich habe die «Essenz» für einen genuinen jesuanischen Reflex erklärt, völlig unableitbar aus Umwelt oder folgenden Jahrhunderten, letzteres vermag man sich offenbar ebenso nicht genug psychologisch klarzumachen. Zweitens, wenn es sich hier um Sentimentalität handeln soll, dann beweist das, daß der Exeget jenes «Wertfühlens» bar ist, das wir am integrierten Jesus entfalten. Die historisch-kritische Methode ist schon recht und unaufgebbar. Wie aber steht es mit dem, der sie handhabt? Letzteres ist die Frage der Tiefenpsychologie (vgl oben S 23 ff).

19 Jh 4, 4–29

20 Jh 4, 17 ff

21 Mt 26, 10

22 Mt 15, 28

23 Marcello Craveri, *Das Leben des Jesus von Nazareth,* Stuttgart 1970, S 168, unternimmt es, die «Persönlichkeit Jesu» zu charakterisieren, die ihm «ziemlich klar vor Augen» steht. Hier wird das Charakterbild eines animosen, unbalanzier-, ten, nicht-integrierten, affektbestimmten Menschen gezeichnet. Auch als moderner Forscher kann man die Quellen also auch so lesen, wenn eben die unerläßlichen subjektiven psychologischen Voraussetzungen fehlen. «Immer ist das Jesusbild verräterisch». – Typische Fehlurteile über den Mann Jesus kommen im übrigen ständig aus zwei Quellen. Erwähnt wurde schon die neuzeitliche jüdische Apologetik, für sie war Jesus ganz selbstverständlich verheiratet. Umgekehrt war Jesus für den katholischen Dogmatiker selbstverständlich nicht verheiratet, hier bleibt er bis heute Vorbild des bewußt zölibatären Asketizismus. Dort triumphiert die Projektion des jüdischen Hintergrundes, hier die der katholisch asketischen Tradition. – Wenn aber Jesus dem Weiblichen gegenüber wirklich so wenig animos war, so hat man mich wiederholt gefragt, warum hat er dann nicht geheiratet? Von der Tiefenpsychologie her würde ich zwei Antworten geben. Einmal, Integration oder Anima-Entwicklung darf selbstverständlich nicht konkretistisch als Zwang zum Verheiratetsein-Müssen mißverstanden werden. Sodann, der Stand der eigenen Anima-Entwicklung entscheidet, tiefenpsychologisch gesehen, über die partnerschaftlichen Ansprüche, die möglicherweise eine Ehe im Vollsinn konstituieren können. Je integrierter der Mann, um so geringer die Auswahl möglicher Ehepartnerinnen, natürlich, umgekehrt ganz ebenso. Die Frage muß also lauten: Wo war in Jesu Umwelt und auf damaliger Entwicklungsebene die Frau, die für Jesus Frau und Partnerin überhaupt hätte sein können?

24 Garaudy, Roger, Der letzte Ausweg, Olten 1982, S 153, 136ff

zu «Jesus hat ‹bewußt› gelebt» (S 92 bis 105)

1 K. Niederwimmer, aaO S 54
2 Mt 12, 46 ff; Mk 3, 31 ff; Lk 8, 19 ff
3 Mk 3, 33 ff
4 Lk 14, 26
5 Ps 119, 104
6 Lk 14, 28 ff
7 Lk 14, 31
8 Mt 7, 24 ff
9 C. G. Jung, *Ges. Werke,* Bd 6, S 451
10 G. Bornkamm, *Jesus von Nazareth,* Stuttgart 1956, S 53 f
11 Jh 3, 18
12 gegen E. Käsemann, *Jesu letzter Wille nach Joh 17,* Tübingen 1967, S 135
13 Lk 19, 7
14 Lk 19, 4
15 Lk 5, 1 ff
16 Jh 10, 27
17 Jh 1, 48
18 Mt 12, 25
19 Jh 5, 42
20 Jh 2, 25
21 Mt 22, 15 ff
22 G. Bornkamm, aaO S 113
23 Dazu eine recht gute Kasuistik in: *Magie und Wunder in der Heilkunde,* Tagungsbericht «Arzt und Seelsorger», Hrg W. Bitter, Stuttgart 1959
24 Niederwimmer, aaO S 34
25 G. van der Leeuw, *Phänomenologie der Religion,* Tübingen 1933, S 560 ff
26 Jh 8, 12
27 Gröbstes und letztes Beispiel für den unklaren Synkretismus, der Christentum nicht Christentum und Psychologie nicht Psychologie sein läßt, haben wir in: John A. Sanford, *Alles Leben ist innerlich,* Olten 1974. Sandford will mit dem Hilfsmittel Jungscher Psychologie Worte Jesu meditieren. Faktisch dienen die Jesusworte dazu, die Jungsche Psychologie abzuhandeln. Dasselbe Unternehmen könnte man Worten Buddhas, Ramakrishnas oder Mohammeds angedeihen lassen, das Ergebnis bliebe dasselbe, nämlich die Jungsche Psychologie. Dies ist methodische Unklarheit und nichts weiter als Psychologisierung der Religion ältesten Stils.
28 S. Freud, *Ges. Werke* Bd XI, Vorlesungen zur Einführung in die Psychoanalyse, London 1948, S 451

zu «Differenziertes Gefühl» (S 105 bis 118)

1 diese Entwicklung schildert in einem ebenso ausführlich wie gediegen dokumentierten Werk: Arnold J. Toynbee, *Wie stehen wir zur Religion?,* Die Antwort eines Historikers, Zürich 1958
2 dazu die psychologisch wie geistesgeschichtlich unterbauten Analysen von Karl Stern; im Anschluß an: O. Fenichel, *The Psychoanalytic Theory of Neuroses,* Norton 1945: «Frigid» ist, gleichgültig ob Mann oder Frau, wer «Gefühle überhaupt vermeidet; an ihrer Stelle hat er einen kalten Intellekt entwikkelt», das ist, kurz gesagt, der Sinn psychischer Frigidität; K. Stern, aaO S 8
3 positiv hinweisen konnten wir auf das treffliche Kapitel von J. Evola, aaO S 323 ff; siehe unseren Abschnitt 5
4 D. H. Lawrence, *Aaron's Rod,*

sozial-sexual revolutionärer Roman, Kap XIII, beendet 1921

5 J. Evola, aaO S 251 ff, 255, 259, 499 ff

6 B. Friedan, *Der Weiblichkeitswahn* oder die Selbstbefreiung der Frau, Rowohlt, Hamburg 1970, S 169, 181, 199, 220, 222

7 A. Comfort, *Der aufgeklärte Eros,* München 1964; G. Barczay, S 171

8 Germaine Greer, *The Female Eunuch,* London 1971, S 115; bemerkenswert wegen ihrer klaren Auseinandersetzung mit S. Freud, Helene Deutsch, Eric Erikson u. a. und deren «Beitrag» zur Frauenfrage; viele treffende Thesen zur modernen Identitätskrise der Frau, S 115: «Die Frau als öffentlicher Machtfaktor, das bedeutet Selbstbesinnung der Frau, und das wiederum bedeutet, daß der gesamte Ballast der paternalistischen Gesellschaft über Bord zu werfen ist.»

9 zB Elisabeth Dessai, *Hat der Mann versagt?* Rowohlt, Hamburg 1972

10 G. Greer, aaO S 114

11 Margaret Mead, aaO 243 ff; dies, *Geschlecht und Temperament in primitiven Gesellschaften,* Rowohlt, Hamburg 1959

12 Die Befangenheit in Männlichkeits- und Weiblichkeitswahn stellt einen psychologischen circulus vitiosus dar, der folgendermaßen abläuft: Der primitive Animus der Frau ist die Selbstidentifikation der Frau mit den primitiven Meinungen des Mannes über sie. Sie hat sich solche Meinungen unbewußt selbst angeeignet oder introjiziert. Die primitive Anima des Mannes identifiziert sich naiverweise mit dem, was die primitive Frau dem Mann durch ihr Verhalten zeigt. Die Selbstidentifikation mit dieser Reaktionsweise der Frau, deren Ursache er selber ist, läßt seine Anima nicht vorankommen. Niemand gewinnt also irgendetwas. Das Sich-am-Mann-Orientieren hat sich an der Frau gerächt, die Unterdrückung der Frau hat sich am Mann gerächt. In jedem Falle wird der Sieger zum Besiegten. Im weiteren Verlauf konstelliert regelmäßig die primitive Anima des Mannes den primitiven Animus der Frau, umgekehrt fordert der primitive Animus der Frau regelmäßig die primitive Anima des Mannes heraus. Jeder Hieb gegen den anderen ist also unweigerlich ein Hieb ins eigene Fleisch, auf der einen wie der anderen Seite.

13 C. G. Jung, *Typenlehre,* Ges. Werke, Bd 6, S 441

14 C. G. Jung, aaO S 467 ff; ders, *Über Grundlagen der Analytischen Psychologie,* Die Tavistock Lectures 1935, Zürich 1969, S 21

15 bes. im Anschluß an Kol 1, 15 ff; vgl A. D. Galloway, *The Cosmic Christ,* London 1951; J. Sittler, *The Cosmic Christ,* Religion and Society, VIII, 4, Bangalore-Indien 1961

zu «Das heile Gottesbild» (S 119 bis 130)

1 G. v Gynz-Rekowski, *Symbole des Weiblichen in Gottesbild und Kult des Alten Testaments,* Zürich 1963, S 7 f, 58

2 F. J. J. Buytendijk, aaO

3 Jh 6, 60 f

4 Mt 25, 14 ff
5 Mt 23, 37 ff
6 Jh 16, 21 ff
7 Mt 9, 12
8 Mt 11, 28
9 Lk 15
10 Mt 21, 31
11 Lk 14, 13
12 Lk 14, 23
13 C. G. Jung, Modern Psychology, aaO S 11 ff
14 Mt 7, 16 ff
15 C. G. Jung, *Der philosophische Baum,* Von den Wurzeln des Bewußtseins, S 353 ff
16 B. Bettelheim, *Liebe allein genügt nicht,* Die Erziehung emotional gestörter Kinder, Stuttgart 1970
17 Mt 18, 22
18 Lk 15, 7
19 Lk 13, 6 ff
20 Der Abschnitt «Das heile Gottesbild» ist auch in dieser Auflage unverändert geblieben, absichtlich, denn die hier leitende Zielsetzung besteht vornehmlich darin, die Integration männlicher und weiblicher Seinswerte in der Persönlichkeit Jesu auch in seinem Gottesbild als einem im bezeichneten Sinne «heilen» aufzuzeigen. Weitere Differenzierungen zum Gottesbild finden sich in meinem anderen Buch «Jesus als Psychotherapeut» und besonders in meinem bisher letzten: «Neuer Wein – Alte Schläuche»

zu «Der kollektive Schatten» (S 130 bis 143)

1 Psalm 19, 13
2 vgl auch K. Niederwimmer, aaO S 71
3 Mk 7, 15
4 Mt 23, 1 ff
5 Dorothee Sölle, *Phantasie und Gehorsam,* Stuttgart 1968, S 61 ff
6 Mt 19, 4
7 Mt 23, 14
8 Mk 7, 9
9 Mt 18, 5
10 Mt 10, 10
11 Jh 9, 1 ff
12 Lk 13, 10 ff
13 Lk 14, 1 ff
14 Mt 12, 1 ff
15 Mt 6, 5 ff
16 Lk 15, 11 ff
17 Mt 20, 1 ff
18 Mt 5, 18
19 Mt 18, 21 ff
20 Lk 7, 43
21 Lk 19, 1 ff
22 Mt 11, 19
23 H. Braun, Jesus, S 144 f
24 Lk 18, 9 ff
25 Mk 10, 22
26 C. G. Jung, Mysterium Conjunctionis, Bd II, S 324
27 Lk 19, 26
28 Jh 7, 20; vgl auch 8, 48; 8, 52
29 Jh 10, 20
30 Mt 12, 24
31 Psalm 73, 23–26
32 R. Bultmann, *Das Urchristentum im Rahmen der antiken Religionen,* Rowohlt, 1969, S 175 f
33 vgl K. Schmid, *Aspekte des Bösen im Schöpferischen,* in: *Das Böse,* Studien aus dem C. G. Jung-Institut, Zürich 1961, S 239 f
34 vgl zum ganzen Abschnitt auch: A. Plack, *Die Gesellschaft und das Böse,* 8. Aufl. München 1970

zu «Der persönliche Schatten» (S 143 bis 162)

1 Das heißt nicht, daß die Perikope, religionsgeschichtlich gesehen deutlich stereotyp stilisiert, als historisch erklärt werden soll. Zur Grundlage einer Aussprache über Jesu «persönlichen Schatten», was bei einer «Versuchungsgeschichte» vielleicht nahe gelegen hätte, kann sie wegen mehrfacher kritischer Bedenken nicht gemacht werden.

2 H. Holl, *Jesus in schlechter Gesellschaft,* Stuttgart 1971, S 46. Zum realistischen Jesusbild gehört die Anerkenntnis des Schattens, anderenfalls landet man in Scheinmenschlichkeit und Scheingeschichtlichkeit, also in Doketismus. Neuster Beweis E. Schillebeeckx, aaO, S 555 ff. Jesu Menschlichkeit wird hier vom Glauben, vom Dogma, von der Missionspredigt her derart dogmatisiert, daß dieses Humanum = Jesus zu einem Unicum wird, dem unsere Menschlichkeit folglich beziehungslos gegenübersteht. Der systematische Schlußteil dieser umfassenden Arbeit geht traditionalistische Wege und gehört entschieden der vor-tiefenpsychologischen Zeit an. Daß es ein wirklicher Mensch ist, der zugleich Träger der absoluten Offenbarung ist, dieses volle Skandalon vermag jene Theologie nicht zu fassen. Sie muß eine Extra-Menschlichkeit erspekulieren.

3 Mk 10, 17 f; Lk 18, 19

4 Daß selbst in Gott noch ein Schatten angenommen werden müsse, ist ein Problem, dem C. G. Jung thematische, aber auch irreführende Erwägungen gewidmet hat. Darauf einzugehen, besteht hier kein Anlaß.

5 A. Schweitzer, *Das Christentum und die Weltreligionen,* S 9, 56

6 A. Schweitzer, *Geschichte der Leben-Jesu-Forschung,* 2. Aufl. Tübingen 1913

7 E. Stauffer, aaO S 268 f

8 N. Perrin, *Was lehrte Jesus wirklich?* Göttingen 1972 S 232 ff, 235

9 Mt 13, 12

10 Lk 4, 19

11 Lk 4, 19

11 Lk 4, 18 f

12 J. Huizinga, *Herbst des Mittelalters,* übers. von T. Wolff-Mönckeberg, 5. Aufl. Stuttgart 1939, S 193

13 C. G. Jung, *Typenlehre,* aaO S 395 f

14 E. Bloch, *Atheismus im Christentum,* Frankfurt 1968, S 172 ff, 247 ff

15 Mt 10, 9 f

16 Lk 10, 4 f

17 Mt 13, 31 ff

18 vgl bes. C. G. Jung, *Über Grundlagen der aktiven Imagination,* Travistock Lectures, S 200 ff

19 C. G. Jung, *Modern Psychology,* aaO S 11 ff

20 A. Janov, *Der Urschrei,* Ein neuer Weg der Psychotherapie, Frankfurt 1973; die Mittel, die hier verwendet werden, um an das frühest Erlebte heranzukommen, sind meinem Verständnis nach wesentlich das, was Jung aktive Imagination nennt.

21 zum Problem: Introvertierter und sekundärer Bezug auf die Wirklichkeit vgl bes. C. G. Jung, *Typenlehre,* aaO S 421 ff

22 Mt 10, 5 f, Lk 10, 1 ff, Mt 15, 24 ff

23 Jh 4, 21, 23 f

24 Mt 15, 28

25 Jh 4, 1 ff, 24

26 vgl als besonders eindrucksvoll wegen des beigebrachten Tatsachenmaterials: Don Widener, *Kein Platz für Menschen*, Stuttgart 1971; Gordon R. Taylor, *Das Selbstmordprogramm*, Frankfurt 1971

27 Mt 10, 29

28 Mk 1, 13

29 Mt 8, 30 ff

30 A. Holl, aaO S 62

31 vgl C. G. Jung, K. Kerényi, P. Radin, *Der göttliche Schelm*, Ein indianischer Mythen-Zyklus, Zürich 1954

zu «Vater-Mutterbindung Jesu?» (S 163–167)

1 M. Craveri, Das Leben des Jesus von Nazareth, Stuttgart 1970, S 27

2 zB Schalom Ben-Chorim, aaO S 3, 34, 87, 121 f, 223

3 zB E. Stauffer, aaO S 51 ff

4 Mk 3, 31 ff; Mt 12, 46 ff; Lk 8, 19 ff

5 Lk 11, 27 ff

6 Mt 10, 35 f; man hat es eine «anmaßende Behauptung» genannt, daß ich im Anschluß an Mt 10, 35 f gesagt habe, daß nur ein tiefenpsychologisch geschärfter Blick diese Stelle, d. h. das Problem der «zweiten Abnabelung», die Überwindung von «Vater- oder Mutterbindung» voll verstehen könne; W. G. Kümmel, *Ein Jahrzehnt Jesusforschung*, Theol. Rundschau, Heft 3, 1976, S 237 f. Dieser Einwand gerade an dieser Stelle! Das ist ein Affekturteil, aber keine wissenschaftliche Beurteilung. Ich referiere dort ein objektives Faktum, ich spreche keine subjektive Meinung aus. Denn es ist eine Tatsache, daß es die Tiefenpsychologie ist, die es überhaupt erst entdeckt hat, was jene Bindungen für die psychisch-geistige Gesamtentwicklung bedeuten. Man muß sich um Tiefenpsychologie schon etwas intensiver bemühen, um nicht so verständnislose Urteile auszusprechen, wie K. es tut. Darum bin ich auch seinen Zustimmungen gegenüber zurückhaltend, denn auch diese kommen aus einer methodischen Gesamthaltung, die an keiner Stelle prinzipielle Offenheit für die Bedeutung erkennen läßt, die der Tiefenpsychologie für das Gesamtproblem des Verstehens zukommt; vgl auch Fußnote 2 zu «Der persönliche Schatten».

zu «Das heile Menschenbild» (S 168 bis 175)

1 Mt 6, 25 ff

2 Mt 7, 7 ff

3 Mt 10, 29 ff

4 Lk 13, 1 ff

5 Mt 6, 4

6 C. G. Jung, *Ges. Werke* Bd 8, Zürich 1967, S 475 ff

7 Inkunabel der Züricher Zentralbibliothek, undatiert, vgl Jung, aaO S 508

8 Mt 17, 20; 21, 21

9 Sh. Ostrander u. L. Schroeder, *Psi*, die Geheimformel für die wissenschaftliche Erforschung und praktische Nutzung übersinnlicher Kräfte des Geistes und der Seele, 8. Aufl. München 1973, S 244

10 W. Keller, *Was gestern noch als Wunder galt*, Zürich 1973, S 384

zu «Verkennen und Verstehen» (S 175 bis 178)

1 M. Craveri, aaO S 168, 170, 415

2 R. Augstein, *Jesus – Menschensohn,* Gütersloh 1970, S 426 f; beide an Umfang und Gründlichkeit heute überboten durch E. Schillebeeckx, Jesus, aaO, hier ist es keine Linksideologie und keine Entlarvungstendenz, aber ein traditioneller Dogmatismus, der Jesus in Distanz hält.

3 H. Zahrnt, *Die Sache mit Gott,* S 442 f

Zur sechsten Auflage – Nachwort von Hanna Wolff

Das Nachwort zu dieser sechsten Auflage ist ein ganz kurzes. Es soll sich auf ein Zitat aus einer kürzlich erschienenen Besprechung beschränken, die der Rezensent im Blick auf die unaufschiebbare Dringlichkeit des von mir behandelten Grundproblems, nämlich einer tatsächlich genuinen Erkenntnis der Gestalt Jesu, mit der Warnung schließt: «Den prozentual wenigen Christen ist hierzulande nicht mehr viel Zeit gelassen, sich auf ihren wahren Schatz im Christenglauben zu besinnen»! Dazu aufzurufen, das ist in der Tat die Absicht dieses Buches.

Im übrigen ist das Nachwort der beiden letzten Auflagen sachlich zu wichtig und gültig, daß es im folgenden nicht unverändert wiederholt werden sollte.

Das Echo, das «Jesus Der Mann» gefunden und nun bereits die sechste Auflage nötig gemacht hat, hat mich ehrlich überrascht. Es hat mir eine Flut von Zuschriften und Besprechungen gebracht und mich mit weiten neuen Kreisen bekannt gemacht, mit Künstlern und Schriftstellern, Ballett-Choreographen und Erziehern, mit Ärzten und Theologen, mit so vielen einzelnen Interessierten aus dem Inland und Ausland. Besonders hat mich gefreut, daß, aufs ganze gesehen, tatsächlich verstanden worden ist, was ich in diesem Umfange gar nicht zu hoffen gewagt hatte:

Man hat nicht nur allgemein von einem «unkonventionellen», «überraschenden», «mutigen», «eigenständigen» oder «überzeugenden» Buch gesprochen, man hat prinzipiell verstanden, daß es in der Art zu sehen und zu fragen «neu» ist.

Man hat diese neue tiefenpsychologisch orientierte Schau wirklich nicht, was viel bedeutet, mit Psychologisierung alten Stils verwechselt. «Hier wird Jesus nicht tiefenpsychologisch usurpiert, sondern vorsichtig, aber bestimmt interpretiert.»

Verstanden hat man auch, daß Mann-Sein und Frau-Sein heute immer noch mit dem Mann Jesus entscheidend zu tun hat, und man hat darum ganz richtig gemeint, daß die hier gewonnene Orientierung «ganze Bibliotheken zum Emanzipationsproblem aufwiegt».

Und wenn es wirklich so steht, dann muß man ihn, wirklich ihn, reden lassen und dem alten Zwang, bereits sein Menschsein zu dogmatisieren und fern und ferner in den Himmel zu heben, kompromißlos widerstehen. «Mit dem Erscheinen Ihres Buches ist Wichtiges geschehen, das nicht zum Stillstand kommen soll», es ist «zum ersten Male gelungen, die Gestalt Jesu näher an uns heranzurücken, ohne ihr Gewalt anzutun».

So muß ich für das viele Verständnis danken, besonders auch für das überraschende Verständnis katholischerseits, auch seitens des höheren Klerus.

Zahlreiche Erfahrungen aus Seminaren, Vorträgen oder Debatten lassen es mir geraten erscheinen, die folgenden drei Punkte noch besonders hervorzuheben.

Die Tiefenpsychologie ins Spiel bringen, heißt grundlegend, daß am Exegeten, an der Person des Forschers etwas geschieht, nämlich eine Bewußtwerdung, die sein gesamtes Verstehen zu einem besseren oder tauglicheren Instrument macht. Namentlich Theologen, so ist es mir immer wieder entgegengetreten, erwarten von der Tiefenpsychologie einen neuen exegetischen Impuls, eine theoretische Direktive, um nicht zu sagen einen Trick, die Texte interessanter, moderner und existentiell brisanter darbieten zu können. Diese einfache Erwartung muß ganz gründlich enttäuscht werden. Die Aufgabe ist umgekehrt eine viel schwerere, er, der Exeget, hat eine angemessenere Befähigung zu erwerben.

Er lernt es nämlich im Laufe analytischer Erfahrung, seine Projektionen zurückzunehmen, mit denen er, trotz aller historisch kritischen Methode, einen Text unbewußt überfremdet, z. B. mit seinem dogmatischen Vorverständnis. Wir haben gezeigt, daß der naiv unbewußt Lebende seine Probleme und Überzeugungen nach draußen in Dinge und Menschen wirft, so aber die einen wie die anderen kaum zu Gesicht bekommt. Je mehr er aber lernt, zwischen Innen und Außen zu differenzieren, hört sein Projizieren auf. Jetzt erst kann er die Sprache des Textes wirklich hören. Er «benutzt» ihn nicht mehr als Beweis für Bekanntes oder Zeitbedingtes. Der Text wird vielmehr objektiv und individuell. Jetzt erst steht der Forscher nicht mehr «über» dem Text, sondern wirklich «darunter».

Jetzt aber treten auch der Reichtum und die Bedeutungstiefe des Textes prägnant hervor. Enges Bewußtsein verzerrt, sieht verflacht und bewegt sich in hausbackenen Perspektiven. Erweitertes Bewußtsein liest auch «die lebendige Verbindung zur Tiefe» mit, von der vorher die Rede war, also die sonst unbewußten, obgleich immer mitgesetzten, urmenschlichen Grundbeziehungen, die, wenn einbezogen, dem gesagten oder geschriebenen Wort eine neue und weite Sinnfülle geben. Wenn Jesus, der Bewußte und Integrierte, Baum, Fisch, Schatz, Hochzeit, Hirt, Weinstock usw. sagt, dann ist bei ihm diese Verbindung zur Tiefe, nämlich des schöpferischen Unbewußten, immer mitgesetzt (vgl. oben S. 115, 122f), so daß jene Begriffe in seinem Munde zugleich Grundvokabeln des Unbewußten sind. Wer seine Worte nur als rationale Begrifflichkeit, nicht aber zugleich auch als Vokabeln oder Symbolsprache des Unbewußten zu lesen vermag, unterschlägt das meiste ihrer Sinnbeziehungen. So, wie man alte Sprachen gelernt haben muß, um einen Text zu übersetzen, so muß man die bedeutungsvolle Sprache des Unbewußten lernen, um einen Text in seinem ganzen Sinngehalt verstehen zu können. Nur das ist heutzutage Wissenschaft.

Trotz aller zu erwartenden Empörung ergibt sich aus den aufgewiesenen Fakten die Forderung: Jeder an der Interpretation des Neuen Testamentes maßgeblich Beteiligte muß sich einer Analyse unterziehen. Nachdem Pasteur die Bazillen entdeckt hat, kann keiner sagen: Mich aber gehen sie nichts an. Nachdem das Unbewußte und seine Bedeutung für das Gesamtproblem des Verstehens entdeckt ist, kann ebenso niemand mehr in vor-tiefenpsychologische Naivität zurückflüchten, vollends nicht, wenn es sich um ein adäquates Verstehen der Gestalt Jesu handelt.

Nachwort zur siebenten Auflage

«Ihre Bücher haben mir einen neuen Zugang zur christlichen Religion eröffnet, wofür ich Ihnen sehr dankbar bin», schreibt mir eine an einer psychiatrischen Klinik arbeitende Psychotherapeutin. «Ja, so einem Jesus könnte ich auch nachfolgen», schreibt mir eine moderne Geschäftsfrau aus der Automobilbranche. Die verschiedensten Pfarrer schicken mir Predigtabschriften, um mir zu zeigen, wie erfrischend neu und konkret ihnen Evangelientexte durch ein an diesem Jesusverständnis erweitertes Bewußtsein geworden sind.

Ich kann nur wünschen, daß dies Buch – und meine anderen Bücher – in diesem Sinne wie ihrer eigenen Intention entsprechend weiterhin Menschen anrühren und Herzen gewinnen.

COLLECTION S.FISCHER Am Ende angekommen sind die Männer – ihre ›Schöpfungen‹, diese folgenreichen Aufblähungen ihrer künstlichen Fruchtbarkeit. In der literarischen Produktion wird ein Arsenal von Bildern und Begriffen aufgeboten, um das Trauma der Unfruchtbarkeit zu verstecken. Es entstehen ›dunkle‹ Gewebe, die bei genauerem Hinsehen ins Leere auslaufen. Die wuchernde Produktionshemmung beweist sich in den Ritualen der Wiederholung, im Schreibzwang, in der Ästhetisierung des Wahnsinns.

Am Beispiel der Texte des österreichischen Autors Thomas Bernhard vollzieht Ria Endres die schmerzliche Operation der Erkenntnis. Sie entziffert die ›dunklen‹ Texte eines Autors, der wegen seiner Fixierung an die ungeschriebenen und wirksamen Gesetze des Patriarchats anschreibt: dem universalen Herrschaftsanspruch gehorsam gegen die Natur, gegen die Gesellschaft, gegen Kunst und Wissenschaft. Seine Methode ist das mechanische Sprechen: der nicht enden wollende Satz, die Montage von Phrasen und Zitaten und die Tautologie. In der Analyse der Texte »Gehen«, »Das Kalkwerk« und »Korrektur« geht Endres besonders auf Bernhards Naturbilder, die der Sexualität (Kopf gegen Leib) und die Darstellung von Philosophie und Wahnsinn ein.

Dabei werden ihre Instrumente – der Psychoanalyse, des Strukturalismus, der Kritischen Theorie – an ihren stumpfen Stellen geschliffen: die Begriffe verlieren ihre schwerfällige Formelhaftigkeit; die neue Schärfe der Bilder zerlegt die komplizierten Produkte in die trivialen Grundmuster männlichen Bewußtseins.